当代幼儿教师职业素养及专业发展途径

肖琦◎著

吉林出版集团股份有限公司
全国百佳图书出版单位

图书在版编目（CIP）数据

当代幼儿教师职业素养及专业发展途径／肖琦著

. -- 长春：吉林出版集团股份有限公司，2021.12

ISBN 978-7-5731-1213-2

Ⅰ.①当… Ⅱ.①肖… Ⅲ.①幼教人员－职业道德

Ⅳ.①G615

中国版本图书馆 CIP 数据核字（2022）第 002852 号

当代幼儿教师职业素养及专业发展途径

DANG DAI YOU ER JIAO SHI ZHI YE SU YANG JI ZHUAN YE FA ZHAN TU JING

著　者：肖　琦　　　　　责任编辑：郭玉婷

出版策划：齐　郁

出　　版：吉林出版集团股份有限公司
　　　　　（长春市福祉大路 5788 号，邮政编码：130118）

发　　行：吉林出版集团译文图书经营有限公司
　　　　　（http://shop34896900.taobao.com）

电　　话：总编办 0431-81629909　　营销部 0431-81629880/81629881

印　　刷：天津和萱印刷有限公司

开　　本：787mm×1092mm　　1/16

印　　张：12.625

字　　数：227 千字

版　　次：2022 年 6 月第 1 版

印　　次：2022 年 6 月第 1 次印刷

书　　号：ISBN 978-7-5731-1213-2

定　　价：78.00 元

印装错误请与承印厂联系

前　言

近年来，随着社会和经济的不断发展，教育界也发生着重大的变革，越来越多的人开始重视孩子的教育。幼儿教育事业受到社会各界广泛的关注。学前教育的发展，关键在于教师，幼儿教师素养的高低直接影响着幼儿的成长和发展。因此，幼儿教师的职业素养及专业发展显得尤为重要。幼儿教师专业的发展应包括学历水平的提升、知识结构的完善、科研能力的提高等。

全书共五章。第一章为当代学前教育发展形势与师资要求等内容；第二章为当代幼儿教师的职业素养内涵及养成，主要阐述了幼儿教师的师德素养及养成、幼儿教师的文化素养及养成、幼儿教师的教学素养及养成、幼儿教师的法律素养及养成、幼儿教师的心理素养及养成等内容；第三章为当代幼儿教师的职业行为分析，主要阐述了幼儿教师的职业行为规范、幼儿教师职业行为的影响因素、幼儿教师职业能力提升的方法等内容；第四章为当代幼儿教师专业发展的影响因素及发展阶段，主要阐述了当代幼儿教师专业发展的现状分析、幼儿教师专业发展的影响因素分析、幼儿教师专业发展理论及其发展阶段等内容；第五章为幼儿教师专业发展的支持途径，主要阐述了国家政府层面、幼儿园层面、幼儿教师层面等内容。

为了确保研究内容的丰富性和多样性，在写作过程中参考了大量理论与研究文献，在此向涉及的专家学者们表示衷心的感谢。

最后，限于笔者水平，加之时间仓促，本书难免存在一些疏漏，在此，恳请同行专家和读者朋友批评指正！

肖琦

2021 年 7 月

目　录

绪　论

　　幼儿教育作为基础教育和终身教育的重要组成部分，其教育质量的高低将对后续教育产生直接影响。同时，幼儿教育的质量又取决于幼儿教师的职业素养和专业发展水平。因此，要养成当代幼儿教师良好的职业素养，提高幼儿教师的专业发展水平。本研究在借鉴已有研究的基础上，采用文献法、问卷调查法。本绪论分为选题缘由、研究目的与意义、核心概念的界定、相关理论基础、研究思路与方法五个部分。主要内容包括：幼儿教育发展的必要性，幼儿教师职业发展和专业发展的现实需要的选题缘由，选题研究的目的及理论和实践意义，相关概念界定及理论基础等。

第一节　选题缘由

一、幼儿教育发展的必要性

　　幼儿教育是教育的第一环节，是基础教育和高等教育的基石，将决定后续教育的质量，其价值不容忽视。此外，如果幼儿教育发展不好，就会对孩子的一生造成损害，不利于他们健康成长，也不利于民族的发展和社会的建设。

　　由于社会发展水平不断提高，我国对幼儿教育的需求越来越大，国家及社会各方面对其重视程度也越来越高，这加速了幼儿教育的发展，大量公立幼儿园、私立幼儿园和早教机构应运而生。但是，由于我国幼儿教育发展迅速，还未形成完善的管理机制，幼儿教育的质量在一定程度上也难以得到保障。因此，提高幼儿教育质量十分重要。决定幼儿教育质量的因素有很多，其中最为核心的因素是幼儿教师的专业发展水平。如果幼儿教师专业发展水平高，就能促进幼儿教育事业的发展、帮助幼儿健康成长。

反之，则会阻碍幼儿教育事业的发展，同时也会对基础教育的发展产生不利影响，其关键程度应引起学界、社会和政府的高度重视。

（一）国家和社会对幼儿教育发展的重视

党的十九大报告中明确指出，建设教育强国对于中华民族的伟大复兴具有基础性作用，始终坚持把教育事业放在优先发展的位置。这表明党和政府将教育的战略地位置于国家发展、民族复兴紧密相关的新高度。报告首次提出了实现"幼有所育"，并将其确立为七项民生与社会事业发展的首要位置。追求优质的幼儿教育是新时代质量型社会发展的现实诉求，更是未来世界各国幼儿教育发展的必然趋势。国内外大量科学研究成果证明幼儿教育在人的发展过程中具有基础性作用及其对社会发展具有不可忽视的价值功用。学前教育是学校教育的开端与基石，处于基础教育中的基础位置。把幼儿教育作为发展的整体，着重考虑教育的整体功能，不断提升教育的质量标准是学前教育发展的必然要求。

（二）幼儿教育质量的更高要求

2018 年中共中央、国务院发布《关于全面深化新时代教师队伍建设改革的意见》，着重强调坚持兴国必先强师，深刻认识到教师队伍建设对当前国家及其教育发展的重大意义，是我国社会发展的现实需求。培养造就一大批高素质教师队伍，全面深化教师队伍建设是当前及今后我国教育发展的紧迫性任务。早在 2014 年《关于实施卓越教师培养计划的意见》便已印发，明确将提高教师培养质量作为我国教师教育改革发展中最核心和紧迫的任务。在此基础之上，2018 年更是颁布了《关于实施卓越教师培养计划 2.0 的意见》，再次表明卓越教师培养是当前教师教育发展的重要课题，是影响我国教育质量提升的关键因素。优质的幼儿教师队伍是完成高质量幼儿教育的前提条件和重要保障，更是推进幼儿身心健康发展的关键。由于幼儿年龄阶段身心发展的独特性，幼儿教育更依赖于教师的主导与付出。对幼儿浓烈的爱、细微的观察、科学的教养等是幼儿教师工作的基本要求。2015 年"全面二孩"政策开放后，我国新增幼儿数量不断增加，幼儿教育需求量不断扩大，问题更是不断凸显。学前教育的问题越来越凸显为人民大众对优质学前教育的需求与优质学前教育资源供给不足之间的矛盾。解决此矛盾的关键出路在于扩大幼儿教师总量，不断提升幼儿教师专业质量。

二、幼儿教师职业发展的需要

19世纪伟大的道德学家、著名的社会改革家斯迈尔斯（Samuel Smiles）曾说："民族的振兴是从托儿所开始的。因此，那些管教孩子的人所产生的影响比那些管理政府的人所产生的影响还要深远"。

自20世纪60年代开始，在提高教育教学质量的全球化呼声背景下，教师专业化思潮由西方国家引领兴起。从历史的角度看，教师专业化进程经历了由提高教师数量到提高教师质量、由关注教师群体到关注教师个体、由提高教师的社会地位到提升教师的内在专业发展的过程。与此同时，世界教育改革的实践也已证明，那种把教师只是作为别人思想和被动实施者的自上而下式的教育改革是注定要失败的。教育改革必须置于教师的掌握之中，教师研究是使学校改革取得实效的最可靠的方法，是教育取得最后改革的最好的道路。鉴于此，联合国教科文组织《2005全球全民教育监测报告：质量至关重要》反复强调："教师是提高教育质量的一个决定性因素"。

在逐渐认识到教师是实施教育改革与提高教育质量关键因素的国际视野下，我国也加入提升教师行业专业化水平的序列当中，加之幼儿教育是基础教育的基础，是我国学校教育和终身教育的奠基阶段，幼儿教师专业化水平对幼儿教育质量乃至个体的终身教育质量都具有重要的影响作用，国家在不断加深对学前教育重视程度的同时，也相应地提出针对幼儿教师队伍建设的政策与主张。

2001年，教育部在《基础教育课程改革纲要（试行）》中提出："应制定有效、持续的师资培训计划"；2010年4月，《教育部关于深化基础教育课程改革进一步推进素质教育的意见》重申，"把促进教师专业发展作为重要目标和任务，加大教师培训力度，不断改进培训模式，组织开发以教学实际问题为核心、以优秀教学案例为载体的培训课程，大力推进以校为本的教学研究制度，增强教师培训的针对性和实效性"；同年7月颁布的《国家中长期教育改革和发展规划纲要（2010—2020）》在第三章中明确指出，要"严格执行幼儿教师资格标准，切实加强幼儿教师培养培训，提高幼儿教师队伍整体素质，依法落实幼儿教师地位和待遇"；尤其是2010年11月颁发的《国务院关于当前发展学前教育的若干意见》中特别强调的"多种途径加强幼儿教师队伍建设，要求加快建设一支师德高尚、热爱儿童、业务精良、结构合理的幼儿教师队伍"，使幼儿教师专业发展的研究逐渐成为教育研究的热点之一。

尽管每个教师个体自身的、内部的专业发展会共同促成整个幼儿教师行业的专业化发展，但是如果只就教师谈教师专业发展，将教师的专业发展视为教师个人的事情而忽视宏观的历史与背景文化，远不足以促成幼儿教师最有效、最长足的专业发展。研究表明，幼儿教师的专业发展受社会、政府及教育主管部门、幼儿园和教师自身等多方面因素的共同作用与影响。由于幼儿教师大部分的时间是在幼儿园进行工作、实践与学习，它不是一个抽象的概念或虚幻的镜像，是一个真实的地方，真真切切地发生着教与学的诸多活动，是教师尽情表演的大舞台，体现了教师几乎全部的生命价值与意义。因此，幼儿园是幼儿教师专业发展最重要的场域与最深厚的土壤。

三、幼儿教师专业发展的现实需要

长期以来，人们觉得幼儿教师只是负责"看孩子"，不需要特别专业，所以就导致了什么人都可以当幼儿教师的局面。由于幼儿教师的从业门槛较低，因此其专业化程度并不高。并且，有少数幼儿教师虐待幼儿，新闻上往往能看到诸如此类的报道。如果一个幼儿教师自身专业水平较高，具有坚定的职业理想，热爱幼儿教育事业，热爱每一个孩子，用饱满的热忱投入到教育教学中去，就能够有效地避免这些现象的发生。

学前儿童自身的身心发展水平较低，其好奇心和模仿意识比较强，幼儿教师能够激发其内在的潜能、发展其个性特征和使幼儿适应急速变化的未来社会，幼儿教师的言行举止对他们的发展具有潜移默化的影响。幼儿教师的专业发展水平决定了其拥有什么样的教育观念，在面对幼儿的反应时会做出什么样的行为，在教育教学中遇到困难时应该如何处理等等。如果幼儿教师自身专业水平较低，就会对幼儿的身心发展产生负面影响，并对他的一生造成不可弥补的伤害。提高幼儿教师的专业发展水平则可以在很大程度上避免这类问题，并且是保障幼儿身心健康发展的必要条件。

21世纪的今天，知识经济和信息技术得到了飞速发展，迎来了全球经济一体化的崭新时代。国际竞争愈发激烈，然而提升国家综合竞争力的根本是提升国民素质，而国民素质提高的关键是高水平的教师以及高质量的教师教育的观念。鉴于此，教师教育改革呈现出培养卓越教师的价值取向，各项"幼儿教师培养计划"的相关政策相继出台与实施，使"幼儿教师"的相应专业标准要求更是不断明确与细化。

（一）幼儿教师科学素养

良好科学素养包括有关生命科学、物质科学和地球宇宙科学等方面基础科学知识储备，能够对幼儿提出各种问题给予准确的引导；知道科学探究的一般过程及方法，能够在不同的活动中采取相应方式指导幼儿在活动中运用科学方法体验探究过程，具备科学活动设计能力和创设问题情景指导幼儿科学探究的能力，使幼儿在具体科学活动中获得发展以及提高教师对科学素养的认识和理解能力等方面的内容。综合来说，幼儿教师科学素养涉及科学知识、能力、态度、方法、探究等构成要素，体现出幼儿教师的职业特点和专业能力要求。但在实际的教学环境中，幼儿园科学活动开展频次低且科学活动质量参差不齐，与达到科学教育目标存在一定距离，表现在加大部分幼儿园缺少进行科学活动的环境支持，把语言艺术类活动放在首位。科学活动设计存在很多问题，如制定科学活动目标中轻视情感、态度、方法的培养，内容上过于依赖教材远离幼儿生活实际，活动组织注重集体活动，忽略随机、非正规的日常科学活动，活动评价上重视活动结果评价忽视过程性评价等问题。由此可见，具备良好科学素养的幼儿教师不仅能够有效指导幼儿的科学活动，而且影响幼儿园科学活动开展的质量和科学教育目标的达成。

（二）完善幼儿教师专业化发展的必然要求

《中共中央　国务院关于全面深化新时代教师队伍建设改革的意见》指出全面提高幼儿教师质量，建设一支高素质的教师队伍，能够科学合理开设各类教育活动课程。随着基础教育改革和深入，不断呼唤高质量幼师队伍符合社会及幼儿教育的需求，满足新时代背景下高质量幼儿教育的需要。由于幼儿教师面对的是具有强烈好奇心、好问的幼儿，因此幼儿教师要具备高于一般公民的科学素养，体现出幼儿教育职业性和特殊性。科学素养是幼儿教师专业化的重要体现，直接决定了幼儿科学活动的质量和效果。幼儿教师科学素养包括幼儿教师具备相应科学知识、积极的科学态度，能够有效设计并采用科学方法实施科学教学活动的能力，掌握科学探究的一般过程等。面对现阶段幼儿教师科学素养普遍不高现状，需要提升幼儿教师科学素养水平和改善幼儿科学教育质量，进而促进幼儿教师专业化发展。

第二节　研究目的与意义

一、研究目的

幼儿教师的专业能力水平决定了学前教育发展现状，也与幼儿的成长息息相关。采用问卷、教师（园长、家长）访谈和观察的方式，旨在了解当代幼儿教师职业素养及专业发展现状，分析影响其专业发展的影响因素，探求提升幼儿教师专业发展的有效途径。

二、研究意义

（一）理论意义

随着"信息素养""核心素养""人文素养"等相关教育领域研究不断丰富，以素养为核心的研究成为当今教育研究的趋势。通过整理幼儿教师职业素养相关文献分析，针对幼儿教师职业素养的研究很广泛，有不同视域、不同阶段及不同地域下的幼儿教师科学素养研究，研究多为质性且文献较少，这为当代幼儿教师职业素养及专业深入开展提供可能。对于幼儿教师职业素养不高的现状所提出的策略倾向理论化，还需要进一步提出提升幼儿教师科学素养的有效策略。通过问卷调查幼儿教师职业素养和专业发展现状，借助数据分析幼儿教师职业素养特点、问题及影响因素，专业发展情况活动设计与其职业素养关系。

（二）实践意义

当代幼儿教师职业素养及专业发展的建议可促进幼儿园的幼儿教师对自身的教育教学实践进行反思总结，对于他们转变教育观念、更新专业知识、提高教学技能具有一定的指导意义，从而提高幼儿教师的整体素质，推动幼儿教师师资队伍的建设。同时，有助于政策制定者和社会各界高度关注幼儿教师专业发展及幼儿园面临的现实困境，促进相关政策的出台和资金的倾斜，使幼儿教育事业焕发生机与活力，更好地发挥其基石的重要作用。

第三节 核心概念的界定

一、幼儿教师

根据《中国学前教育百科全书：教育理论卷》的定义，幼儿教师是"在幼教机构中，对3～6岁幼儿进行教育的主要工作人员，即指受社会的委托，在幼儿园或其他幼教机构中对儿童的身心发展施加影响、从事保育和教育工作的相关人员"。

二、素养

目前，对"素养"的界定并没有统一的解释，大致上可分为两种。一种为能力说，将"素养"界定为"能力"，另一种为综合说。

能力说的典型一种是国际学生评价项目对于素养的内涵理解为学生运用所学知识和技能，有效进行分析、推理、交流，在各种情境中解决和解释问题的能力；联合国教科文组织对于素养理解为识别、理解、解释、创造、估计及使用不同背景下文本材料的能力。

综合说的一种理解是不仅对应着具有相互关联性的认知和交织着情境性、复杂性和实践性品质的技能，还是认知与技能在个人特定品质状态下的组合；另一种理解是人们后天形成的知识、能力、习惯、思想修养的总和。

三、幼儿教师职业素养

关于职业素养，有些研究者认为，职业素养是指劳动者在一定的生理和心理条件的基础上，通过教育、劳动实践和自我修炼等途径而形成和发展起来的，是个人适应现代社会生产力发展，从事职业活动所必备的素养，包括基本职业素养和专业素养，在职业活动中发挥作用的一种基本品质，它是个人综合素养的重要组成部分。还有一些研究者认为，职业素养概括地说包含以下四个方面：职业道德、职业行为习惯、职业思想（意识）、职业技能，前三项是职业素养中最根本和基础的部分，而职业技能则是表象内容。如关于职业素养冰山理论是这样认为的：一个员工的全部就是一座冰山，水面上一部分的是他所拥有的知识、资质、行为和技能，这是他的显性素养，而水面下的部分，包括职业道德、职业态度和职业意识，则为隐性素养。通常，把显性素养称为"职业技能"，而把隐性素养称之为"职业素养"。

从当前的研究来看，关于幼儿教师的素养研究可分为两个方面。第一是研讨幼儿教师应具备哪些方面的素养。幼儿教师需要具备的素养是要有热爱幼儿的情感，先进的教育方法，熟知幼儿各个阶段的心理发展过程，了解幼儿真正的需要，还要有健康的身体，幼儿教师要懂得幼儿心理学、卫生学、教育学知识以及保育基本技能。第二是探讨如何提高幼儿教师的素养。"以有效研讨为载体"，来提高幼儿教师的专业素养，将幼儿教师工作研讨活动系统化、制度化，以幼儿教师工作实际为切入点，让幼儿教师在其中寻找困惑、积极研讨、共享经验，在主动学习和展示自我中提高专业技能。

在幼儿教师业务素养方面，专业知识和专业技能是幼儿教师专业化必须具备的最基本素质条件，具体来说，幼儿教师的专业知识和技能包括以下几方面：第一，知识素质，知识对专业人员的工作是必不可少的。幼儿教师作为一个专业人员，必然要具备从事专业工作所具备的基本知识，包括基本的科学文化知识、系统的学科专业知识、一定的教育专业知识等。幼儿教师作为一名教育工作者，必须具备必要的教育专业知识，了解教育的历史、精通教育的方式方法，并能够灵活的运用这些知识去指导实践工作。杜威（John Dewey）说过"为什么教师要熟悉心理学、教育史和各科教学法？这主要有两个原因。一种理由是，他能凭借这类知识观察学生的反应，迅速而准确地解释学生的言行，否则，学生的言行可能觉察不出来；另一个理由是，这些知识是别人用过而又有成效的方法，在需要的时候，他就能凭借这种知识给儿童适当的指导"。第二，能力素质，幼儿教师作为一名专业人员，除掌握必备的知识以外，还要具备一定的专业技能。具体有幼儿教师的保育工作技能，和幼儿教师其他方面的能力素质，包括：清洁卫生工作基本技能、幼儿生活管理及教育活动配合技能、安全工作及卫生消毒工作技能、妥善保管幼儿衣物和本班的设备用具方面的工作技能、人际交往能力、组织管理能力、选择课程或活动设置的能力、应用现代教育技术的能力。除此外，幼儿教师还应具备一定的语言表达能力和理解能力等各方面的能力。

在幼儿教师职业道德方面，思想道德修养是指人们按照一定社会或一定阶段的思想道德要求，在个人品质情操方面的自我教育和自我塑造。我国的思想道德修养是由传统道德教育发展的，符合社会进步的道德准绳。传统的思想道德教育，在儒家学说里得到了良好的体现。古人把为人处事的经验和教训，总结成为人处事的准则，流传并且教育后代，使大家以同一种规则准则要求自己，衡量别人，慢慢形成所谓的道德标准。这种确定下来的标准，绝大多数仍然符合现在社会的要求，甚至更加需要。提高新青年的思想道德修养，就必须接受、传承这些教育。明白这些道理，不是把他们当作封建残留的腐朽文化而予以摒弃。教育实践后于道德实践，教育活动首先是一项道德活动，教育是百年树人的大计，教育工作者对与社会、学校、家庭及个人都有着举足轻重的作用。同样教育概念首先是个道德概念，幼儿教师的专业特性首先是以道德要求为基础的，幼儿教师专业道德是幼儿教师职业的基本规范，是作为教育工作者所必须具备的起码的专业准则。幼儿教师的专业精神一般表现为敬业精神、创新精神、进取精神、无私奉献精神及职业认同等方面。幼儿教师从事幼儿教师工作的内在动力和专业发展的关键因素则是其专业精神体现在幼儿教师职业意识方面，包括创新意识、协作意识、竞争意识和奉献意识等，它是职业道德、职业行为、职业操守等职业要素的总和。职业意识是师承父传的，约定俗成的。职业意识是用法律、法规、规章制度、行业自律、企业条文来体现的。职业意识有社会共性的，也有行业或企业相通的。所谓职业意识是指人们对职业的认识、意向及对职业所持的主要观点。职业意识的形成不是突然的而是经历了一个由幻想到现实、有模糊到清晰、有摇摆到稳定、有远至近的产生和发展的过程。

幼儿教师职业行为习惯为其在工作中的各种言行，具体表现在：清楚幼儿园规章要求与保育工作流程，及时主动反馈工作中遇到的瓶颈与问题，能定期做工作计划、工作总结与工作反思，能正确接收和执行各类工作任务并能及时反馈，服从工作布置与安排并勇于承担责任和风险，能对自己的工作做到主动汇报、主动请示等。

由以上文字可以发现，对于职业素养的理解存在一定的差异，侧重面也有所不同。职业素养是指职业内在的规范和要求是在职业过程中表现出来的综合品质，包含职业道德、职业技能、职业行为、职业作风和职业意识等方面。职业素养教育是一种养成教育。

结合《幼儿园教师专业标准（试行）》，幼儿教师应着重以下方面的培育：①思想层面，要求形成"热爱幼儿事业和热爱幼儿"的事业心；②生理层面，要求在日常修养中形成健康的体魄，积极向上的心理素质；③专业层面，要求通过学习具备扎实的专业技能（涵盖弹、唱、跳、说等方面）和丰富全面的人文基础素养（涵盖自然、社会、思维等领域）；④交往层面，要求通过日常锻炼具备良好的与人交往沟通与合作能力，以及一定的观察能力和管理能力等。

幼儿教师提升职业素养重点体现在幼师必备的师德素养层面。结合2018年国家出台了《新时代幼儿园教师职业行为十项准则》的要求，幼儿教师职业的特殊性与社会性，形成符合专业要求的生命价值取向，在未来工作中真正学会尊重、关怀和爱护幼儿的生命，明确生命的题中之义。帮助幼儿教师具备基本的师德素养，即具有"四心"（爱心、耐心、细心和责任心），形成良好的职业个性，形成符合教师要求的外在规范。

四、幼儿教师专业素养

从字面上理解，将幼儿教师专业素养分解为素质与修养两个层面，意指作为一名幼儿教师理应具有的素质和修养的结合。1990年由上海教育出版社出版的《教育大辞典》中将素质、修养等概念理解为：素质具有先天性，是个人生而具有的解剖生理特点，在人的能力形成和发展过程中扮演重要角色。教师素质是教师形成从事自身教育教学工作及任务时所应具有的心理和行为等方面品质与能力的基本条件。而教师修养具有后天塑造性，是教师经过不断地学习和实践后在思想品质、道德水平、文化知识、教育教学能力等方面达到的水平及相应的学习和实践过程。可见，教师的素质和修养从形成的时间上讲是先天影响与后天形成的，从形态上讲是动态的，从结构上讲是多元化的。幼儿教师专业素养是指幼儿教师作为一名幼教工作者应具备的，且在幼儿园一日生活及教育实践中逐渐形成与完善的，影响着幼儿身心发展水平和幼儿培养质量的素质和修养。

五、幼儿教师科学素养

在参考其他学者所下概念的基础上，幼儿教师科学素养是建立在公民科学素养基础之上，指出幼儿教师能够根据幼儿身心发展特点结合当代科学技术发展及生活实际设计实施科学活动，符合国家颁布的政策文件中有关描述幼儿教师科学素养和幼儿科学教育基本要求，面向所有一线在职幼儿教师且区别于其他不同阶段教师所应具备的科学知识、科学过程与方法、科学态度、科学探究及科学能力，体现出职业特殊性。

六、幼儿教师专业发展

（一）教师专业发展

教师专业发展的本质是教师专业素养的发展。在教师专业素养的研究中，教师专业素质结构最具有代表性。

学者们对教师专业发展有不同的理解，有的学者从个体和群体的角度来定义教师专业发展。从个体角度看，教师专业发展指教师通过自身的努力不断地提高个体的知识、能力及信念等。从群体的角度看，教师专业发展是指教师这个职业群体的专业化程度，是教师职业专业化的过程。

综合社会学众多理论学派的见解，教师专业发展可以理解为：教师通过反思、探究不断地学习新知识、提高专业水平、增强专业信念、培养专业情感，从新手到专家的发展过程。教师专业发展贯穿于教师职前教育、新任教师培养和教师培训的整个过程，它强调教师的终身发展。

（二）幼儿教师专业发展

美国幼儿教育协会（NAEYC）指出，幼儿教师的专业化表现为：能将理论知识运用到实践中去；能够根据对幼儿的观察设计课程；能为幼儿创建健康、安全的环境；能够促进幼儿身体、智力、情感等方面的全面发展；积极与幼儿互动，成为幼儿的引导者；同幼儿的家庭建立紧密的联系；支持、理解幼儿；加强对教师专业的认同。张元博士提出，幼儿教师专业化包括学科知识和专业知识、实践智慧、合作和反思能力、人文素养和批判理性五个方面。庞丽娟教授指出，幼儿教师专业素质包含对儿童和儿童发展的承诺；全面、正确地了解儿童发展的能力；有效地选择、组织教育内容的能力；创设发展支持性环境的能力；领导和组织能力；不断地专业化学习。

综合对"教师专业发展"和"幼儿教师专业发展"内涵的研究，幼儿教师专业发展指幼儿教师通过不断提升自身的专业知识、能力，增强专业信念，是终身发展的动态过程。具体而言，幼儿教师专业发展主要包括以下四个方面。

①专业精神主要指幼儿教师对幼儿教育工作的社会价值的认识和判断，是指导他们从事本专业工作的精神动力，具体包括幼儿教师的入职意愿和职业认同感。

②专业知识是幼儿教师专业素质的核心内容之一，是幼儿教师开展教育教学活动的基本条件，这里主要指系统的学科专业知识。

③专业能力主要指作为专业人员的幼儿教师在从事幼儿教育活动时，能够利用教育理性和教育经验，灵活地应对教育情景，促进幼儿身心健康发展，包括教学能力、活动组织策略、与幼儿的交往能力、专业认知和与家长的沟通能力等。

④幼儿教师自我专业发展需要与意识以及专业发展途径相结合，其中前者包括幼儿教师对自身专业发展的意识与规划及反思与评价。后者主要指幼儿园内外旨在提升幼儿教师专业发展水平的有关活动，包括听课、评课、进修、培训等。

第四节　相关理论基础

一、建构主义学习理论

建构主义是行为主义发展到认知主义以后的进一步发展，将建构主义应用于课堂和儿童的学习与发展中并做出重要贡献的代表人有杜威、皮亚杰（Jean Piaget）和维果茨基（Lev Vygotsky）等人。建构主义的学习活动观认为学习不是由教师向学生传递知识，而是学生自己主动学习建构知识的过程，是在新旧知识之间相互作用过程中获得的。建构主义的学习模式强调在问题解决中学习、在情景中学习，倡导合作学习与交互式教学等。因此，借助建构主义理论可以帮助教师树立科学的学习观，正确认识幼儿的学习过程，组织科学活动时，考虑幼儿的已有经验，创设情景条件使幼儿在具体活动中产生认知冲突，主动建构新知识。将建构主义理论融入科学活动，更能使教师明白科学活动如何组织才能促使幼儿有效发展，提升科学活动效果，同时对于提升自身科学素养学习具有启发意义。

首先，建构主义理论强调个体在实践活动中对知识的积极主动建构，并且注重情境性。与卓越幼儿教师相联系，着重体现为卓越幼儿教师应将理论与实践相结合，在一日生活及教育的实践过程中主动探究，积极建构自身的知识体系。其次，建构主义理论强调认知的个性化，卓越幼儿教师应以自身经验为基础进行个性化理解，并能够在实践中不断总结和反思，且具有创新意识。最后，建构主义理论强调个体之间的互动作用，主张个体观念发挥作用的前提是对其他个体产生影响，在与其他社会成员的共同探讨和协商中达到最终目的，强调卓越幼儿教师在日常工作中应注意与家庭和社区的联合，进行家园共育、相互协作，共同促进幼儿身心的全面健康发展。

二、发展性教学理论

维果茨基提出的"最近发展区"，表达了儿童发展的可能性，得出教学应当走在发展的前面的结论。赞科夫在维果茨基的基础上，提出发展性教学的核心思想，认为教学应该走在发展的前面，教师的任务就是努力探索新的教学途径或教学方式来促进学生的一般发展。从心理学角度"一般发展"指的是既包括智力因素，也包括非智力因素的整个身心的全面和谐发展。发展性教学理论更明确地指出教师在幼儿成长过程中担任的角色和任务，一切都是为激发幼儿潜能，使幼儿在原有基础上得到充分发展是在进行科学教学设计时应考虑的关键，并关注幼儿非智力因素，全面关注幼儿发展，体现出对幼儿教师科学素养的更高要求，同时也为提升幼儿教师科学教学设计能力提供理论基础。

三、组织变革三阶段理论

德裔美国心理学家勒温（Kurt Lewin）是现代社会心理学、组织心理学和应用心理学的创始人，人们称他为"社会心理学之父"。勒温于1950年提出了著名的"解冻—改变—再冻结"三阶段理论，即组织变革三阶段理论，该理论帮助人们来理解组织变革全过程的经典模型。勒温将组织变革的过程比喻为将一块立方体冰块转变为圆锥体冰块的过程。

首先，"解冻"阶段就是让组织内部自主意识到变革的必要性，并愿意为了达到新的"形态"而打破现状。在解冻阶段，促进幼儿教师进行变革的力量较消极因素处于优势地位至关重要，只有积极因素强于消极因素，才能开始一轮变革。在勒温模型中提倡让成员参与变革的全过程，包括变革的目标选择与设定，计划的制定与实施，在幼儿教师专业发展的过程中，要关注教师的主观意愿，让教师主动意识到自身需要变革的重要性，意识上的破冰是发生专业能力提升的行为的基础，同时在教师培训的安排上要赋予教师一定的选择权。

其次，"改变"阶段必然会打破原有的平衡，人们适应需要时间，沟通也是另一个重要因素，通过顺畅的沟通努力建设新的平衡状态是朝着变革目标更进一步的有效途径。改变阶段是幼儿教师的专业能力真正发生变化的阶段，这一阶段要给予教师各方面的支持，为幼儿教师专业能力的提升创造途径。最后，"再冻结"阶段是对于重塑后的行为方式进行理论化变革，变革管理者将其制度化，才能使员工在建构的稳定感下全力工作。在这个阶段，要给教师提供丰富的实践机会，使其重构的能力在实践锻炼中落地生根，对所掌握的理论和技能的不断内化，将原有的认知体系更新成更适合其发展的新认知体系，进而继续指导新的变革。

基于组织变革三阶段理论，教师专业发展也是一个从理论走向行动的过程，这种打破教学中的舒适状态，在适应失衡中不断激励教师学习，就是教师专业发展新"勒温模型"的现实基础。教师从思想上"解冻"行为、"改变"模式，"再冷冻"是一个需要"输血"—自我"造血"—向外"输血"的过程，在这个过程中就形成教师专业发展新"勒温模型"。在幼儿教师队伍建设中，要形成以政府为主导，高校、社会与幼儿园三方合力的教师培训体系，帮助教师在"输血"阶段解放思想，激发变革动力，在"造血"阶段为教师的发展提供政策、培训、物质和精神上的支持，在"献血"阶段为教师从多方面提供对外交流通道，实现由行为向理论的升华。

四、教学效能感理论

班杜拉（Albert Bandura）在其动机理论中提出了不同于传统"期望"概念的"效能期望"概念。在传统认知中，人们通常把期望理解为对某种行为产生的结果的期望，而班杜拉表示，人们除对行为结果的期望之外，还有对自己能否顺利进行某种行为的实践能力的推测和判断，这就是自我效能感。自我效能感受个体能动性和个人因素、行为、环境因素交互作用的影响。教学效能感的高低会影响教师的教学行为和自身发展行为。因此，在幼儿教师专业发展的过程中应该关注其心理状况，帮助幼儿教师提升教学效能感，在专业发展中发挥主观能动性，让教师在积极的情绪中主动学习，提高专业能力，并能体验到自身专业能力提高所带来的增值效果。

五、教师专业发展理论

从以教师专业发展为主题的相关研究中发现，对于"教师专业发展理论"内涵的理解综合表现为：教师在专业领域内以实现自我发展为宗旨，不断习得专业知识与技能，实现自主发展，彰显专业道德，不断提升自我的过程。自主性、阶段性、终身性是教师专业发展理论的基础特征。首先，教师是专业发展的主体，教师专业发展中教师的自主性必不可少。其次，教师专业发展过程具有阶段性。教师需要通过不懈地学习与实践实现阶段的上升。最后，教师的专业发展是持续的，既体现在时间上的终身性又表现为专业内涵上的不断拓展。成就卓越教师需要遵循教师专业发展理论，从职前培养、入职适应到职后发展，从初任教师、合格教师、优秀教师到卓越教师，在此过程当中专业素养逐渐形成，并不断升华。卓越幼儿教师专业素养体系构建研究，可为实现幼儿教师更好的专业发展添砖加瓦，提供方向上的指引。

幼儿教师专业发展的理论基础是职业生涯管理理论。有关职业生涯管理的学说较多，主要有职业生涯发展理论、职业选择理论、职业探索决策理论和职业发展主动建构理论。

①职业生涯发展阶段论。美国著名职业生涯发展理论的先驱金斯伯格（Eli Ginzberg）首先论述了人们职业意识或职业追求的发展变化过程。他认为，就职业心理发展来看，从童年到青少年阶段个体的职业生涯的发展分为幻想期、尝试期和现实期三个阶段。美国著名职业管理学家施恩（Edgar H. Schein）则将职业生涯划分为成长—幻想—探索阶段，进入工作世界—基础培训—早期职业的正式成员资格—职业中期—职业中期危险阶段—职业后期—衰退和离职退休等九个阶段。萨柏（Donald E. Super）和格林豪斯（Jeffrey H. Greenhaus）提出职业生涯阶段包括成长阶段、探索阶段、确立阶段、维持阶段和衰退阶段。

②职业选择理论。职业选择理论包括：职业—人匹配理论，职业性向理论。职业—人匹配理论的代表人物是帕森斯（Frank Parsons），帕森斯认为影响职业选择的因素包括三个方面：自身因素，如个人的兴趣爱好、能力、条件等；工作因素，如工作性质、要求、发展前景等；自身与工作的匹配。

③职业探索决策理论。美国麻省理工学院斯隆管理研究院的施恩教授提出了"职业锚理论"，并提出了职业锚的概念。施恩认为职业锚反映当事人进入成年期的潜在需要和动机，也反映了个人的价值观，更重要的是反映了被发现的才干。职业细分可以分为技术型、管理型、创造型、稳定型和独立型几类。

④职业发展主动建构理论。美国斯坦福大学教育和心理学教授克朗伯兹（John D. Krumboltz）提出了职业生涯规划的"主动建构理论"。该理论对人们有效地选择职业具有很大帮助。由理论而形成的各种具体的职业性向测评、职业规划、开发工具和各种操作模式能帮助人们避免职业生涯发展的盲目性，特别是"职业探索决策理论和职业发展主动建构理论"，为人们实现自我价值，追求职业成功提供有力的帮助。

六、终身学习理论

近年来，终身教育理念一直受到幼儿教育行业内学术研究者和实践工作者的双重注重与推崇。随着幼儿教育质量要求的不断提升，对幼儿教师的专业化水平和综合素养提出了更高要求，提升幼儿教师队伍的专业标准水平和进一步推进其专业化发展程度是目前我国幼教领域密切关注的部分。终身教育理论强调教育者应坚持持续地学习和不断地成长，做到学无止境。将终身教育理论融入幼儿教师的专业素养中，表明具有终身学习的意识、能力与行动是幼儿教师专业发展过程中的重要追求之一，更是其发展至更高层次的素养标志。有利于加快幼儿教师专业化的进程，是时代发展的需要。

第五节　研究思路与方法

一、研究现状

（一）幼儿教师专业发展研究综述

1. 国外相关研究综述

国外学术界对于幼儿教师专业发展相关研究文献资料非常丰富。比如，约翰·昆达尔（Joy E. Quandahl）选择了 208 名幼儿，并且分成两组，一组在 1996 年至 1997 年学年全天上幼儿园，而另一组在 1996 年至 1997 年学年半天上幼儿园。通过研究发现：幼儿教师的指导策略在不同幼儿园和不同班级存在显著差异，教师指导半天上幼儿园的孩子的策略明显比教师指导全天上幼儿园的孩子的策略更有效。还有研究教师个人的教学知识，选择两位在职前未经过职业培训的幼儿教师，研究他们在过去如何学会教学并且研究他们如今在教师教育中到底学到了什么。

通过对研究文献仔细梳理后可以发现，现阶段幼儿教师专业发展的内涵和影响因素等是这些研究主要关注的焦点，将从以下几方面内容进行概要综述。

（1）幼儿教师专业发展内涵研究

国外研究者认为幼儿教师专业发展的内涵十分丰富，主要包括教师的专业知识、专业能力、认知和经验、信仰和科学及数学教育的自我效能等。从专业知识的层面来看，它主要包括教师个人的教学知识；专业能力则主要包括读写能力指导和实践操作能力等等。2009 年，NAEYC 在其制定的《幼儿教师职业准备标准》中明确规定了幼儿教师应该具备的基本专业知识和能力。《优秀幼儿教师专业标准》中提出，幼儿教师应该具有专业精神，要了解幼儿的真实情况并做出合理评价，能够进行反思性教学，建立同家庭和社区的联系。

美国中北部地区教育实验室在技术应用方面提出了有效的教师专业发展途径，具体包括：学习的相关性、直接经验的技术运用、不同类型的学习经验、具体课程的技术应用、教师的崭新角色、同行的学习、教师的积极参与、持续的过程、足够的时间、技术帮助与支持、管理上的支持、足够的资源、持续的资助、内置的评价。

（2）影响因素研究

对影响因素的研究包括影响幼儿教师专业发展的因素和影响幼儿发展的因素两个方面。

从影响幼儿教师专业发展的因素来看，主要包括教师个人、人际间的和社会的影响，这三方面的因素影响了幼儿教师的专业发展。就教师个人影响因素而言，主要包括工作压力、自我效能、职业倦怠。这三个方面不仅严重影响幼儿教师的专业发展，甚至还造成幼儿教师离开原工作岗位。

从影响幼儿发展的因素来看，主要包括：幼儿教师指导行为对于幼儿的成就模式有重要影响，幼儿教师态度，语言和读写能力影响幼儿发展，幼儿教师认知因素影响农村偏远地区幼儿学术成就，对学习有障碍的学生也会产生显著影响。

（3）幼儿教师专业发展的策略研究

澳大利亚基于先前学习认定（recognition of prior leaning，RPL）对边远地区幼儿教师专业发展提出以下策略，包括提供积极的政策支持、切实的项目推进、完善的配套措施以及科学的评价流程。美国幼儿教师专业发展采用同伴指导、专家指导和咨询的技术协助策略。"康涅狄格州 A 计划课程"提出幼儿教师专业发展培训的质量保障机制：结构质量保障机制（组建培训活动审批委员会，制定标准化培训课程，建立培训者资格审批体系），过程质量保障机制（遴选 QAIS 观察员，运用 QAIS 观察工具表实施观察活动，反馈观察报告）。

2. 国内相关研究综述

国内学术界对幼儿教师专业发展相关研究文献资料非常丰富，仔细梳理后可以发现，这些研究主要关注的是现阶段幼儿教师专业发展的内涵、问题、原因以及促进幼儿教师专业发展的政策建议等，将从以下几个方面进行概要综述。

（1）幼儿教师专业发展内涵研究

幼儿教师专业发展是幼儿教师自身专业知识与能力等方面不断提升和更新的动态发展过程。幼儿教师专业发展主要涵盖三个方面：专业理念与师德、专业知识和专业能力。其中，专业知识指幼儿教师要具备从事幼儿教育的学科知识、专业知识，具体包括：幼儿教师自身的知识、幼儿的知识、教育媒介的知识以及组织教学活动的知识。专业能力包括专业技能、实践智慧、人文素养以及合作和反思能力等。

（2）幼儿教师专业发展问题研究

幼儿教师专业发展问题主要包括自身方面和外部支持层面。就幼儿教师自身方面而言，主要包括：幼儿教师自身的专业意识淡薄，专业理念落后，专业知识欠缺，专业能力偏低。从专业能力方面来看，幼儿教师素质偏低，技术工具与课堂教学的有效整合存在问题；从专业意识方面来审视，教育本位动机过低，一般教师学习主动性不足；从专业知识方面来看，表现为教学用语不科学；就外在支持层面而言，主要包括专业支持条件不足和专业支持实施偏颇以及在职培训形式化严重。

程昆认为，"新任教师较多，专业层次较低；缺乏职业精神和专业能力；师资队伍不稳定，人员流失较为严重。"杨文认为，幼儿教师课程理论素养不高，而且课程观念缺乏创新；幼儿教师之间合作意识薄弱。

（3）幼儿教师专业发展原因研究

幼儿教师专业发展原因主要包括内部原因和外部原因。从内部原因来看，教师自身专业基础薄弱，缺乏职业认同度，缺乏现代教育理念的支撑，缺乏自我发展的意识；从外部原因来看，主要包括几个方面：幼儿园、同伴互助、家庭、社会以及政府。幼儿园文化建设薄弱，园所地域偏、发展慢、规模小、任务重、薪资少，园本支持体系构建不成熟，管理和评价制度不合理，园长引领欠缺，同伴互助差。从社会支持系统来看，进修培训较少；就家庭影响因素而言，家庭支持缺乏；从政府的角度来看，包括城乡有别的政策和待遇，教师准入、业务与待遇落实的监管不严。程昆认为原因主要有："公共学前教育资源短缺，民办学前教育办学缺乏监管；经费投入严重不足，福利待遇、工作环境较差；培养培训机制不完善，培养培训效果不佳；园本教研缺失，教师专业发展不受重视"。杨晓萍、殷洁从幼儿园校本课程的特征，人员因素以及教师文化等三个层面出发，对幼儿教师专业发展的影响因素进行了分析。杨文、张传燧认为，我国幼儿教师的从业标准不高；幼儿教师的专业培训水平较低；受传统教师文化的消极影响；幼儿教师工作压力过大；幼儿园管理科层化。李学容等人认为影响因素有非正式制度的潜在影响和正式制度的显在制约。其中，前者包括：社会对幼儿教师专业认同度不高，对幼儿教师队伍的社会评价走低，幼儿教师专业发展的意识淡薄；后者包括：幼儿教师的准入制度不严，缺乏相对独立的职称晋升体系，幼儿教师评价制度不完善，教师培训制度建设滞后，幼儿教育科研制度缺失。

（4）幼儿教师专业发展政策建议研究

幼儿教师专业发展的政策建议主要包括：幼儿园层面、政府层面、社会层面、教师自身层面、家庭层面。幼儿园层面主要包括：提升园长素质；完善幼儿教师管理制度；积极获取园外教育资源。教师自身层面包括：增强专业发展意识；培养反思习惯，提升反思能力；减缓家庭压力。社会层面包括：提高民办幼儿教师待遇；加强对幼儿园的监督；完善幼儿教师培训体系；加强幼儿教师之间的交流、合作。从政府部门层面来看，政策资源支持重点向农村学前教育倾斜，针对财政支持的"倾斜性"，制定合理的教师评价制度，加强教师自我评价，立足农村幼儿教师实际需求，制定相应的培训方案；家庭层面：家长应改善教育理念，家园一致。吉兆麟提出基于技术整合的幼儿教师专业发展的主要路径："深入了解技术标准和在线技术资源，掌握教学工具的有效运用，开展基于技术方案的设计活动，开设暑期学院课程，充分发挥技术的领导力，开展积极的技术合作"。关于农村幼儿教师，徐莉莉认为应加强农村幼儿教师的职前培养；重视其入职教育；加强其在职培训。彭兵认为，重视幼儿教师队伍的规划和建设；不断深化幼儿教师培养制度改革；以教师专业化为导向，加快教师教育一体化进程；推行幼儿教师专业标准，促进幼儿教育职业专业化；整合资源，搭建区域教研平台，提高教师专业性培养的有效性；完善幼儿教育法律体系，为教师专业化提供法律保障。肖杰认为，应我反思，同伴互助，专业引领。张桃提出，课例研究有助于促进幼儿教师专业发展。曹雯娴认为，应创建"我要发展"的校园文化氛围；组建"帮我发展"的教师互助队伍；搭建"促进发展"的多方位锻炼平台。李学容等认为，应该建立、优化正式与非正式制度，如确立独立的幼儿教师职称评定制度、实施发展性的教师评价制度、优化现有的教师培训制度、建立科学的教育科研制度等。

（二）幼儿教师专业素养的研究综述

1. 关于幼儿教师专业素养组成结构的研究

在关于幼儿教师专业素养的组成结构这一问题的研究方面，可谓是仁者见仁，智者见智。归纳起来，包括立足于教育学角度以及立足于心理学角度两大方面的研究结果，但主要是立足于教育学角度所做出的研究。从教育学研究的角度来看，叶澜老师在《新世纪教师专业素养初探》一文中提出教师的专业素养反映了教师的质量，其存在前提是要尊重职业的专业性特点，详细阐述了教师专业素养的理想标准，即具有与时代精神相通的教育理念（包括新的教育观、学生观和教育活动观）、多层复合的知识结构（包括当代科学和人文基本知识、1—2门学科专门性知识、教育学科类知识）、三方面的综合能力（包括理解他人和与他人交往的能力、管理能力、教育研究能力），同时，指出了教师专业素养成熟的标志是教育智慧的具备。顾明远老师在《教师的职业特点与教师专业化》一文中指出教师的专业化内容包括专业的知识和技能体系、教育学科的知识和技能、职业道德、进修的意识和不断学习的能力。张明红老师在《试论新时期幼儿教师的职业素养》一文中，阐述了幼儿教师应具备的三种职业素养，即职业道德、专业素质和心理素质。胡碧霞老师认为，幼儿教师的专业素养是三种结构的整合，即专业精神结构、专业知识结构、专业能力结构。李辉老师在《幼教改革对幼儿教师现有素质结构的冲击及有关对策》一文中，提出了新时期幼儿教师应具备的职业素养构想，从普通素养、专业素养、专业态度、人格特质等方面加以阐述。基于心理学的研究角度，林崇德老师指出教师专业素质的构成至少应包括职业理想、知识水平、教育观念、教学监控能力以及教学行为与策略等五个方面的内容。

此后相关研究大量出现。国际幼儿教育协会（IECEA）、美国幼儿教育协会（NAEYC）和美国教师专业教学标准委员会（NBPTS）分别着眼于不同的角度，对幼儿教师专业素养的多元化结构进行了描述，其描述各不相同。英国对幼儿教师专业素养概括的维度和我国对幼儿教师专业素养概括的维度基本相似。

2. 关于幼儿教师专业素养影响因素的研究

在关于幼儿教师职业素养的影响因素方面的研究，也有丰富的理论基础。彭兵老师从社会大众对幼师职业的认同和期望低、幼儿园管理封闭、人文环境不协调等外在影响因素以及幼儿教师观念与社会不同步、思维方式单一、知识更新慢等内在影响因素等不同方面对幼儿教师的专业成长做了比较详实地分析。吴荔红老师阐述了幼儿教师的成就动机以及幼儿园的有效管理这两个方面对幼儿教师专业成长的重要作用。尹玉玲老师指出了幼儿教师将幼儿教育当作"保姆型"教育、可有可无的教育、没有压力的教育等这些认识方面的不足是影响职业素养提升的三大误区。

梳理有关幼儿教师专业素养影响因素的研究，可以将幼儿教师专业素养的影响因素概括为：有来自国家、社会、幼儿园方面的原因，又有来自幼儿教师自身方面的因素；有来自职前教育的影响，又有来自在职培训的影响等。而这些因素在幼儿教师个人生活成长发展的不同阶段发挥着不同程度的影响。有关研究表明，幼儿教师专业素养的形成是生活成长过程中三个不同历史时期综合作用的结果：第一时期是进入师范教育以前。该时期有两方面的因素会对日后的专业素养发挥影响。一方面是教师的人格特质及其幼年、学生时代的生活经历、主观经验等，这些因素会在一定程度上影响着日后素养的形成，而此因素是非决定性的因素；另一方面是他们成长过程中受到他人的影响、教师的社会地位与待遇、个人的家庭经济状况等，这些因素也会在一定程度上影响着日后素养的形成，而此因素是重要的因素。第二时期是师范教育阶段。该时期也有两方面的因素会对日后的专业素养形成造成影响。一方面是在校期间学习的正式课程，如基础课程、专业课程等，这些因素成为影响日后素养形成的非显著性因素；而潜在的非正式课程，如学校教育设施、环境条件、教师形象、学生角色、知识、专业化的发展以及教学环境、班级气氛、同辈团体、社团生活、师范生的社会背景、人格特质等，这些因素成为影响日后素养形成的主要因素。第三时期是任职以后。该时期教师的社会地位、工作环境、生活环境以及同事、家长、幼儿等因素均会对幼儿教师的专业素养形成发挥着重要的作用。

3. 关于幼儿教师专业素养提升策略的研究

通过对相关文献的梳理，可以发现，关于幼儿教师专业素养提升策略的研究更多的是基于内外因两个不同的研究角度。从内部因素来看，研究大都是基于幼儿教师的角色定位、自觉反思、自我评价、自觉规划、自主学习等方面对教师专业素养的提升途径进行归纳和分析。如有学者指出，"幼儿教师专业发展的核心元素是反思能力"。从外部因素来看，更多的研究都是在国家、社会、幼儿园层面上探讨提升幼儿教师专业素养的有效途径。相关研究成果表明，在国家和社会层面上，要从相关的政策、制度以及教师继续教育方面分别为教师职前和入职后的专业发展提供保障；在幼儿园层面上，从园本管理的角度来讲，幼儿园要通过树立"以教师为本"的管理理念，营造学习的氛围，改进培训的方式，实现幼儿教师的专业发展。也有相关研究从园本培训的角度提出利用自主反思模式、问题情境模式、合作互作模式、案例教学模式、国际协作模式等多种不同的途径保障幼儿教师的专业发展。

4. 关于《幼儿园教师专业标准》的研究

20 世纪 80 年代中后期，在教师专业化运动的推动下，制定与推行幼儿园教师专业标准成为促进新时期教师专业发展的重要趋势，国际上掀起了研制教师专业标准的风潮，许多学者开始展开对《教师专业标准》的研究。如郭宝仙老师 2008 年撰写了《新西兰教师资格与专业标准及其启示》，秦立霞老师 2008 年撰写了《美国教师资格认证制度及其效应研究》，赖炳根老师 2010 年撰写了《澳大利亚国家教师专业标准研究》，郭清芬老师 2010 年撰写了《英国合格教师专业标准研究》。这些研究为我国教师专业标准的制定提供了有价值的参考和依据。由于美国幼儿教师专业标准的制定具有鲜明的专业性和系统性特点，所以，被很多学者作为研究对象加以研究，其研究结果对我国幼儿园教师专业标准的制定有着重要的启示。美国教师专业教学标准委员会明确规定了幼儿教师的专业标准，指出了幼儿教师应具备的多元化素养，其中包括了解幼儿、促进孩子发展和学习、整合课程的知识、多样的教学策略促进有意义的学习、评价、反思实践、家庭伙伴关系、专业伙伴关系等素养。美国的多份报告都指出，称职的幼儿教师需要具备良好的读写能力、儿童发展及相关其他领域的知识、儿童的心理健康及相关问题的知识以及家庭参与重要性的认知等，否则，就不能成为称职的幼儿教师。国际幼儿教育协会也制订了幼儿教师的专业标准，标准中对幼儿教师所应具备的知识与表现、个人专业特质、伦理道德维度等方面做出了相关规定。比起国际幼儿教育协会制订的幼儿教师专业标准，美国幼儿教育协会和美国教师专业教学标准委员会所形成的内容更详尽。在充分借鉴国外发达国家先进经验的基础上，顺应国际趋势，结合我国教育的实际情况，教育部于 2012 年颁发了《幼儿园教师专业标准（试行）》《小学教师专业标准（试行）》《中学教师专业标准（试行）》。

通过对相关文献的梳理，国内外学者对《幼儿园教师专业标准》的研究集中体现在对"幼儿园教师专业标准"的理论基础、研制背景及实践应用三个方面。丁海东老师在《论我国幼儿教师专业标准的功能定位与内容框架》中提到，幼儿教师专业标准的功能和作用体现在三个方面：其一，为幼儿教师的资格认证提供基本专业要求或依据，即作为幼儿教师入行的"门槛"；其二，为幼儿教师职前和入职后的教育提供专业培养的目标参照；其三，幼儿教师获得入门资格后的目标和评价幼儿教师专业水准的指标。熊建辉老师撰写的《教师专业标准研究一基于国际案例的视角》这一博士论文中，指出了教师专业标准制定的必要性，即教师专业标准是确立和提升教师专业地位的重要前提，是评价教师教学质量的必要依据，是建立教师教育标准体系的核心内容。

庞丽娟老师在《〈幼儿园教师专业标准〉研制背景、指导思想与基本特点》一文中，指出《幼儿园教师专业标准》的研制背景是基于我国学前教育事业发展的需要，是国际幼儿园教师专业发展的趋势，也是落实《国家中长期教育改革和发展规划纲要 2010—2020 年》的紧迫任务。指出了《幼儿园教师专业标准》的指导思想是"专业导向，师德为先；基本规范，前瞻引领；全面要求，突出重点；共同准则，体现独特；立足国情，国际视野"。彭兵老师在《区域性幼儿教师专业标准的探索与思考——以武汉市幼儿教师专业标准的编制为例》一文中，又指出编制和实施幼儿教师专业标准是促进幼儿教师专业成长的重要途径。由于我国地域辽阔，各地经济社会文化教育发展水平差异显著，在编制幼儿教师专业标准时也应力图反映当地实际情况，符合当地幼儿教师专业发展需要。

在刘晓红、曹艳梅老师合著的《〈幼儿园教师专业标准（试行）〉下的教师专业素养调查研究——以河南省"国培计划（幼儿园骨干教师）"为例》一文中，以《幼儿园教师专业标准（试行）》为评价指标，呈现了河南省国培计划幼儿园骨干教师专业素养现状，提出了幼儿教师专业素养的提升策略。也有在《幼儿园教师专业标准（试行）》基础上对幼儿教师专业素养的培养所做出的研究。

（三）幼儿园对幼儿教师专业发展影响的研究

由于教师专业能力发展包含在教师专业发展的范畴中，幼儿教师的专业发展又隶属于教师队伍整体的专业化发展之下，所以分别以"教师专业发展""教师专业能力发展""幼儿教师专业发展""幼儿教师专业能力发展""幼儿园""影响因素"等为相关主题和题名检索词，通过中国知网（CNKI）中国期刊全文数据库和中国优秀博硕士论文数据库进行文献检索，获得与研究主题密切相关的研究文献，以这些研究文献为分析文本，从研究主题、研究方法及研究内容等方面进行初步的梳理。

综合所查阅的幼儿园对幼儿教师专业发展影响的研究，主要将其分为理论研究和实证研究两种，其中实证研究又包括大样本研究和个案研究两种形式。在多数包含对幼儿教师专业发展的影响因素（含幼儿园因素）进行分析的研究中，学者普遍使用问卷调查的方法，对幼儿教师专业发展的现状和影响因素进行研究，还有一部分学者在此之上增加了个别访谈法进行深入研究；在幼儿园因素对教师专业发展影响的研究中，学者选用了问卷调查法对课题进行研究；在幼儿园层面下的某一因素对幼儿教师专业发展影响的研究中，学者们根据研究内容选取了不同的研究方法，其中访谈法和非参与式观察法的运用占较大比例，还有部分学者选用问卷调查、叙事研究等方法；在幼儿园层面促进幼儿教师专业发展的途径和策略的研究中，学者多使用问卷调查法和访谈法实施研究。

结合所查阅的相关资料，从影响教师专业发展的幼儿园（学校）因素与幼儿园（学校）层面促进幼儿教师专业发展的途径和策略两个方面对国内外的相关研究进行分析。

根据研究主题将影响教师专业发展的幼儿园（学校）因素分为两部分进行综述，一是对影响教师整体专业发展的幼儿园（学校）因素进行分析；二是对学者已得出的影响教师专业能力发展的幼儿园（学校）因素进行分析。结合相关资料，将影响教师整体专业发展的幼儿园（学校）因素划分为国内研究和国外研究两个部分。

除学者普遍提出的包含幼儿园管理者自身和其领导方式两方面的幼儿园管理因素、组织文化气氛因素、教师文化因素、规章制度因素和继续教育因素之外，学者提出影响幼儿教师专业发展的幼儿园因素有幼儿园为教师提供的专业自主权，即幼儿园能否在工作之余给予教师充足的学习与提升时间等。其中，学者提出的各因素对教师专业发展影响的具体研究结论如下：

乔中彦指出包含幼儿园组织气氛、园长领导方式、教师专业自主权在内的幼儿园环境因素与幼儿教师专业发展呈显著相关。陈金菊指出，在幼儿园环境因素各变量中，幼儿园组织氛围、幼儿园规章制度和教师文化对幼儿教师的专业发展有直接影响作用。其中，组织氛围对教师专业发展的影响最大；其次是幼儿园规章制度；再次是教师文化；而园长领导风格和幼儿园支持系统对幼儿教师的专业发展没有直接的影响。冯江英认为，幼儿园组织环境中幼儿园为新教师的专业成长提供资源、制度保障、开展专业活动以及教师文化导向四个方面的支持对教师的专业发展有影响。吴荔红认为，幼儿园有效的管理是专业成长的外部核心因素。

尽管关于综上因素对教师专业发展影响的研究起源相对较早，但现今学者在已总结规律的基础上对此领域进行了进一步的研究和探索，对各因素对教师专业发展的影响进行了更加深入与多元的分析。就培训这一影响幼儿教师专业发展的幼儿园因素而言，学者在原有培训对幼儿教师专业发展影响的研究所总结的规律基础上，进一步探讨制定各级各类的培训目标、采取分级分类的培训形式以促进不同层次的幼儿教师专业发展的意义和途径，以促进教师的专业发展。杨定亮与周秋华提出，培训的专业性、园长的专业水平是影响农村民办幼儿教师专业能力发展的主要因素。刘晓青指出，幼儿教师的专业能力与专业发展环境（市示范园、区示范园、一级园、二级园）密切相关，专业发展环境对专业能力的发展有显著的影响。

综上所述，关于幼儿教师专业能力影响因素方面的研究比较有限，已有的研究中幼儿教师专业能力的维度也是学者自己建立的，也没有关于各影响因素对教师专业能力影响具体表现方面的研究。

根据研究主题分以下两个部分对幼儿园（学校）层面促进幼儿教师专业发展的途径和策略进行综述，一是幼儿园（学校）层面促进教师整体专业发展的途径和策略；二是学者已得出的幼儿园（学校）层面促进教师专业能力发展的途径和策略。

幼儿园（学校）层面促进教师整体专业发展的主要策略包括：建立专业共同体和学习共同体、教育行动研究、课例研究和课题研究等；同时，在网络环境下进行的专业进深方式有教师博客、网络教研等；在园本支持体系下对幼儿教师专业发展的促进策略有园本课程开发、园本培训及园本教研等。另外，教师档案袋建设成为对教师专业发展发挥促进作用的评价方式。其中，学者提出的各策略促进教师专业发展的具体研究结论如下：

顾荣芳认为，同行之间的交流切磋以及接受专家指导是幼儿教师获得发展的重要因素，成长的主要途径是对幼教工作进行持续不断的实验和批判性反思。冯晓霞认为，幼儿教师专业成长的重要途径是研究性学习。幼儿教师可以通过反思性教学，即教师在先进的教育理论的指导下，借助行动研究，不断对自己的教育实践进行反思，积极探索与解决教育实践中的问题，努力提升教学实践的科学性和有效性。陈思提出，幼儿园为幼儿教师提供良好的专业发展环境，包括：营造合作的教师文化氛围、提供良好的园本教研环境，为农村幼儿园开展园本教研提供保障机制和重视师徒制专业发展方式。宋生涛提出，确保幼师生源质量；加强教师自主专业发展；加大宣传力度，推进家园合作；提升幼儿园园长的管理理念，为教师创造支持性发展平台和加强与其他教师培训机构的联系，开展多渠道的培训。陈守红提出，提高教师自身素质；改善幼儿园管理；为幼儿教师提供教育、教研的相关指导和增加培训机会，改进培训方式和内容。郭海燕提出，建立健全幼儿教师专业发展机制、营造合作的学校文化和加强教师自主专业发展。宋生涛提出，少数民族地区幼儿教师专业发展的途径：加强家园联系，提高家长对幼儿教育的认同感；有针对性开展园本培训，加强教师自主发展。黄俊提出，民办幼儿园教师专业发展的途径：提升园长的专业化素质、稳定教师队伍和开展园本培训。

另外，学界在研究幼儿教师专业发展有效策略与途径的同时，也越来越注重幼儿教师成长模式和专业发展支持体系的构建。尤其是更加注重在实践的基础上总结普遍规律，关注类似教师带引式—反思中自学—在职培训—教育行动研究—园际交流等幼儿教师专业发展有效模式的探讨，并且对幼儿教师专业发展支持体系构建进行研究。例如学者郭健提出的农村幼儿教师发展支持体系，包括将教师发展这一目标作为"一个中心"，以政府和幼儿园两个重要的幼儿教师专业发展影响因素为"两个主体"，从作为措施制定出发点的物质、制度和精神"三个层面"执行提高幼儿教师专业发展的"八项措施"，包括：重新审视，纳入公共服务体系；加快立法，依法保障教师权益；加大投入，设立教师专项资金；分级管理，建立阶梯管理网络；创新管理模式，注重人力资源开发；增强发展意识，提升自主学习能力；实施园本培训，有效促进教师发展；注重管理伦理，加大教师发展空间。同时，以政府统筹、健全机制、创新实践、质量监督、舆论配合这"五种保障"作为措施运行的前提条件，保障整个体系协调一致，为促进幼儿教师的专业发展共同效力。

樊敏生、闫英琪提出，通过建立优质网络学习社区，包括搭建网络课程平台、建立学习社区论坛和教师博客平台等方式来完成网上或现实中的学习与教学的信息交流、互动协作和知识共享与管理，以促进教师专业能力的发展。范诗武提出，行动研究可以提高教师的专业能力。张骄提出，完善幼儿园的"师徒制"提升幼儿园新教师的专业能力。叶丽在促进幼儿教师的专业能力发展方面提出，针对不同教龄的教师采取分层培训和分层管理；丰富培训内容，改进培训考核方式；关注民办园和私立园的教师发展需求，实现不同园型之间的合作，加强规范管理。刘晓青认为，大力推进研训一体模式，提高幼儿教师的教育科研能力；分层培训，助推不同阶段幼儿教师的专业发展；专家引领，内外结合，优化幼儿教师的专业发展环境。

二、研究思路

运用文献法和调查法对当代幼儿教师职业素养和专业发展研究进程和状况进行了解，针对已有研究成果和不足初步了解，为幼儿教师职业素养和专业发展深入研究奠定相应理论基础和研究方向。

首先在文献整理的基础上，编制《幼儿教师职业素养和专业发展调查问卷》，发放并回收问卷，通过 SPSS24.0 对所得问卷数据进行统计分析，结合访谈提纲弥补问卷不足，尽可能全面地把握幼儿教师职业素养和专业发展途径。其次，根据学前教育专业教育心理知识及已有经验，发现幼儿教师职业素养和非专业发展存在的问题并进行原因分析，归纳影响因素。最后，结合相关理论提升幼儿教师职业素养和专业发展途径，实现理论和实践结合，为提升幼儿教师职业素养和专业发展提出具体可操作的有效建议。

三、研究方法

（一）文献法

本研究在 CNIK 中对"职业素养""幼儿教师""幼儿教师专业发展"等关键词进行高级检索，对维普中文期刊进行关键词检索；利用 EBSCO 学术期刊数据库、Wiley Online Library 电子期刊数据库对相关外文文献进行关键词检索，搜集、查阅并整理国内外有关幼儿教师科学素养相关期刊、书籍和硕士论文中幼儿园科学素养概念界定、研究现状、提升策略相关描述及幼儿教师科学素养评价指标结构模式汇总制成表格，了解本研究领域最新研究动态，为本研究开展问卷调查做参考和铺垫，制定研究思路，拟定研究框架。

（二）调查法

1. 问卷调查法

问卷调查主要采用在线调查问卷，利用"问卷星"对问卷进行编辑、发布，然后被调查者通过点击该问卷网页链接或者用手机微信扫二维码填写，填完点击提交即可完成。

问卷根据《幼儿园教师专业标准（试行）》进行编制，分为所调查的幼儿园教师的人口学信息；幼儿园教师专业能力现状的相关问题；幼儿教师专业能力发展的影响因素和需求。在问卷编制过程中，依据《幼儿园教师专业标准（试行）》中对幼儿园教师应该具备的专业能力的要求，设计题目，涵盖内容要全面。将自编问卷经专家讨论后给出修改意见，修改后进行试测，经过试测的反馈和专家的二轮讨论，最终自编问卷题目。利用软件对回收的数据进行整理和量化分析。

2. 访谈法

访谈就是研究者与被调查者以口头形式进行交谈，搜集不同被调查者关于某些问题或教育现象客观不带偏见的教育信息。访谈幼儿园科学活动开展较好的幼儿园中分别带小中、大班不同年龄班每个年龄段带班幼儿老师。访谈提纲共计有 7 道题目，进一步深入了解幼儿教师是如何理解科学素养及采用什么方式来提升自身科学素养；幼儿教师的科学探究能力；科学教学活动设计各环节存在的具体问题；幼儿园科学活动组织现状及环境支持等。通过访谈对幼儿教师科学素养水平影响因素进行分析，为提出具体有效的策略奠定基础。

在调查问卷收集的数据基础上，对不同年龄班和不同教龄的一线教师和园长、家长进行访谈，目的是从不同角度深入了解当前幼儿园教师专业能力的发展现状，也是对调查问卷数据的补充与拓展。为保障访谈问题的有效性，在前期对幼儿教师和园长进行非正式访谈，视情况制定和修改访谈提纲。对园长、教学主任和个别教师进行访谈，在征得被访者同意后对访谈内容进行记录。访谈主要是针对园长等领导者认为幼儿教师在课程实施中有哪些能力是需要提高的，以及了解造成教师间能力差距的因素有哪些。

第一章 当代学前教育发展形势与师资要求

幼儿教师作为幼儿教育关键实施者，应意识到自身专业素养水平的高低影响着幼儿园教育质量，努力提升自身专业科学素养水平已成为幼儿教师专业成长的必然要求。随着我国学前教育不断发展，对学前教育师资也提出了更高要求。本章分为当代幼儿教师专业素养的内容与特征，当代学前教育发展形势与师资要求两个部分。主要内容包括：我国学前教育发展历程、发展现状及发展路径的发展形势，当代学前教育幼儿教师职业素养和专业发展要求，当代学前教育师资建设要求等。

第一节 当代学前教育发展形势

一、我国学前教育发展历程

中华人民共和国成立至今，我国学前教育可以划分为起步阶段、完善阶段、深化改革和改革创新四个阶段，在发展的每一个阶段国家都出台了相应扶持政策，不断完善学前教育体系，为学前教育的发展做出指导与保障。

（一）起步阶段（1949—1978 年）

我国的各项事业还处于启动阶段，学前教育体系建立也处在起步阶段。1951 年，政务院制定了《有关改革学制的决定》，文件中指出"幼儿教育"是国学制的基础环节，将幼儿教育的机构称作幼儿园，专门负责 3～7 岁幼儿的教育问题，幼儿园的作用是让 3～7 岁幼儿在进入小学之前培养良好的身心素质。1952 年教育部颁布《幼儿园暂行规程（草案）》，在此文件中明确定规定学前教育的任务、目标等，这项政策文件的内容主要是明确我国学前教育事业的发展基本标准和基本规范。1958 年，通过的《关于人民公社若干问题的决议》，在此文件中阐述了如何建立符合我国国情的学前教育体系。

（二）完善阶段（1979—2000 年）

我国教育发展的导向是"教育要面向现代化、面向世界、面向未来"，我国开始进一步优化学前教育体系。1979 年通过《全国托幼工作会议纪要》，此文件的主要目的是要在强化对幼儿机构的监管的同时进一步展开幼儿机构的建设工作，同时明确对学前教育经费投入及教师福利提升。1981 年通过《幼儿园教育纲要（试行草案）》，指出幼儿教育的各个方面，主要包括幼儿整体素质教育：德、智、美层面，生活及卫生习惯培养，教师专业化提升。1980 至 1989 年出台一系列相关政策，如《幼儿师范学校教学计划》《关于进一步办好职业高中幼师专业意见的通知》《幼儿园管理条例》《幼儿园工作规程（试行）》等，这些政策进一步规范了学前教育的发展并起到了积极的作用。1995 年颁发的《关于企业办幼儿园的若干意见》中提出"深化改革，积极稳妥地推进幼儿教育逐步走向社会化"。1997 年颁布《全国幼儿教育事业"九五"发展目标实施意见》，此文件中明确提出学前教育社会化发展。

1. 学前教育恢复发展时期（1978—1986 年）

党的十一届三中全会确定了改革开放的国家发展战略，中国学前教育发展迎来了百花齐放的春天。在邓小平教育理论指引下，学前教育发展纳入政府重要议事日程，对学前教育管理体制、城乡学前教育发展方针、幼儿园课程标准、学前教育师资培养及管理等做出了明确规定。1978 年，教育部恢复了学前教育处。1979 年 6 月，五届人大二次会议通过的《政府工作报告》指出"要十分重视发展托儿所、幼儿园，加强学前教育"。同年7 月 24 日至 8 月 7 日，国务院召开全国托幼工作会议，讨论并通过了《全国托幼工作会议纪要》。文件决定，由国务院设立"托幼工作领导小组"，成员由教育部、计委等 13 个部门组成。"托幼工作领导小组"下设办公室作为常设机构，开展日常工作。此次会议在我国学前教育发展史上具有划时代意义，它将学前教育摆在政府议事日程的重要位置，确定了学前教育事业的发展方针，首次确立了由政府牵头、各部门共同管理的学前教育管理体制。在领导小组的领导下，各有关部门陆续制定出台了一系列学前教育政策法规，加强了对学前教育的管理。1979 年 11 月 8 日，教育部颁布了《城市幼儿园工作条例（试行草案）》，该文件对学前教育发展方针教育目标、内容和管理制度做出了详尽规定，使学前教育迅速摆脱混乱无序状态，恢复了正常的工作秩序。1981 年 10 月 31 日，中央教育部发出《关于试行幼儿园教育纲要（试行草案）的通知》。这是我国改革开放以后第一个幼儿园课程标准。1981 年 6 月，《三岁前小儿教养大纲（草案）》颁布。这是新中国成立后首次就 3 岁以下儿童的集体教育工作做出明确规范，在提高托儿所保教质量方面发挥了重要指导作用。

针对当时农村学前教育发展缓慢的情况，国家教委于 1983 年 9 月发布《关于发展农村学前教育的几点意见》，提出必须坚持"两条腿走路"的方针，采取多种形式举办幼儿园。该文件有力推进了农村学前教育的发展，特别是调动了农村小学举办学前教育的积极性。随后于 1986 年 6 月颁布《关于进一步办好幼儿学前班的意见》，对学前班的办班指导思想、教育活动的内容与组织教师培训、办班条件、领导和管理等方面做出了明确规定。该文件倡导因地制宜、利用现有教育资源发展学前教育的新思路，推动了农村学前教育的健康发展。这一时期，教育部门和有关部门通力合作，极大地调动了广大学前教育工作者的积极性和创造性，形成全社会共同关心、支持学前教育的良好局面。1979 年，全国幼儿园 16.65 万所，在园幼儿 879.23 万人，教职工 53.27 万人，比 1965 年分别增长了 8.7 倍、5.1 倍和 3.29 倍。

2. 学前教育快速发展阶段（1987—1995 年）

20 世纪 80 年代后期，在教育体制改革的大背景下，政府通过改革管理体制，推进依法治教，使学前教育各项工作更加科学化、规范化，实现了快速发展。针对"托幼工作领导小组"及其办事机构撤销后未有相关部门接手学前教育管理而造成的管理职责不明、事业发展受限的情况。1987年，国务院召开全国学前教育工作会议，决定由国务院办公厅转发国家教委等九部门《关于明确幼儿教育事业领导管理职责分工的请示》，确定了学前教育实行"地方负责，分级管理和各有关部门分工负责"的原则，明确了各部门对学前教育的职责。此后，国家教委进一步明确"国家教育委员会主管全国的幼儿园管理工作，地方各级人民政府的教育行政部门主管本辖区内的幼儿园管理工作"。就此，全国学前教育管理体制基本理顺，多数省（市）设立了学前教育专门管理机构，配备了专职管理人员，建立起省、地、县、乡四级学前教育行政管理、教研和培训网络。这一新管理体制的建立，实现了学前教育管理的地方化，极大地调动了各地的办园积极性。1988 年，国务院办公厅转发国家教委等八部门发布的《关于加强学前教育工作的意见》，强调要加强学前教育管理。次年 8 月 20 日，国务院批准了新中国第一个学前教育行政法规——《幼儿园管理条例》（下称《条例》）。《条例》明确了地方人民政府发展和管理学前教育的职责，提出"地方各级人民政府可以依据本条例举办幼儿园，并鼓励和支持企业事业单位、居民委员会、村民委员会和公民举办幼儿园或捐资助园；幼儿园的管理实行地方负责、分级管理和各有关部门分工负责的原则"。《条例》还对举办幼儿园的基本条件和审批程序、幼儿园的保教工作、行政事务及奖励处罚等做出了明确规定。1989 年 6 月，根据邓小平同志关于"教育要面向未来"的指示精神，国家教委颁布《幼儿园工作规程（试行）》（下称（《规程》），全面、系统地对幼儿园的各项工作做出了规定。《规程》提出的"体、智、德、美全面发展"的教育目标，充分体现了培养适应未来社会需要的人才的指导思想。《规程》提出的"面向全体幼儿""遵循幼儿身心发展的规律，注重个体差异""合理地综合组织各方面的教育内容，并渗透于幼儿一日生活的各项活动中，充分发挥各种教育手段的交互作用"等教育原则，充分体现了"全面发展""因材施教""一日生活皆教育"等新教育观，引发了幼儿园课程和教学的全面改革。经 6 年试行，《规程》于 1996 年 6 月以国家教委第 25 号令发布，正式施行。

依法治教是构建有中国特色的现代化学前教育体系的重要举措。《幼儿园管理条例》和《幼儿园工作规程》的颁布，标志着我国学前教育迈向法制化的新里程。为保证"两个法规"落到实处，各级政府和教育部门从本地实际出发，制定了地方行政法规和实施细则。在加强科学管理、转变教育观念、全面提高教育质量等方面取得显著成效。进入 90 年代，国家加大了学前教育的改革力度。政府陆续签署了《儿童生存、保护和发展的世界宣言》《执行九十年代儿童生存、保护和发展世界宣言行动计划》《儿童权利公约》，向世界做出发展教育、保护儿童的庄严承诺。随后又颁布了《中华人民共和国未成年人保护法》和《中华人民共和国母婴保健法》及《九十年代中国儿童发展规划纲要》，为保障儿童健康发展、提高人口素质提供法律保障。特别值得一提的是，一些地方政府已积极启动地方学前教育立法工作。1986 年 6 月 20 日，江苏省人大常委会通过《江苏省幼儿教育暂行条例》（下称《暂行条例》）。这是我国首个正式颁行的地方学前教育行政法规，其颁行不仅极大地推动了江苏省学前教育的发展，也促进了各地对学前教育法规建设的重视。此后，《青岛市托幼管理条例》（1998年12月25日）、《北京市学前教育条例》（2001年6月22日）相继出台。这些学前教育地方法规的先行先试，为我国学前教育的国家立法提供了宝贵经验和有益参考。这一时期，在学前教育法规、政策的保障和推动下，我国学前教育事业获得了快速发展。1995年，全国幼儿园18.04万所，在园幼儿2711.2万人，教职工116万人，比1986年分别增长了1.04倍、1.66倍和1.32倍。

3. 学前教育曲折发展阶段（1996—2000年）

"九五"时期，是学前教育贯彻"科教兴国"战略、实现健康发展的关键时期，也是应对经济、社会和政治变革努力前行、曲折发展的重要时期。为认真贯彻《中华人民共和国教育法》《中华人民共和国教师法》《幼儿园管理条例》《幼儿园工作规程》，1997年7月，国家教委下发《全国幼儿教育事业"九五"发展目标实施意见》，提出学前教育的发展目标为：2000年全国学前三年幼儿入园（含学前班）率达到45%以上，大中城市基本解决适龄幼儿入园问题，农村学前一年幼儿入园（班）率达到60%以上，所有幼儿园（班）均应达到县以上教育行政部门规定的基本办园标准。针对上述目标，文件提出了包括切实加强学前教育的领导和管理、深化幼儿园办园体制改革、深化教育教学改革、加强师资队伍建设、加大学前教育经费投入力度等六项具体措施。文件首次提出"幼儿教育发展方向应该是建立以社区为依托的、适应当地经济和社会发展的、正规与非正规相结合的组织形式"，勾画了"九五"期间学前教育事业发展的蓝图，指明了这一时期学前教育的多元化、社会化发展前景。但此时恰逢我国处于加大经济体制、政治体制改革力度和社会变革的重要时期，尤其是国有企事业单位剥离教育职能，城乡学前教育发展遇到诸多新困难，导致"九五"期间规划的学前教育发展目标未能完成。这一时期，幼儿入园率总体稳步提升，但农村入园率偏低，2000年在园幼儿数比1995年减少了467万，学前三年幼儿入园率降低了2.1个百分点，学前一年入园率降低了1.7个百分点；园长和教师专业化水平得到较大提高，专科及以上学历者达到12.4%，高中以下仅为9.6%，教师合格率基本达到国家规划目标。

（三）深化改革阶段（2001—2010年）

进入新时期，社会经济高速发展，从学前教育的政策上来看，要引导学前教育适应改革发展的环境，基于全面素质教育的背景下，《幼儿园教育指导纲要（试行）》《关于幼儿教育改革与发展的指导意见》等文件的发布，主要是为了拓宽学前资源，聚集多元动量参与学前教育供给，形成学前教育市场化发展新格局。随着社会力量的参与，2005 年教育部出台《关于规范幼儿园以及小学教师的培养任务意见》《关于加强民办学前教育机构管理工作的通知》等，这些文件的主要目的是强化对学前教育市场管理以及监督，其次是对原本短缺的师资力量进行扩充。

1. 学前教育社会化发展阶段（2001—2005 年）

由于与国家经济与教育管理体制改革、国有企事业单位教育职能改革相适应的学前教育发展与管理体制仍未建立，学前教育事业发展受到强烈冲击，面临着前所未有的挑战。针对这一情况，国务院在 2003 年 3 月转发了教育部等十部门联合发布的《关于幼儿教育改革与发展的指导意见》（下称《意见》），明确了今后五年我国学前教育改革与发展的目标。其主要特点是落实各级政府的责任，完善"地方负责、分级管理"的管理体制；明确了新形势下各部门管理职能的重点工作内容；建立新的学前教育发展模式；明确改制中幼儿园资产的基本管理办法；办好示范园，发挥示范、培训、管理等多种功能作用；保障幼儿园教师的合法权益；推进学前教育均衡发展，加大对农村和贫困地区的学前教育的支持力度；首次明确在各级政府建立学前教育评价制度，发挥督政和督学相结合的评价监督管理机制作用。《意见》的出台使学前教育发展呈现稳步发展的态势。"十五"期间，我国学前教育普及水平降后有升，在园幼儿数于 2003 年降到十年来的最低水平，至 2004 年才开始扭转，2005 年回升到 1996 年的水平。2005 年，全国幼儿园数达到 12.44 万所，学前三年毛入园率达到 41.4%，比"九五"时期末增加 3.7 个百分点；学前一年入园率为 72.7%，比"九五"时期末下降了 2.7 个百分点。按照《意见》提出的"2007 年学前三年入园率达到 55%"的目标预测，到 2005 年学前三年毛入园率须达到 47%，显然这一目标在"十五"期间未能落实。"十五"期间，幼儿园教师学历提高的速度和水平与小学教师总体较为一致，但未评职称教师比例严重偏高。2005 年，未评职称教师占幼儿园教师总数的 54.5%，比 2001 年增加了 6.5 个百分点。这一情况与其学历迅速提高的状况形成了强烈反差，不利于稳定教师队伍和调动教师专业发展的积极性。此外，幼儿园师生比过低，专任教师比例逐年减少。2005 年，全国幼儿园教职工（含代课教师和兼任教师）与幼儿比平均为 1∶17.6，其中城市为 1∶9.8，县镇为 1∶15.9，而农村为 1∶36，农村幼儿园师生比过低的状况得到缓解，这是制约农村学前教育教育质量提高的症结之一。

2. 学前教育持续发展阶段（2006—2009 年）

"十一五"期间，我国学前教育事业在改革创新中不断前进，展现出强劲的发展势头。这一时期，全国学前教育规模持续增长，普及水平继续提高。2009 年，全国共有幼儿园 13.82 万所，比 2005 年增长 11.1%；新入园幼儿 1 547 万人，比 2005 年增长 14.1%；在园幼儿 2 657.8 万人，比 2005 年增长 22%。学前三年毛入园率达到 50.9%，比 2005 年提高 9.5 个百分点，比 1999 年提高 12.5 个百分点，是十年来提高最快的时期，达到历史最高水平。四年间，城市学前教育得到稳步发展，县镇学前教育出现持续发展的态势，农村学前教育发展形势则十分严峻。2007 年，农村幼儿园数量比上年减少 3 376 所，在园幼儿人数减少 14.72 万。2009 年农村学前班数量比 2005 年减少 56 712 个，在班幼儿数占当年全国学前班幼儿总数的比例、占全国农村在园幼儿总数的比例分别下降 4.5 个百分点和 13.9 个百分点。这一情况与农村中小学布局调整工作的不断推进密切相关。小学被撤并，学前班不得不随之消亡。这一趋势使农村学前教育的发展陷于危机之中。同期，民办幼儿园发展速度显著快于公办幼儿园。相比 2005 年，2009 年的民办园总数增长 29.7%，公办园总数下降 12.0%；民办园新入园幼儿数增长 62.2%，公办园新入园幼儿数比 2005 年下降 3.0%；民办园在园幼儿数增长 69.8%，公办园在园幼儿数仅增长 0.8%。同时，民办幼儿园占幼儿园总规模的比例亦有所上升。2009 年，民办幼儿园园数新入园幼儿数、在园幼儿数占比 2005 年分别提高 9.3、11.1 和 12 个百分点。

（四）改革创新阶段（2010—至今）

2010 年颁布的《国家中长期教育改革和发展规划纲要（2010—2020年）》，对学前教育发展进一步做出明确规定。目的是解决我国长期以来的学前教育资源短缺、发展基础薄弱、供需矛盾突出的问题。在扩大学前教育资源的同时，也出现了一些学前教育资源供给质量不佳，供给市场混乱的问题。针对以上问题，随后国务院及教育部颁布了《托儿所幼儿园卫生保健管理办法》《幼儿园收费管理暂行办法》《关于开展幼儿园"小学化"专项治理工作的通知》《幼儿园标准设计样图》等政策。为进一步保障及规范学前教育的发展，国家还出台了《校车安全管理条例》《中华人民共和国民办教育促进法》及一系列政策的颁布与实施，为我国学前教育的发展提供了制度性的保障和政策支持。在党和国家的统筹规划、精心部署、积极推进下，学前教育深化改革、不断创新，取得了令人瞩目的成就。主要表现在以下五个方面。

1. 学前教育的性质定位、发展方向和政府职责得以明确

性质定位不清是长期制约我国学前教育健康发展的根本原因，直接导致了政府职责不明、履责不力。对此，国家政策首先对学前教育的性质定位予以明确。在此基础上明晰了学前教育的发展方向和政府职责。政策视野中学前教育性质定位的明确首先得益于成为政策制定实证基础的、有关学前教育价值的国际追踪研究成果，如美国高质量早期教育项目追踪研究，英国"有效学前教育（EPPE）"项目。研究发现，高质量的学前教育是一项能够给儿童个体、母亲和家庭，以及整个社会带来巨大收益的投资，且是各阶段教育投资中回报率最高的。根据美国"佩里学前项目"追踪研究结果，当儿童 27 岁时，投资、收益之比为 1：7.16，而当儿童 40 岁时这一比例则达到了 1：17.07。在科学研究成果的佐证下，多项国家政策对学前教育的性质定位做了明确规定。"国十条"中，连续用三个"是"和三个"关系"深刻阐明了学前教育的性质和意义，指出它"是终身学习的开端，是国民教育体系的重要组成部分，是重要的社会公益事业""关系亿万儿童的健康成长，关系千家万户的切身利益，关系国家和民族的未来"，肯定了它在国计民生的重要位置。党的十九大报告将"幼有所育"纳入新时代中国特色社会主义思想和基本方略，视为重要的民生问题，强调要"办好学前教育"。这是新时代党对学前教育性质定位的重申，亦是对学前教育作为国计民生重要组成部分的肯定。2017 年 12 月召开的中央经济工作会议首次提出要着力解决五大"教育"问题，其中两项即是婴幼儿照护和儿童早期教育服务问题。关于学前教育发展与管理中的政府职责，《中长期教育改革和发展规划纲要（2010—2020 年）》将其作为学前教育的三大任务之一，从规划、投入办园、管理等方面做了具体规定。为贯彻上述要求，"国十条"提出学前教育要"坚持政府主导"，要积极"落实各级政府责任"，各级政府要将大力发展学前教育作为推动教育事业科学发展的重要任务，作为建设社会主义和谐社会的重大民生工程，纳入政府工作重要议事日程，切实抓紧抓好。

2. 学前教育资源得到有效扩充，幼儿入园机会得到有效保障

"入园难"及伴生的"入园贵"问题凸显了学前教育资源的严重不足。随着各地三期学前教育行动计划的积极推进和有效落实，学前教育资源建设任务取得了显著成就。2016 年，全国幼儿园总数为 23.98 万所，比 2010

年增加 8.94 万所，增幅为 59.4%。其中，公办幼儿园有 8.56 万所，占全国幼儿园总数的 35.7%，比 2010 年增加 3.75 万所，占比提高 3.7%；民办幼儿园有 15.42 万所，占全国幼儿园总数的 64.3%，比 2010 年增加 5.19 万所。可见，2010 年以来，全国学前教育资源增量显著。其中，公办幼儿园的增幅低于民办幼儿园，说明民办幼儿园在扩大学前教育资源上做出了重要贡献。学前教育资源的有效扩充为广大适龄幼儿提供了越来越多的入园机会。2016 年，全国在园幼儿总数为 4413.86 万人，比 2010 年增加 1437.19 万人，增幅几近 2010 年在园幼儿总数的一半。其中，公办园在园幼儿数量为 1976.20 万人，民办园在园幼儿数量为 2437.66 万人，后者比前者多约 460 万。从公办园在园幼儿数量占全国在园幼儿总数的比例来看，自 2010 年以来呈逐年递减趋势。2016 年占比为 44.77%，为 7 年来最低，比 2010 年低 8.22 个百分点。这一情况主要是由民办园在园幼儿数增幅大所致，也体现了民办园在为适龄幼儿提供入园机会方面的积极贡献。在园幼儿总量增加的同时，学前三年毛入园率也得到了极大地提高。2014 年至 2016 年，全国学前三年毛入园率分别为 70.5%、75% 和 77.4%，均已超过《教育规划纲要》所确定的 2020 年学前教育普及发展目标，提前完成了学前教育普及发展任务。相比 2010 年，三年毛入园率分别提升 13.9、18.4 和 20.8 个百分点。在园幼儿总量的增加和毛入园率的提高有效保障了适龄幼儿接受学前教育的权利，"入园难"问题得到进一步缓解。

3. 学前教育财政投入不断增加，弱势地区及弱势群体获益

财政投入是学前教育事业发展的关键保障。针对长期以来存在的学前教育财政投入不足问题，《国家中长期教育改革的发展规划纲要（2010—2020 年）》要求"加大政府投入"，"国十条"进一步明确为"多种渠道加大学前教育投入"。为落实上述要求，2011 年 9 月 5 日，财政部、教育部联合下发《关于加大财政投入支持学前教育发展的通知》，明确了财政支持学前教育发展的基本原则，并确定了由中央财政支持实施 4 大类 7 个重点项目，包括"校舍改建类"项目、"综合奖补类"项目、"幼师培训类"项目和"幼儿资助类"项目。为确保落实，同日下发了《财政部　教育部关于建立学前教育资助制度的意见》等 6 个文件。2015 年 7 月 1 日，财政部、教育部再次联合下发《中央财政支持学前教育发展资金管理办法》，明确在中央财政设立学前教育发展资金，主要分为"扩大资源"类项目资金和"幼儿资助"类项目资金两类，前者用于奖补支持地方多种渠道扩大普惠性学前教育资源，后者用于奖补支持地方健全幼儿资助制度；

资金支持范围为各省、自治区、直辖市、计划单列市及新疆生产建设兵团；重点支持中西部和东部困难省份，并向农村、边远、贫困和民族地区倾斜。据教育部统计，2010 年以来，中央财政共计投入 5418.39 亿元支持学前教育发展，投入额逐年递增。其中，2016 年共投入 1325.39 亿元，比 2010 年增加 1081.39 亿元，增加约 4.4 倍。年度财政投入增幅最大的是 2012 年，比 2011 年增加 332 亿元。从学前教育财政投入占财政性教育投入的比重来看，占比也逐年提高，其中 2016 年占比为 4.22%，比 2010 年提高 2.55 个百分点；年度财政投入占比增幅最大亦为 2012 年，提高约 1 个百分点。针对贫困、边远和农村地区学前教育资源匮乏的情况，2010 年，国家启动"中西部农村学前教育推进项目"，重点支持农村乡镇中心幼儿园建设。项目实施三年，中央财政投入共 55.6 亿元。在中西部农村地区建设了 3 149 所幼儿园，为 63 万适龄幼儿提供了入园机会。中央财政投入的增加带动了地方学前教育财政投入，为全国学前教育资源的迅速扩大、提高幼儿园教师专业化水平、保障适龄幼儿入园提供了重要的经费保障。

4. 幼儿园教师队伍建设不断加强，学历层次不断提升

为全面落实"国十条"关于"多种途径加强幼儿园教师队伍建设"的要求，教育部及其他相关部委随后下发了一系列关于幼儿园教师配备、准入、培养、培训的政策，如《幼儿园教师专业标准（试行）》《教育部 中央编办 财政部 人力资源和社会保障部关于加强幼儿园教师队伍建设的意见》《幼儿园教职工配备标准（暂行）》《中小学教师资格考试暂行办法》《中小学教师资格定期注册暂行办法》《幼儿园园长专业标准》《教育部 财政部关于改革实施中小学幼儿园教师国家级培训计划的通知》《中共中央 国务院关于全面深化新时代教师队伍建设改革的意见》《教师教育振兴行动计划（2018—2022 年）》。在上述政策的引导、支持和保障下，我国幼儿园教师队伍不断壮大。2016 年，全国共有幼儿园教职工 381.78 万人，其中园长 26.67 万人，专任教师 223.21 万人，分别比 2010 年增加 196.85 万人、10.56 万人和 108.79 万人。队伍壮大为不断扩大的学前教育资源提供了有力支撑，教师队伍是确保幼儿园有效运转和质量提升的核心人力资源。同期，全国园长及专任教师的学历水平也在逐年提升。以专科学历以上的园长和教师为例，2016 年，全国专科以上园长和教师占比为 77.55%，比 2010 年提高了 16.08 个百分点。

5. 不断提高保教质量，落实科学保教

只有高质量的学前教育，才能为学前儿童带来高质量的人生开端。在各项旨在提高保教质量的政策措施中，必须提及的是《3—6岁儿童学习与发展指南》（下文称《指南》）。这是我国第一个同时面向幼儿园、家庭和全社会发布的学前教育指导性文件。《指南》描绘了3—6岁儿童的身心发展规律与学习特点，以一整套科学、明确、具体的目标和教育建议来指导教师和家长树立对幼儿发展的合理期望，实施科学的保育和教育。在教育部组织实施国家级培训后，各地纷纷结合本地实际，积极开展了贯彻落实《指南》的理论学习和实践探索，推动了幼儿园科学保教实践不断向前发展。在以《指南》指导幼儿园科学保教工作的同时，教育部也加大了整治幼儿园教育"小学化"问题的力度，先后下发了《关于规范幼儿园保育教育工作防止和纠正"小学化"现象的通知》和《关于开展幼儿园"小学化"专项治理工作的通知》，并将2016年"全国学前教育宣传月"的主题确定为"幼小协同，科学衔接"，以期实现对"小学化"问题的有效治理。为加强幼儿园的科学管理，规范办园行为，提高保育和教育质量，促进幼儿身心健康，2016年1月，修订后的《幼儿园工作规程》正式颁布。这是21世纪我国学前教育领域第一个"中央教育法规"，从规范幼儿园内部管理的角度为保教质量提供了制度和法规保障。

二、当代学前教育发展现状

（一）学前教育发展存在差距

经济是人类社会生存和发展的基础，经济发展为发展教育提供了人力、物力和财力三方面的支持。经济发展引发的经济结构变革，如，产业结构、行业结构、消费结构的变化等，深刻地影响着教育结构的变化。一定程度的经济发展水平为教育发展提供了经济上的条件，并反过来对教育发展提出了更高的要求。在发展程度相对落后、经济实力较差的省份，由于对学前教育的财政投入较为薄弱，使得学前教育的发展受到了较严重的制约。

区域经济发达程度对当地学前教育的影响是多方面的，其中两个主要影响是：第一，各地区经济发展的水平直接决定了当地政府的财政收入。当地方财政收入不足时，主要财力都必须投入到对当地居民生活影响最为

重要的衣食住行等方面，这使得该地支持学前教育发展的财政投入捉襟见肘，而财政投入不足对该地学前教育发展的制约是不证自明的。第二，经济发展较为落后的省份工资水平与物价水平较低，该地区居民可支配收入和学前教育的从业人员工资水平也较低，而支付能力更进一步影响该地居民为子女寻求优质学前教育的意愿，较低的工资水平无法吸引优秀人才加入当地学前教育行业，进而严重制约了当地学前教育的发展。

社会的传统习惯和观念在很大程度上会影响其发展水平及路径，其中便包括了学前教育的发展。人类发展指数是衡量社会文化发展程度的重要指标。社会文化发展水平较高的省区，其学前教育发展水平也处于全国前列。通常受教育水平较高，知识水平较高的人更能认识到学前教育作为孩子一生教育的起跑线对于个人发展的重要意义，而对学前教育的需求程度会影响该地区的学前教育数量和质量两方面的供给水平，进而影响学前教育的发展水平。我国幅员辽阔，南北文化存在一定的差异，汉族和少数民族地区也存在不同的风俗习惯及不同的社会文化，各地的社会发展水平一定程度上影响了学前教育的均衡发展。我国传统上经济较为发达的省份有较浓厚的尊师重教的传统，加之其具有较好的经济条件，使得其学前教育发展水平长期高于全国平均水平。相对应的，许多偏远地区和少数民族地区的父母由于经济条件制约和缺少可就近入学的幼儿园，会倾向于在家抚养学龄前儿童。而人类发展指数对学前教育综合发展指数的回归系数甚至高于人均 GDP 对学前教育综合发展指数的回归系数，清楚地显示出社会发展程度与传统观念对学前教育发展的影响不亚于经济因素。

学前教育的政策规划主要是由当地县级党政机关和教育部门参照党中央、国务院就发展学前教育相关文件的精神来具体规划实施的。因此，学前教育政策规划的水平和对学前教育政策的执行同当地党政领导对学前教育的重视程度、对当地政情民情社情的了解，以及该领导团队是否具有政策规划和执行能力密切相关。简而言之，除各地经济发展水平、历史文化传统、社会文化氛围之外，推动学前教育的发展同当地党政机关干部队伍素质有直接联系。而经济与教育发达地区干部素质往往较高，其提出的政策往往更加合理且符合当地实际情况，合理的政策对当地学前教育的发展是有很大益处的。另一方面，由于人才多流向发达地区，使得欠发达地区人才严重缺乏，这极大地制约了当地学前教育的发展。如果缺乏全国通盘的规划，那么我国各地区学前教育水平的差距很有可能会进一步拉大，教育公平的问题也会愈发严重。生态环境也是学前教育发展水平存在差距的客观因素，对人类社会产生广泛的影响，比如它会影响人类的迁徙，影响人口的分布等，而人口的流动和分布会对社会的方方面面产生影响，其中自然包括对学前教育发展的影响。我国学前教育发展水平相对落后的省区自然条件相对而言较为恶劣，有些是平原少、山区多以致交通不便，有些是降雨不足区内河流湖泊不多以致水源缺乏，有些地方甚至多沙漠荒原，缺乏人类居住的基本条件。

（二）学前教育教学质量参差不齐

2011 年，学前教育三年行动计划开始实施，学前教育改革发展成效显著，学前幼儿园无论在数量还是在质量上都有提升。但随着三孩政策的实施，学前幼儿园数量刚需增加，导致学前幼儿园的数量依然无法满足适龄幼儿的需求。公办幼儿园由于具有优良的教育资源，在园幼儿数量明显超标，甚至部分中班及大班的幼儿数量远超过标准人数规定，但依然不能满足周边社区需求。一般民办幼儿园受办学场地和办学经费的限制，与公立幼儿园相比较，教学质量不够优秀，在园幼儿数量增长量不大，而教学质量优的民办幼儿园收费高，其在园幼儿数量也相对较少。公办幼儿园入园难，从本质上来讲，反映了学前教育的供不应求，这是由于公立幼儿园数量不足导致的"贵族化"民办幼儿园的高收费，直接造成了"入园贵"的问题。同时，优质公办园收费低廉但数量不足，侧面助推了民办园收费"贵族化"。

（三）学前教育师资队伍缺口较大

第一，学前幼儿师资不同于其他义务教育阶段的师资，由于幼儿教育的特殊性，师资队伍中除教师之外，保育员占有很大比重。调查数据表明，随着三孩政策的实施，新生幼儿将达到一个新的高峰，导致我国学前师资总量严重不足。第二，学前教育专业师资队伍参差不齐，乡村幼儿园的师资多由小学教师兼任，其缺少幼儿教育教学及管理经验，专业性不够强；同时学前教育师资队伍中教师学历不达标者占比较大，以中等师范毕业生、专科毕业生为主，本科幼儿教育专业师范毕业生的占比很小。幼教从业者的能力不够、意愿不强，伴随三孩政策的出台，我国学前儿童数量将激增，这势必对学前教育师资的数量提出挑战。

（四）幼儿园安全意识有待提高

幼儿园安全责任意识不够，对安全工作不够重视。表现为幼儿园安全制度不健全，内部安全管理工作不到位，有些幼儿园甚至因为食堂卫生工作不到位或食物不符合标准而导致幼儿食物中毒。这些安全事故都是由于幼儿园管理制度不健全而造成的。当前有些幼儿园突发事件应急预案尚不健全，幼儿园虽然有应急预案，但操作性不强。结合幼儿园实际开展紧急疏散、演练活动，包括避险、逃生、自救、互救等提高幼儿自我保护能力方面的演练活动开展不够。

（五）学前教育发展中的多元化供给

1. 多元经费投入现状

资金是保持学前教育正常运转的先决条件，我国学前教育经费投入规模逐年增加，这些办学经费由何而来？随着幼儿数量的增加，学前教育经费只靠政府的投入是不现实的，必须通过多个渠道来筹集，因此我国学前教育经费的投入向着多元化方向发展。从近年来我国学前教育的资金投入情况来看，主要来自以下几个方面。①政府财政投入。学前教育政府投入通常包括国家中央政府和各级地政府的一般财政预算内投入。按照学前教育经费使用结构将政府投入的经费分为教育事业费和教育基本建设投资。②家庭投入。学前教育家庭投入是指学前教育受教育者家庭对学前教育的支出，主要表现为学生家长所交学费投入。③社会市场投入。社会投入学前教育的方式主要是以民办法人、企业集团等自筹经费投入。④其他社会性投入。通常包括，公益性组织和个人的投入、社会的融资投入，比如公益性组织、各种慈善机构、儿童基金会、校友会等等。

2. 多元主体办园现状

从我国学前教育办学体制的发展过程来看，中华人民共和国成立之初，我国学前教育总体是公办性质。随着教育体制的不断改革，我国学前教育办学体制逐步完善，除政府投资建设学前教育机构之外，社会力量也积极参与兴办学前教育机构，促使学前教育办学体制从单一化向多样化发展，公办幼儿园发展的同时其他性质的幼儿园也逐步发展起来。根据办园的性质及不同特征可分为四类，即教育部门办园、其他部门办园、集体办园、民办法人办园。这些不同性质的幼儿园发展过程正体现了我国学前教育多元主体办学的发展趋势。①教育部门办园。根据政策要求地方各级人民政府可以举办幼儿园，并鼓励和支持企业事业单位、社会团体、居民委员会、村民委员会和公民举办幼儿园或捐资助园。②其他部门办园。通常为国有企事业单位和其他政府部门从本单位的盈余中支出部分经费，为本单位职工子女提供学前教育的服务。③集体办园。农村集体办园主要是指改革开放最初农村并没有正规的学前教育机构。农村集体幼儿园常附设于村小学里；针对城市集体办园最常见的办园形式主要有街道和社区办园。④民办法人办园。1987年颁布《关于社会力量办学的若干暂行规定》，个人投资的民办幼儿园增加。当前主要存在股份制模式、私人独资办园模式、教育集团化模式、合资园模式。

3. 多元模式供给现状

学前教育是教育的起点，作为我国的基础教育的重要组成部分，学前教育发展在促进民生建设的同时带动新的行业的发展而推动经济增长。回顾多年来我国学前教育供给模式的发展变化，现阶段我国的学前供给需要多元化发展。随着我国政治、经济体制的不断改革，从我国学前教育供给模式的发展历程来看，正朝着政府"一元"到"一主多元"的转变。从1949—1979年，是我国政治制度以及经济建设的初期，各类社会资源短缺，将学前教育作为福利事业来发展，学前教育由单位或者集体供给，换言之，政府是学前教育的唯一供给主体，当时由于政府各方面资源有限而导致学前教育的供给严重不足且供给不稳定。改革开放后，我国经济体制确立。市场力量在学前教育供给中发挥着重要的作用。我国学前教育供给中不仅有公办性质的幼儿教育机构，而且也有民办性质的学前教育机构，由此我国学前教育正式走向市场主导的多元供给模式，社会力量办园的参与使得我国学前教育资源有了一定增长，一定程度上解决了学前教育供给不足的问题。近年来，学前教育资源供给不足且优质学前教育更是短缺而引起了社会的广泛关注，学前教育资源供需失衡带来了家庭所承担的幼儿费用增加，出现"入园贵、入园难"的问题，不管是政府还是市场供给都已经无法解决我国学前教育存在的供需矛盾，这就需要多个主体、多种模式提高学前教育供给效率。坚持把"政府主导、社会参与、公办民办并举"作为当前我国学前教育供给的新趋势。

三、当代学前教育发展路径

（一）缩小学前教育发展水平的差距

1. 学前教育全面协调发展

推进区域间经济社会协调发展，缩小区域发展差距和贫富差异是党和政府的重要施政目标。1993 年 2 月，中共中央、国务院印发《中国教育改革和发展纲要》，正式提出"逐步提高国家财政性教育经费支出占国民生产总值的比例，本世纪末达到百分之四"。自此，"百分之四"成为人们心目中教育投入红线的非常著名的数字。而从 1993 年到 2012 年，政府对教育的财政投入逐渐增加，经过了二十年光阴才逐步实现。而教育财政支出超过 GDP 的百分之四后再没有显著增加。2014 年国家财政性教育经费占国内生产总值比例为 4.15%，比上年的 4.30% 降低了 0.15 个百分点。教育作为促进经济发展和社会进步的重要原动力，需要得到思想的重视和资金的投入。如果说教育公平是社会公平的基础，是一切公平的起点的话，那么学前教育则是基础的基础，起点的起点。保证适龄儿童接受学前教育机会的相对公平，对维护社会公平与稳定具有重要意义。而促进我国各地区学前教育全面协调发展，可以为我国从幼儿到青年的系统教育的全面协调发展乃至我国经济社会的全面协调发展打下牢固基础。

然而我国政府对学前教育发展的财政支持现状仍不尽人意。这可以从多方面的数据来加以说明，由于发达省市有较为充足的财政收入可以投入到学前教育上，为控制乃至缩小各省区学前发展水平的差距，中央财政应按照拟改建的闲置校舍面积、新增入园幼儿数并分地区按一定比例予以补助。越是经济发展困难的地区，中央财政补助比例应该越高。从充分利用现有资源以及因地制宜的角度出发，政府应该资助农村小学增设附属幼儿园。中央财政必须对欠发达地区的学前教育建设倾斜。政府应该鼓励发达地区对学前教育的社会参与，出台减免税收优惠等等切实可行的政策，以催生更多的民办幼儿园。而在中西部欠发达省份尤其是农村地区，就要充分发挥政府主导的作用，多办公办幼儿园。要充分利用已有资源，将农村闲置校舍改建成幼儿园。农村已设有小学的地点是人口聚居较为密集，适龄儿童较多的地方，在这些地方设点可以省去为新设幼儿园考察征用地点的成本，提高办学效率。但是，在农村小学增设附属幼儿园要特别注意防止幼儿园教育小学化。此外，地方政府要加强宣传力度，扭转一些农村家长的观念，遵循儿童身心发展特点和教育规律，让入读儿童在幼儿园得到适合其发育阶段的学前教育。

2. 制定统一学前教育规范标准

在现行体制下，我国学前教育管理权责在于县一级地方政府，而不是由中央统一负责统筹规划。虽然该制度使各地区可以因地制宜，政策可以贴近本地情况同时具有灵活性，但由于缺乏全国性的统一规划，各地方所拥有的资源不可同日而语，也造成了地区间学前教育水平差距不断拉大的后果。为使得各省区学前发展水平的差距不再扩大，需要对现行制度尽快做出全面检讨。为了扬长避短，在保证地区自主保持地方特色的基础之上加强中央统一部署，对全国学前教育的发展加以通盘研究并制定全国统一的标准，这不失为一种值得尝试的方法。举例来说，其中一种可行的方式就是明确中央政府与地方政府各自的责任及制定学前教育发展的国家学前教育机构保教质量评价标准体系。国家学前教育机构保教质量评价标准体系可由全国人大和地方各级人大制定法律，并结合国务院和各级地方政府制定的相关法规，对中央和地方财政对学前教育经费投入的比例、学前教育教师资团队建设标准、学前教育课程标准和保育标准细则做出统一规定，各地严格按照相关法律法规，制定符合当地情况的学前教育发展战略。同时进一步强化教育部和地方教育部门的相关职权，加强对各类幼儿园实际运作情况的指导。此外，为了便于评估监测，还应建立全国联网的信息化学前教育资讯管理系统。要成立专门机构对有关信息进行实时的更新，确保信息是可信的、实时的，以便为教育部门对学前教育政策在实施过程中进行微调提供参考。各级财政、教育部门要互相建立沟通渠道，对投入到学前教育发展的专项资金加强监管，并充分发挥学生家长和舆论的监督作用。教育部要建立巡视制度，连同中纪委、财政部和审计署不定期向全国派驻巡视组，重点考核中央和地方财政推进学前教育发展专项资金的使用情况，对资金使用出现问题的地区，当地主管学前教育的主要官员应该作为责任人并受到相应处分。近年来，教育部就在全国范围内发展学前教育制订了一系列标准，接下来中央及各地方有关部门领导应督导相关标准的执行情况，要保证全国不同地区统一标准，严格管理，保证标准在实践中不走形，不变样。

3. 推行高校学费减免政策

要保证全国各地区学前教育的协调进步，幼师队伍的建设至关重要。而为了吸引更多的优秀高中毕业生进入高校的学前教育专业学习，需要国家政策以及财政的支持。我国免费教育师范生制度自 2007 年开始实行，已经有一届又一届的免费教育师范毕业生走上全国各地的教师工作岗位，为我国的教育事业发展尤其是西部地区的教育事业发展做出了很大贡献，为了提高我国幼师队伍的整体规模与水平，现阶段在教育部直属院校等少数院校推行的免费师范生制度应该逐步推向其他各省属重点师范院校，免除包括学前教育专业学生在内的所有教育类专业学生的学费，并提供生活补助，这样可以吸引到一批家庭经济条件较为薄弱的优秀高中毕业生报考幼师专业。同时，为了避免"孔雀东南飞"的现象，保证贫困地区的学前教育有数量足够、质量上乘的师资队伍，应与免费学前教育专业学生签订协议，让其在毕业后回到生源所在地从事幼儿教育，鼓励他们在学成之后回到故乡，建设家园。同时要保证毕业生的工资处在一个较有吸引力的水平，减少毕业生在工作数年之后转工转行的现象。此外，教育部还应该适度扩大全国高校学前教育专业招生规模，并在学前教育发展较为薄弱但适龄儿童较为集中的地区增加幼儿园教育点，为学前教育专业毕业生提供充分的就业机会。

4. 采取差别对待政策

自西部开发和中部崛起战略实施以来，中西部地区的经济发展得到进一步提速。在国家相关政策支持下，大多数中西部省份 GDP 增速常年高于全国平均水平，同时也高于东部发达省份。但目前来看，东部沿海地区和中西部地区的发展出现差距有着深层次原因，东西部在教育科学文化等领域的差距还依然存在，并将可能长期存在，由此可能带来一系列严重后果。中央和地方政府必须充分认识到东西差距问题的严峻性，并采取切实有效的措施，创新机制，提出能够真正解决本地问题的对策。教育部应该加强全国幼儿师范学校的建设，以期为国家输送足够的学前儿童保教人才。财政部可以成立专项基金，集中在中西部地区和农村地区，组织在全国范围内铺开学前教育支教点。各地应根据本地适龄儿童的数量和分布情况向教育部申报支教点，并从幼儿师范毕业生中以较高的工资招聘支教教师。依托已有的乡镇幼儿园等现有资源，对学前教育入学难的地区提供充分的学前教育机会。由中央财政出资对巡回支教志愿者在岗期间的工作生活以及参加社会保险等费用给予补助。教育部和财政部应加大力度提升从事学前教育保教的师资质量，将资金向中西部地区和农村地区倾斜，制定全国统一的幼儿教师培训计划，以中央财政为主地方财政为辅对该计划加以认真贯彻落实。要鼓励地方根据自身情况，提出具有前瞻性又结合实际的学前教育发展规划。应该放开对部分非政府组织的管制，对从事志愿教育的国内外义工组织进行有效的管理，鼓励其在中西部地区开展工作，促进当地学前教育发展。

（二）提高学前教育教学质量

从数量与质量上保障学前幼儿园供给。针对当前学前教育现状，尤其是当前公办幼儿园无法满足人民美好生活需要的现状，有关部门要建立多渠道供给举措，增加公办幼儿园的数量。如，合理均衡开办公办幼儿园，在西部农村地区可适当增加公办幼儿园的比例，做到学前教育在东部地区与西部地区的均衡发展；联合社会闲置资本，建立适合本地需求的民办幼儿园，实现互利共赢，以弥补公办幼儿园数量的不足；破除"贵族化"天价幼儿园，增办平价优质公办幼儿园，这是一项民生工程，关系到人民美好生活需要能否实现的首要问题。学前儿童是国家未来之希望，在当前三孩政策背景下，学前幼儿园将供不应求，提升学前儿童良好的成长环境，提升学前教学质量，是每一位家长关注的热点。因而，有效提升幼儿园数量，保障幼儿园质量是美好生活的需要。

（三）建立健全学前教育师资队伍发展机制

师资队伍制约着学前教育的发展，因此学前教育要满足人民生活需要，必须考虑如何提升师资力量。学前幼儿园师资学历不高，本科学历占比仅 20%，全国每年学前教育专业本科生毕业生约 6000 人，远远不能符合当下学前教育师资的需求。因此，国家层面要出台政策，如，构建高职及新建本科院校招收幼儿专业免费生制度，提升学生对幼儿教育的热爱程度，有效保障幼儿教育师资。政府部门要建立健全学前教学师资培训机制，提升教师的职业技能与待遇，合理布局，实现学前教育师资供给需求。针对幼儿园虐童事件频发，幼儿园及政府管理部门要建立学前师德考核准入制度，对有前科的教师实行一票否决制，切实提高学前教师的素质，有效地保障学前教育师资队伍质量的提升。

（四）构建质量安全体系

政府层面要加强制度建设，在幼儿园相关资质、收费及管理方面进行引导，建立幼儿园信息交流系统，将幼儿在园的相关信息及时反馈给家长。同时，与时俱进，构建合理完善的质量安全保障体系，实现家长—幼儿园—社会全面的监督评价标准，公开透明执行相关规章制度。因学前儿童的特殊性，学前幼儿教育不同于其他教育体系，在质量安全体系建设方面，要特别注意加强学前儿童的身体健康和饮食安全，这就需要从业者及相关教师严格执行国家相关政策及制度，建立幼儿园质量安全监督委员会，实现对幼儿园的评价与监督，有效地保障学前教育的质量。学前儿童是祖国未来的希望，提升幼儿学前教育的质量，是当前人民所关注的热点问题之一，因而有效提升学前教育质量，实现学前教育的侧供给，是实现人民美好生活需要的前提。这就需要政府部门制定政策，加大力度构建优质的、适合人民需求的幼儿场所，加大力度培养适合学前幼儿教育的优质师资力量，同时建立适合幼儿生活需要的相关质量安全制度，保障学前教育顺利发展。

（五）构建普惠性学前教育为主的办园体系

加大教育投入，优化投入保障体系，提高投入的可持续性即长效性，这一点尤其关键。扩大各类教育资源供给就要做到：第一，多途径扩大教育资源供给，实现供给主体的多元性。目前我国学前教育经费在整个财政性教育经费中占比仍然不高，在比例和绝对数额方面仍有较大提高空间。同时，引导社会资源投入学前教育领域。对家庭承担额度进行投入反思，在政府财力有限且中央资金尚未拨付的地方，考虑让家庭自愿适度分担，学前教育质量改进的成本。多元参与主体若对建设高质量教育体系达成一致目标，将有助于提高投入的积极性。第二，建立学前教育投入保障长效机制，探索构建普惠性幼儿园特别是普惠性民办园财政经费保障机制，提升其可持续发展能力。其中，很重要的一点是将普惠性学前教育纳入基本公共服务体系，使得投入渠道和资金来源固定，进而保障学前教育体系有稳定的资源支撑。该公共服务体系应该覆盖城乡、布局合理、供需适配，从而保障学前教育体系的普惠共享和供需适配，力争在 2030 年实现益童、惠民、利国的学前教育发展愿景。为进一步保障体系协调均衡，扩大的资源应主要用于保障农村地区和城市困难家庭。对于学前教育资源短缺地区，应给予政策倾斜与专项拨款。

第二节　当代学前教育幼儿教师要求

一、幼儿教师的职业素养要求

1. 教师的人格修养

教师的性格气质、品行涵养、兴趣爱好、思想品德与职业道德素质等。主要体现在以下几个方面。

（1）教育五心

①爱心。爱心是第一位的，特别是对于幼儿教师来说。孩子三岁入园，甚至还有更小的，他们缺乏基本的自我服务能力，不会穿、脱衣服，连喝水上厕所都需要老师提醒。对孩子来说，幼儿教师首先是妈妈的角色，其次才是教师的角色，这是由幼儿的年龄特点决定的，所以幼儿园的教育原则是保教结合，这是其他年龄段的教育所不具备的特点。对孩子来说，你只有真正的喜欢他、关心他、爱他，他才会喜欢老师。而喜欢老师的孩子，才会喜欢上幼儿园，才能开心快乐地成长。

②耐心。孩子年龄小，好奇心特别强，求知欲也很强，会问很多稀奇古怪的问题，所以老师必须耐心的回答孩子的问题。如，青蛙有耳朵吗？树叶为什么会变黄？为什么冰会融化成水？老师要不厌其烦的回答。还有孩子小，很多的行为习惯没有养成，很多的自我服务能力都需要慢慢地培养提高，这需要老师不断地提醒和督促，教孩子掌握正确的方法。

③热心。幼儿教师不仅要对幼儿热心，每天照料教育孩子，还要与家长经常沟通交流。每天都要和家长打交道，现在的家长教育水平越来越高，对孩子的教育也很重视，总是会利用入园或离园时询问一些孩子的发展情况，或者问一些有关教育孩子方面的问题。所以老师需要付出很多时间和精力，做好家园配合，形成教育合力，热心必不可少。

④细心。孩子的事情很是琐碎，吃喝拉撒，中午还在幼儿园睡午觉，每一件都是很小很细的，不仅仅是教育，更重要的是还要处处考虑孩子的安全和健康，所有幼儿教师很是辛苦，需要教师考虑周到细致。

⑤童心。拥有一颗童心，才能更好地了解孩子，更好地和孩子沟通交流，从而成为孩子的朋友、伙伴。这也是幼儿教师永远年轻、拥有朝气的原因所在。

（2）健康的身心素质

幼儿教师的一颦一笑，喜怒哀乐都躲不过幼儿的眼睛，幼儿虽然不会表达出来，但他会根据自己的观察，做出相应的反应。假如幼儿教师的情绪反应烦乱，整天愁眉苦脸或者一副怒气冲冲的样子，动不动就发火，那么幼儿则会处于焦虑恐惧之中，害怕老师，不敢和老师交往。反之假如幼儿教师精神振作，和蔼可亲，脾气好，情绪稳定，不轻易批评指责孩子，幼儿就会心情舒畅，也会特别喜欢这样的老师。给孩子营造一个宽松、和谐、开心的环境气氛，幼儿的思维才会变得积极活跃，幼儿的性格才会自信开朗活泼。

（3）幼儿教师要有良好的仪表风度

幼儿教师的待人接物、行为举止、衣着打扮等应符合幼儿教师的形象。做到端庄大方，从容有礼，适度得体，符合教师的职业道德和审美标准，既不能过分陈旧，显得落伍，也不能一味追求新奇、艳丽、花哨。因为幼儿特别喜欢模仿老师，潜移默化地受老师的影响。

2. 幼儿教师的专业素养

（1）专业理念与师德

①职业理解与认识。具体来说，包括以下基本要求：认真贯彻党和国家的教育方针政策，遵守有关的教育法律法规；正确理解幼儿保教工作的意义，能够做到爱岗敬业；认同幼儿教师职业的专业化特点，注重个人的专业发展；具备良好的师德修养，能够做到为人师表；具有较强的团队意识，善于跟别人合作交流。幼儿教师的专业理念是引导幼儿教师教育行为的基础，主要包括对幼儿的认识与态度、对幼儿教育的认识与态度以及对幼儿教师职业的认识与理解。具体要求教师尊重、关爱儿童，关注儿童的心理状态及发展需求。例如，当儿童面临家里增添弟弟或妹妹时，他们往往不希望弟弟妹妹的到来突然打破他们的生活，这时教师要给予儿童更多的关爱和呵护，帮助他们顺利度过缓冲期或调整期。幼儿教师更要注重因材施教，需联合家长共同创设有利于儿童心理发展的人际心理环境及所需的物质环境。当部分儿童心理问题或行为问题暴露出来时，幼儿教师要转变教育方式，走进孩子的世界并观察他们的变化，研究他们的心理，寻找合适的教育方式，发挥好观察者、研究者、促进者等角色的重要作用。

②对幼儿的态度与行为。具体来说，包括以下基本要求：关注幼儿的身心健康，保护幼儿的生命安全；尊重幼儿的人格尊严，维护幼儿的合法权益；重视幼儿的个体差异，满足幼儿的个性所需；重视生活的重要价值，营造愉快的幼儿园生活。

③对幼儿的保育和教育的态度与行为。具体来说，包括以下基本要求：注重保教结合，重视幼儿意志品质和行为习惯的培养；尊重幼儿的兴趣爱好，保护好奇心，培养想象力；重视并发挥环境和游戏对幼儿发展的重要作用；重视幼儿直接经验的获得，将探索、交往等实践活动作为幼儿最重要的学习方式；重视教师在幼儿发展中潜移默化的作用；重视幼儿园、家庭、社区的合作以及各种教育资源的利用。

④个人修养与行为。具体来说，包括以下基本要求：富有爱心、责任心、耐心和细心；乐观向上、热情开朗，亲和力强；善于调控情绪，心态

平和；勤于学习，乐于进取；衣着整洁，语言规范，举止文明。

（2）专业知识

幼儿教师的专业知识是其从事幼儿园教育教学活动所需要的知识，包括儿童发展知识、教育知识以及通识性知识。面对幼儿的教育问题，幼儿教师还要具备全面合理的知识结构。首先，要具备儿童发展心理学知识，储备相关心理辅导知识，以更好地因材施教和找出儿童心理与行为问题的症结并对症下药；其次，要具备专业的教育知识，对儿童的教育要遵循启发诱导、尊重儿童年龄特点及个性差异、均爱勿偏等教育原则，运用解释与说理、榜样与示范、陶冶与潜移默化等方式影响儿童，消除他们因家中幼儿的到来所产生的消极情绪；最后，掌握与幼儿政策相关的知识及信息技术等通识性知识，以利于幼儿教师有效开展教育教学工作和家园沟通工作。

①幼儿发展知识。具体来说，包括以下基本要求：了解幼儿生存、发展以及保护方面的法律法规及政策规定；掌握幼儿各年龄段身心发展的特点和规律，了解幼儿全面发展教育的方法；了解幼儿个体方面的差异，掌握促进个体发展的方法；了解幼儿发展中的常见问题与解决对策；了解有特殊需要的幼儿的身心发展特点及教育策略方法。

②幼儿保育和教育知识。具体来说，包括以下基本要求：熟悉幼儿园教育的目标、任务、内容、原则和要求；掌握幼儿园环境创设、生活安排、游戏与教育活动、保育与班级管理的知识与方法；掌握幼儿意外事故防护及救助的方法；掌握观察、谈话、记录等了解幼儿的方法；了解学前教育衔接的知识与方法。

③通识性知识。具体来说，包括以下基本要求：具有一定的自然科学知识和社会科学知识；了解中国教育基本情况；掌握幼儿园各领域教育的特点与基本知识；具有相应的艺术欣赏与表现知识；具有一定的现代信息技术知识。

（3）专业能力

幼儿教师专业能力是其专业化发展在教育实践中的集中体现，是幼儿教师专业素养的关键，包括行为观察和指导能力、良好的沟通能力及自主反思与发展能力等。了解孩子是教育的前提，幼儿教师只有具备敏锐的观察力，才能发现儿童不明显的异常行为，并对其行为进行分析、判断，从而对他们进行有针对性的指导。良好的沟通能力是开创家园共育局面的重要因素，更是幼儿教师需具备的基本能力。幼儿教师通过主动与家长交流孩子的教养方式、心理变化等情况，获得家长的信赖和支持，从而促进家园合作。自主反思与发展能力是提高幼儿教师综合能力做好家园共育工作的重要保障，包括对家园合作工作的反思，以及幼儿教师对自身理念、知识、政策引发的相关教育问题。从专业层面对幼儿教师的专业理念、专业知识和专业能力提出了更高的要求，也凸显了幼儿教师这一职业的特殊性，即要求幼儿教师具备扎实的学前教育专业素养、全面的学前知识理论体系以及综合的教育能力。我国当前学前教育有很大一部分幼儿教师的专业理论知识、理论素养有待提升。一定程度上，教师学历反映了教师队伍的理论知识、业务基础以及科学研究的水平，而时代的发展无疑对当前幼儿教师的学历提出了更高的要求。由此，对幼儿教师的专业素养提出挑战，进一步对其专业背景、学历层次以及职前教育、职后培训提出了更高要求。

①环境的创设与利用能力。具体来说，包括以下基本要求：通过良好的师幼关系和幼幼关系的建立，使幼儿感到温暖和愉悦；通过良好的班级秩序与规则的建立，使幼儿感受到安全和舒适；为幼儿的成长、学习、游戏创设良好的教育环境；提供有助于幼儿发展的玩教具以及学习材料，引发幼儿主动活动的积极性。

②一日生活的组织与保育能力。具体来说，包括以下基本要求：合理组织安排幼儿一日生活的各个环节，并将教育渗透其中；指导并协助保育员做好常规的保育、卫生工作；利用各种教育契机，对幼儿进行随机教育；有效保护幼儿，能够及时恰当地处理常见事故。

③游戏活动的支持与引导能力。具体来说，包括以下基本要求：提供满足幼儿兴趣需要、年龄特点和发展目标的游戏条件；善于利用游戏材料，支持、引发、促进幼儿的游戏行为；鼓励幼儿在游戏中发挥主动性、创造性；有效发挥游戏对幼儿全面发展的教育作用。

④教育活动的计划与实施能力。具体来说，包括以下基本要求：制定不同阶段的教育计划以及具体的活动方案；善于观察幼儿，灵活调整活动，给予适宜指导；活动要体现趣味性、综合性和生活性原则；为幼儿提供更多的操作机会，支持和促进幼儿主动学习。

⑤激励与评价能力。具体来说，包括以下基本要求：及时发现并鼓励幼儿的进步，培养幼儿的积极性和自信心；有效运用多种方法，对幼儿进行全面客观地评价；正确利用评价的作用，促进教育活动的完善。

⑥沟通与合作能力。具体来说，包括以下基本要求：使用符合幼儿年

龄特点的语言进行保教工作；善于倾听，并和蔼可亲地与幼儿进行有效沟通；乐于跟同事合作交流，共享资源，共同发展；能够与家长有效沟通合作，增强教育合力；协助幼儿园与社区建立良好伙伴关系。

⑦反思与发展能力。具体来说，包括以下基本要求：善于通过反思，积极改进保教工作；善于发现保教工作中的问题，进行探索和研究；善于制定专业发展规划，实现专业素养提升。

3. 多元文化素养

幼儿教师多元文化素养是实施多元文化教育的基础与前提。拥有多元文化教育理念、掌握多元文化教育知识、具备多元文化教育情谊以及拥有实施多元文化教育的能力是当下理想幼儿教师应具备的专业素质。

（1）"公平平等"的专业理念

教师教育理念是教师在对教育教学工作的本质理解基础之上形成的教育理性信念。多元文化视域下的应用型幼儿教师教育，除了要培养职前幼儿教师基本的教育教学理念还应使其具备"公平的文化理念"与"平等的幼儿理念"。首先，培养职前幼儿教师公平的文化理念。从外部差异来说，我国是一个人口众多，区域差别较大的国家，东西经济发展不平衡，城乡之间存在差异显著的国家；从内部差异来说，幼儿与幼儿发展能力与水平不同，家庭环境与家庭结构情况不一。家庭社会地位存在差异，幼儿家长之间存在民族与文化程度的差异。因此，面对这一外部与内部存在的不可避免的差异现状，应用型学前教育高校应培养职前幼儿教师公平的文化理念，使其具有差异敏感性与警觉性，尊重幼儿及其家庭的多元文化背景与差异，理解来自不同文化地区与文化背景下的幼儿所表现出的不同行为方式与思想观念。坚决摒弃文化刻板印象与个别歧视心理。其次，培养职前幼儿教师平等的幼儿理念。幼儿教师在面对具有不同文化背景的幼儿时，应该对每一位幼儿都施以平等的教学理念。平等并不意味着以相同教学方式或手段对待每一位不同的幼儿，而是相信每一位幼儿都具有相同的发展潜力，不因其性别、性格、家庭结构、家长文化背景等方面的差异而忽视或歧视某些幼儿。同时给予每一位幼儿平等的发展机会，保障每一位幼儿都具有参与活动的机会，认真倾听不同幼儿的声音，公平的解决幼儿之间的矛盾与问题，对每一位幼儿给予专业与平等的评价。

（2）"多元结构"的专业知识

知识属于文化，文化是知识的升华，知识的掌握直接影响人的判断和行为，推动人的行动过程。对于当代职前幼儿教师的培养来说，不能仅仅以掌握传统的专业理论知识与专业技能知识为目标，多元文化知识的掌握也是幼儿教师专业发展的必然要求。多元文化教育中教师应掌握的知识主要分为四种，一是关于多元文化教育主要典范的知识，即让少数民族与其他学生了解与体验少数民族文化知识，弥补少数民族学生对自己民族文化在认知上的不足，从而提高他们的学习自信心与满足感，同时使其他学生了解少数民族的文化与历史，消除文化偏见与歧视。二是关于文化相关概念的知识，如社会文化、民族文化等。学生只有对相关文化概念有了一定了解，才能在了解的基础之上形成一定的文化意识。三是关于主要族群的历史文化知识。学生只有掌握了不同民族的文化知识，才能在自己将来的课程与教学中融入多元文化教育，正确地看待不同民族之间的文化差异性。四是关于多元文化教育相关教学法方面的知识。对于职前教师来说，掌握"教什么"与"怎么教"方面的知识都是为了满足不同族群学生需要的必然要求。班克斯的多元文化教育是针对多元民族学生所提出的，而面对幼儿之间性格、家庭结构、家长社会地位等方面的差异，幼儿教师多元文化教育的专业知识除了上述所提出的相关知识，还应包含以下几点：一是幼儿研究相关知识，只有懂得了如何观察与研究幼儿，教师才能真正地了解幼儿之间的个性与差异，仅凭经验评价每一位幼儿的发展是不专业的表现。二是人际交流与沟通方面的知识，面对差异显著的幼儿与形色各异的家长，教师若试图通过家长或其他与幼儿相关的人员了解幼儿，必须掌握一定的沟通技巧，在一心为了幼儿的基础之上与家长互通有无，共同促进幼儿发展。三是有关特殊儿童方面的知识，使教师在教育教学过程中能满足有特殊需要的儿童的要求．

（3）"人文关怀"的专业情谊

教师在面对不同文化背景下的幼儿应施以人文的关怀，教师教学要以爱为基础，关爱幼儿既是教师个人情感的体验，也是教师将课程与教学融为一体，成为教师有效教学的重要保证。态度影响行为，每一位幼儿都享有平等发展的权利。因此，幼儿教师只有具备人文关怀的态度与情感，才能对处于不同文化背景下的幼儿施以特别的关注与指引。首先，专业情谊体现在尊重不同文化主体的意识上。只有当个体站在他人的角度去思考他人的思想观念与行为方式时，人与人之间才能摒弃来自自身文化的优越感，从而避免文化冲突。其次，专业情谊体现在对幼儿的关爱上。爱心、耐心、责任心是身为幼儿教师必备的素质，幼儿教师心怀大爱是其积极看待每一位处于发展中的幼儿的关键。只有这样，幼儿教师才能关注到处于发展不利环境下的幼儿，给予其特殊的关爱。最后，专业情谊体现在对偏见歧视的觉察与纠正上。实施多元文化教育，教师首先要具备的就是审视与正确看待自己与周围他人或事务中的文化偏见现象。3—6岁的幼儿正处于思维与习惯的养成期，其接触的教材或活动对其思想观念的养成具有重要的作用。因此，首先要训练幼儿教师辨别教材中所出现的文化偏见现象并施以适宜的教学活动；其次要提高教师检视自身所存在的偏见歧视心理与行为的觉察与敏感性，从而平等地对待每一位幼儿。

（4）"因材施教"的专业能力

"因材施教"的专业能力是幼儿教师多元文化素养的核心。拥有实施多元文化教育的知识与态度是前提。将其多元文化理念运用到幼儿教育教学活动之中才是关键。首先，"因材施教"的基础是具备了解与研究幼儿的能力。陈鹤琴指出"若不明儿童的心理而妄施以教育，那教育必定没有成效可言。"但现在我国众多幼儿教师培养单位都将重点放在了提高职前幼儿教师的教育教学能力上，而对于观察与研究幼儿能力的培养却仅限于课堂中关于儿童心理学或幼儿保教知识的学习，在教育实习中也鲜少将该能力的培养具体化与可操作化。因此，职前幼儿教师的培养应注重提高其关注与识别幼儿"个体差异"的能力。了解不同性别幼儿的差异，了解不同家庭结构中幼儿行为与思想的差异，了解家长在社会地位与文化水平不同的背景下，幼儿所表现出的差异等。其次，与家长沟通的能力。多元文化教育视域下，幼儿教育不仅仅局限于幼儿教师或幼儿园，家长也是幼儿成长道路中的关键因素。为了促进幼儿的发展，幼儿教师应与家长保持一致、互通有无。通过与家长的交流与互动，能够熟悉幼儿所处的文化环境，从而施以恰当的教学。也能够利用家长资源，开发课程，对幼儿进行多元文化教育，最重要的是，与家长建立良好的关系，幼儿教师才能全面地了解与正确地评价幼儿，才能真正地做到因材施教。再次，自我反思能力。人不是天生就具有多元文化素养，自我反思与批判是拥有多元文化素养的重要路径。应用型幼儿教师教育单位应督促与监督学生时常反思自己是否存在"单亲家庭幼儿存在性格缺陷""幼儿园表现不好的幼儿上了小学也不会变好"等观念；时常反思自己是否对某些特殊儿童施以如"你怎么这么笨""你家长有问题"等语言暴力。只有不断地反思与纠正自己的不足"因材施教"的能力才能落到实处。最后，针对不同幼儿，尤其是处于不利环境下的幼儿施以适宜教育的能力。来自不同家庭环境的幼儿，由于受不同地域、民族、家庭等方面的影响，在生活与学习过程中会表现出自己的独特性。因此，教师在实施多元文化教育时，除了能带领学生领略不同民族与地区的文化差异，也能够针对不同的幼儿施以不同的教育。如，针对活动中性格安静、不愿意展现自己的幼儿，教师要考虑如何在尊重幼儿选择的前提下察觉并帮助幼儿发展；如，针对单亲家庭的幼儿，教师如何在教育教学活动中帮助其建立自信心，让他（她）与其他幼儿明白大家其实是一样的；又如如何在活动中尽量照顾到每一位幼儿。

二、幼儿教师专业发展要求

为适应新课程改革专业化发展的要求，教师应不断提升自己的专业技能。新课改形势对教师的教学技能有了更高的要求，主要包括以下几方面内容：①开发课程资源意识的能力，包括课程资源的选择（如教材不仅指课本，也包括音像制品及其他可利用的资源）、课程参与、重构、研究、创新、开发、评价、积累的意识；②应用现代信息技术的能力，包括：运用信息工具获取信息、处理信息、创造并使用信息，发挥信息效益、加强信息协作、增强信息免疫能力；③改变教学方法的能力，教学过程应稳中有变，以激发学生的学习兴趣，促进学生发展为前提，能指导学生进行社会实践与探究学习，并能驾驭课堂，具备应对教学突发事变的能力；④具有教学机智，富有幽默感，能熟练发挥语言（特别是肢体语言）功能的能力，具有极高的语言素养，善于反思、总结，并具备能进行教学科研的能力。

（一）与时俱进的进取精神

教师应具有敏感的忧患意识。社会在发展，教育也在发生着变化，教师应在这种变化中把握时机，不断提升自己的素质。应跟上时代的步伐，加强忧患意识，防止心态疲劳，追求创新，同时应具有强烈的沟通与合作意识。时代呼唤合作、呼唤沟通，这包括教师之间、师生之间的合作与沟通，只有这样才能够创造教育的辉煌。

（二）终身学习的能力

21 世纪是倡导终身学习的社会，教师应把学习作为一种生活方式，要有强烈的学习欲望。学习不仅能提升智慧，更能增强教师的文化底蕴。读书学习的过程就是吸收、成长的过程。不读书会影响到教师教育教学理论的提高，影响到知识水平和精神境界的提升，影响到对学生学习的关注以及与学生的沟通。只有不断地学习，才能增强自身的文化底蕴，才能学会抢抓教学的有效资源，从而确立符合新课改要求的教育教学的资源观。

（三）学以致用的价值取向

教师应在实践中学会运用，在实践中学会选择。只有通过学习，才能使知识在实践中加以合理运用，并学会选择教育的内容、时机、途径和方法，以至提升自己的教研意识和教学水平。新时代背景下要求教师不能只是知识的传播者，而且要成为学习者、指导者、研究者等多种角色。然而教育者所面对的教育实践却极为复杂，他必须要面对有内在不确定性的情境过程，并且进行相应的"行动中反思"。教师不仅要具有可以通过直接教学获得的一般性的专业知识，还要在自己的专业实践活动过程中不断获得实践知识。教师教育的目标制定、课程选择、课程实施等均是与人们对教师专业化程度的定位密切相关的。一般来说，社会对教师职业专业化程度认可越高，相应教师的社会经济地位就会得到提升，师范生生源的质量、教师教育的物资设备等也将会有所改善。课程开发思想的发展与教师专业发展之间有着密不可分的联系。一方面，强调教师参与的课程开发思想要求"把课程还给教师"，这实际上给教师提出了更高的素质要求；另一方面，教师在课程开发过程中获得的专业发展又会有助于他们更有效地投入到新的课程开发过程中。教师在课程开发过程中地位和作用的变化加速促进了教师专业发展的提出和实施，而且教师参与课程开发已成为教师专业发展的一个重要途径。

第三节　当代学前教育师资建设要求

近年来，我国学前教育事业取得巨大发展，特别是 2010 年以来学前教育迎来了历史性发展时期。幼儿教师是学前教育发展的中坚力量，是其教育质量提高的核心要素。随着学前教育事业的发展，为努力实现和保障"幼有所育"，学前师资的数量和质量被赋予了更高要求，学前师资培养问题备受关注。高质量的幼儿教师是促进事业积极健康发展的前提和基础，而幼儿教师培养则是保障并不断提高幼师队伍质量的关键手段和必然途径。随着社会经济的发展变化，我国学前师资培养体系经历了许多改革，取得了一定的成效，但同时培养体系依然面临诸多困境。在了解我国学前教育师资培养体系变革的基础上，分析当前面临的困境进而提出相应的优化策略，有助于进一步完善学前教育师资培养体系，促进幼儿教师队伍建设，助力国家学前教育的发展。

一、优化学前教育师资供给

学前教育的质量与幼儿的发展息息相关，而幼儿教师队伍建设是学前教育最薄弱的环节，探究学前教育师资供给现状及挑战并提出建议，在当下显得尤为必要。

（一）增数量——多措并举补充学前教育师资力量

截止 2021 年，因"全面二孩"政策新增幼儿所需配备的专任教师就达 29.75～49.59 万人，加上我国目前尚缺的幼儿教师，学前教育师资缺口数目之大令人震惊。当前，快速扩充学前教育师资队伍尤为紧迫。为此，需要打开思路，运用多种途径增加学前教育师资数量。

1. 扩大学前教育专业招生规模，加强高校与幼儿园的合作

"全面二孩"政策对师资数量的挑战在 2019 年开始显现。所以，当前扩大学前教育师资培养规模很有必要。各地要加强师范院校的建设和发展，合理扩大学前教育专业招生规模，支持具备办学条件的本、专科高等院校增设学前教育专业。由于学前教育专业的师范生一毕业即将投身到一线教育，为了使其能快速融入幼儿园的教育教学工作，要加强高校与幼儿园合作，加大学前教育专业师范生的实习力度，本、专科学生在接受两年学校教育后，可以鼓励学生进园见习或实习。一方面，可以缓解师资紧缺的压力；另一方面，有助于学生综合实践能力的提升。

2. 拓宽学前教育师资补充渠道，把好入口关

由于本、专科高等院校职前培养模式需要 3～4 年的周期才能产生一届毕业生，不能满足当前快速增长的师资需求。为了快速补充学前师资缺口，应对三孩政策所带来的师资储备不足问题，需要运用多种形式补充师资来源，与此同时还要把好师资质量入口关。可通过以下途径快速补充师资：一是从中小学富余教师中遴选出有意愿从事学前教育工作的教师，进

行一定时限的、有针对性的转岗培训，通过考核且能胜任学前教育工作后进入幼儿教师队伍；二是实行弹性招考制度，一方面积极面向有教育专业背景的师范毕业生和辅修过学前教育专业的毕业生招考，通过培训使其成为合格幼儿教师，另一方面面向非师范专业毕业生和有志从事学前教育且受过良好高等教育的社会人群招考；三是根据招考人员的专业和相关基础进行适宜性、差异化的培训，待其达到从事学前教育工作的基本要求、获得幼儿教师准入资格后，进入学前教育师资队伍。

（二）提质量——加强职前教育、职后培训

1. 提升职前教育培养质量

师范生教育阶段是幼儿教师储备专业知识的重要阶段，也是奠定其专业素养的重要阶段。各地开办学前教育专业的院校在扩大招生规模的同时，还需保证职前培养质量。《幼儿园教师专业标准（试行）》（以下简称《专业标准》）指明了合格的幼儿教师所应具备的专业素质，引领了幼儿教师专业化成长的基本标准。本、专科高等院校作为培养幼儿教师的主要阵地，肩负着培养优秀学前教育师资的重任，课程设置应贯彻《专业标准》的精神，着重从专业理念、专业知识以及专业能力三个维度对学前教育专业学生展开培养。具体而言：首先，注重课程设置的全面、合理，优化课程结构，合理设置通识课程、专业课程；其次，关注社会的需要，"三孩"时代对教师的专业素养提出了更高的要求，教师需要掌握更多的心理学知识，高校可适当增设实用性较强的专业课程，如"育婴师"及"心理咨询师"等职业技能培训课程；最后，由于学前教育专业的实践性较强，学校可将教育实践纳入课程体系中，但教育实践要避免形式化。

2. 保证职后培训的有效性

新时代，新老教师都将面临幼儿政策对其专业素养的诸多挑战，职后培训是幼儿教师掌握先进理念、提升幼儿教师专业素养和能力的重要举措。为了保证职后培训的有效性，要注意以下三点：第一，将终身学习的思想渗透到培训中，促进幼儿教师不断更新自身知识观念，增强家园共育意识以及探索适合当代的新教育思维和教育方式。第二，培训的内容要涵盖学前教育专业理论知识以及对相关政策的解读。具体包括：①解读当代幼儿政策，将宏观政策具体化，深刻领会政策对幼儿园、家庭的影响以及对家长和幼儿教师提出的挑战；②重点分析当代幼儿政策对幼儿教师提出的要求；③了解儿童不同阶段的身心发展特点及在不同阶段的心理需求，

并分析家庭中长子女的心理以及掌握疏导儿童心理的有效策略、方法；④了解当前家园沟通的现状，分析当代对家园沟通的要求，并提出家园沟通的具体策略。第三，培训的方式要多样化。由于部分教师没有时间、没有机会外出学习培训，可采用面授培训、网络培训以及园本研修等混合培训方式，整合各种培训方式的优点，使培训效果达到最优化。

（三）留人才——增加幼儿教师职业吸引力

增加幼儿教师职业吸引力既是稳定现有师资队伍的良策，又是吸纳更多专业师资、高质量师资的重要举措。待遇差、地位低是导致幼教职业失去吸引力和学前教育专业人才匮乏的重要原因。当前许多学前教育专业的师范生毕业后，由于幼儿教师的待遇差，地位低等因素而选择从事其他职业，导致大量专业师资流失，加剧了目前学前教育师资匮乏的现状。由此，增加幼儿教师职业吸引力提高幼儿教师待遇水平、给予幼儿教师更多物质保障和精神关怀，是刻不容缓的教育大计。首先，完善《中华人民共和国教师法》，明确学前教育教师的地位和身份。其次，完善幼儿教师的工资和待遇保障机制，增加幼儿园教师编制。公办幼儿教师的工资待遇参照当地小学教师的工资标准，逐步缩小在编幼儿教师和非在编幼儿教师的收入差距，确定非公办幼儿教师的最低工资标准，保证非公办幼儿教师工资按时发放。新增编制应面向公办幼儿园、普惠性质民办幼儿园，以激励幼儿教师进入不同性质的幼儿园。再次，呼吁社会更新教育观念，改变社会和家长视幼儿教师为"保姆、阿姨"的观念。最后，对在贫困地区、乡村工作的幼儿教师的工资和待遇实行适当倾斜政策，从而调动当地幼儿教师工作的积极性，稳定学前教育师资队伍。

（四）因地制宜——实行地区、城乡差异化供给机制

当前，我国学前教育师资供给在不同地区数量和质量都存在较大差异，幼儿政策背景下不同地区新增幼儿数量也不尽相同。针对这种情况，我国有必要实行地区、城乡差异化供给机制。首先，农村地区和中西部部分省市师资数量缺口相对较大，且师资水平相对较低，应加大对农村地区和相应省（市）的扶持力度，向农村和师资严重匮乏的地区定向培养、定向输入师资，在保证"量"的同时，更要注重"质"；其次，为了缩小区域、城乡间师资数量和水平的差距，还可积极探索建立区域间、城乡间、发达地区与不发达地区之间师资的合理流动机制，鼓励部分师资富余地区

的教师向相邻区域或农村流动；再次，针对部分地区师资数量缺口相对较小，而师资质量不高的情况，要重点抓教师的"质"，加强对教师的各种培训，鼓励教师外出学习、学历进修等；从次，同一地区内还可建立城乡间师资流动学习站，流动学习站要定时组织交流会，在交流会中城乡教师各抒己见，相互学习；最后，由于幼儿数量存在地区差异性，学前教育师资配置要基于各省（市）对新出生人口合理、科学的动态监测，各省（市）要根据所预测的学前教育发展规模来合理配置师资资源。

二、明确学前教育师资培养层次

根据教育法规，我国学前教育幼师比应为 1∶15 左右，在幼教的初始阶段，家长把学校教育延伸到幼儿园，于是学前教育成为全社会关注的焦点。于是加大力度培养学前教育的教师是亟待解决的课题。大学要适应新时代的需要，开放性的规划人才培养方向，制定出切实可行的人才培养方案，根据学前教育的特点和大学的特色采取"分层次目标教学"方法。如，心理学专业细化专业方向，家庭教育、家政、沟通、交际等科系把普遍的心理研究细化为学前教育分项研究，在一专多能的模式下，培养专业的学前教育人才。社会培养机构和考核机构要明确职责，严格把控幼儿教师培训的资质与审核，制定长期的考核和管理机制。

（一）调整大学学前教育课程体系

目前，大学课程体系都是程式化的过程，一套课程体系要从学生入学到大学毕业，这种课程设置与学前教育的社会需要严重脱轨，大学课程要与实践需要紧密相连，一方面是学生要有实践基地，另一方面是培养学前教育师资的教师自己现称为学前教育的专家。现实情况是实习基地每个学校都在建设，但是真正起到实践作用的却少之又少，学生实习实践缺少实习目标，实习单位对实习生缺少一定之规；更为严重的是大学学前教育的教师是理论专家、科研专家，却远远不是学前教育的实践专家，他们把自己束缚在大学课堂、混绑在课题中，没有时间、更缺少机会去真正的实践，于是在教学中形而上的理论对于形而下的对策，这是学前教育课程的弊端，也可以说是在很多领域都存在这样的问题。解决方案是把校企合作和双师型教师作为未来教师的考核方案。

（二）完善学前教育证书考核制度

学前教育的资格证书考核制度从 2008 年开始变成全国统一考试以后，学前教育从业人员的资格受到了严格的限制"纸上得来终觉浅，绝知此事要躬行"，幼师资格证书不应该是一次性的考核，而是应该根据不同学科、不同需要而进行不同层次的考核。我国应试化的教育培养了很多应试化的人才，在实际工作中不能完成教育教学工作。随着现代化教育形式的需要，我国各种教育体制的考试也在不断探索中，考试系统的研发和应用有着广泛的应用前景，期待更符合实践能力考试系统的研发和应用。

（三）迎接互联网信息时代的新挑战

互联网化是一场具有变革意义的社会化浪潮，也是时代前进的总趋势。然而对于教育行业而言，互联网的影响正在从浅层的运用，逐渐转向纵深层次的思考和渐变。传统的教育行业如何实现互联网化变革成为其发展中的重要难题。在过去，互联网的教育只是传统教育的某种补充，但是随着技术和网络环境的日臻成熟，互联网化的教育将成为主要的教育形式之一。

《教育信息化发展规划（2011—2020）》提出，到 2020 年，基本实现所有地区的幼儿园宽带网络的全面覆盖，教育管理信息化水平显著提高。互联网信息时代的来临让学前教育可以基本实现宽带网络班班通，班班家长通，线上教育时时通，依据教育部颁发的《幼儿园工作规程》《幼儿园教育指导纲要（实行）》以及《3—6 岁儿童学习与发展指南》，将教材中的课程与先进的体感技术相结合。真正做到"玩中学"，让幼儿体验到"快乐"与"发展"相互促进。新的课题把学前儿童的兴趣点由"玩"吸引到"学"中，孩子们在互联网时代如何把精力集中到课堂中，成为困扰现实教育的世界性课题。互联网显示时代的利与弊成为学术热点问题，对于学前教育专业人才培养的层次而言，也是利弊兼容的。一方面，优质的教学资源可以随时随地共享；另一方面大量复制、粘贴的快捷方式让教育失去了个性化、创新性的空间。互联网对于社会对学前教育的认知就更为明显，幼儿园、学校不代表全部权威的教育，家长开始关注线上教育，对学前教育有了更多的参与度，这对于学前教育的老师提出了更高的要求。教师不但要关注传统教育更要关注在线教育，很多学前教育机构在在线教育大潮的冲击下失去了生源，还有很多新兴的教育机构独领风骚。综合来看，在线教育和传统教育是一个互补的结合，互联网会颠覆原来的教育方式，未来的互联网教育必然是大趋势，但不会是纯粹的互联网教育，而是与传统教育结合。因此，线上教育模式并不能完全代替线下的教学。教育是一个知识传递的过程，此外教育还起到着一种传播理念和培养能力的作用，在这一过程中，人的因素始终无法被完全忽略。总体来讲，教育互联网化是发展趋势，同时线上教育无法完全替代线下教育，二者形成互补作用。传统教育的互联网化发展重点仍是如何将线下教育与线上教育结合，形成良性互动。

三、优化学前教育师资培养体系

（一）扩大培养规模

为解决当前我国幼儿教师培养能力不足的问题，创新培养模式，提升整体培养能力是关键。首先，增加不同层次培养机构的数量，调整结构，做大做强高师、师专、幼师学校。一方面，恢复中师培养幼儿教师的角色和作用，发挥中师学业年限短、专业培养针对性强的特点快速培养一批幼儿教师补充当前空缺；另一方面，为顺应未来高等教育层次培养机构成为我国学前教育师资培养体系的主体，要大力建设幼儿师范专科院校，支持本科师范类院校扩大学前教育专业的招生，鼓励综合性大学开设学前教育专业。其次，创新培养模式。传统意义上，培养体系中各层次和种类的机构之间相互独立培养，导致中师、中职甚至高职培养质量难以保障，造成部分毕业学生难以顺利进入合格幼儿师资行列。建议打通中师与大专、中职与高职、专科与本科、师范与非师范等相互之间的壁垒，加强各层次之间的衔接，推行学前教育专业"3+2""3+4""2+4"等培养模式，一方面增加培养数量和保障质量，另一方面也是对中等教育层次的机构谋划长远路径。此外，还可通过开设学前教育专业辅修课、第二学历或学位等方式为师范和综合院校的非学前教育专业学生提供学前教育的专业学习和训练，支持有志从事学前教育的非师范学生进入学前教育师资队伍。

（二）建立教师培养机构准入标准

师资培养直接关系到整个教师队伍的质量，而培养机构本身的质量则是一个重要的影响因素，培养机构从硬件基础到师资力量，从培养方案到课程设置，都关系到能否培养出合格的幼儿教师。当前出于市场需求和自身利益的驱使，很多没有培养基础，师资力量也很薄弱的中职、高职和一些普通专科大学都纷纷开始开设幼儿教育或学前教育专业，这样培养出的幼儿教师质量往往难以保证。因此，需要进一步完善教师培养机构准入制度，建议针对学前阶段建立专门的幼儿教师培养机构准入标准，在基础设施设备、图书资料、教师人员配备与结构等方面做出最低限度规定，同时对培养方案、课程体系、教学安排等需要达到的条件和要求都做出明确规定。作为审批机构制定培养幼儿教师的资质标准，所有要开设幼儿教育或学前教育专业的机构，都需要提出申请，高等教育层次的机构由省级教育部门具体负责审核，中等教育层次的机构由县级教育行政部门审核，审核过程中严格按照准入标准，并尽可能提供指导和支持。

（三）完善幼儿教师学历补偿机制

教师资格制度对教师职前培养有一定的导向作用，同时实行教师任职资格制度也是从源头上保障幼儿教师队伍质量的途径。针对当前幼儿教师培养机构体系与资格制度存在冲突的问题，建议完善教师准入制度，创新任职资格制度，建立临时幼儿园教师资格制度。可借鉴日本临时教师资格证的形式，针对中职或中师毕业不能满足申请和报考国家教师资格考试条件的学前教育专业的学生，由当地县级教育行政组织举行幼儿园教师任用考试，合格者颁发临时教师资格证，首先保障他们以合格教师的身份进入到幼教行业，临时教师资格证有效期为3—6年。建立与临时教师资格制度相匹配的学历补偿机制，持有临时教师资格证的教师，需要通过学历补充的形式，在有效期内达到教师资格考试要求的学历标准，通过国家教师资格认定取得正式教师资格证书。完善幼儿教师学历补偿及机制需要充分调动地方教育学院、国家开放大学和各类师范院校的积极性，通过整体设计和布局，赋予相关机构培养的权限和责任，畅通幼儿教师学历提升培养渠道。

（四）探索幼儿教师定向培养计划

当前，在整个幼儿教师都比较缺乏的状态下，教师更愿意在经济发达的城市谋得一职，不愿意到经济欠发达的地区，导致中西部农村特别是老少边穷地区幼儿教师异常匮乏。这就需要政府利用政策工具进行调控，保障经济发展欠发达地区的儿童接受学前教育的机会。因此中央和地方政府要建立针对经济水平欠发达地区的幼儿教师专项培养机制。一方面，进一步扩大当前免费师范生在学前教育专业的规模和范围，特别是在地方的师范院校要支持和鼓励实施免费师范生项目。另一方面，借鉴很多地方"小学全科教师"培养的经验，实行幼儿教师定向培养计划。建立政府、教育行政部门与地方师范院校的合作机制，地方师范院校面向农村地区招收学生，通过减免学费、补助生活费或者学费代偿等方式，减免学生在校学习成本，差额费用由政府补贴，学生与当地县级教育行政部门签订定向就业协议，在校期间专门学习学前教育专业知识和技能，毕业后按照协议内容回到家乡幼儿园任教。定向培养与免费师范生项目有相似之处，但更强调本地性，本地招生、本地培养、本地就业，真正起到补充经济欠发达地区幼儿师资队伍的作用。

第二章　当代幼儿教师的职业素养内涵及养成

中国特色社会主义进入新时代，当今社会逐渐重视幼儿教育的发展，重视幼儿教师职业素养的发展。我国社会幼儿教育的需求也逐渐增强，为了使教育发展要求得到满足，将幼儿教育从外界拓展向内在改革的方向发展。在这种背景下，关注幼儿教师的职业素养内涵，促进职业素养的提升，有利于进一步提高幼儿教育质量。本章分为幼儿教师的师德素养及养成、幼儿教师的文化素养及养成、幼儿教师的教学素养及养成、幼儿教师的法律素养及养成、幼儿教师的心理素养及养成五部分。主要内容包括：幼儿教师的师德素养、幼儿教师师德素养的养成策略等方面。

第一节　幼儿教师的师德素养及养成

一、幼儿教师的师德素养

（一）师德

教师的职业道德简称"师德"，它是教师从事教师劳动所应当遵循的行为规范和必须具备的道德素质。由教师道德认识、教师道德情感、教师道德意志、教师道德信念、教师道德行为、教师道德习惯构成。从实践的角度看，具有高尚情操、渊博知识和人格魅力的教师，会对其学生产生一辈子的影响。教师角色是通过教育实践活动实现的，在教育实践活动中，教师通过与其他角色主要与学生互动，建立起一定的关系，发挥着自己的角色功能，教师与学生互为主客体。爱和责任是师德的核心和灵魂。

习近平总书记曾指出任何教育都要以培养社会主义接班人为根本任

务。要想达成这一目标，需要通过教师的共同努力来实现。在社会主义发展的新时期，教师肩负着更高的职业价值，随之而产生的影响是教师的社会地位得到了提升，但是如何保证教师地位与教师品德的一致性，需要广大教师的共同努力。教师是文化知识的传播者，是学生健康成长的陪伴者，更是社会优秀人才的培养者。因此，教师在职业发展过程中要始终坚守职业道德，恪守师德，明确自身的价值，充分发挥自身的作用。

（二）幼儿教师师德

师德是中华民族十分看重的美德之一。从道德角度上来讲，师德不仅是教师应该遵守的职业道德，更是教师应该恪守的社会公德。幼师作为人民教师的一部分，其面对的是年幼无知的幼儿，因此更应该具备师德。幼师在工作过程中应时时刻刻恪守师德，以良好的师德为行为准则，具备向上的道德观念，为幼儿的身心成长提供健康、积极的环境。幼师的师德不仅是幼师这一行业所具备的职业道德，更是整个社会道德体系的一部分，从实际角度出发，具有高超的职业道德对于培养幼儿的身心健康具有十分重要的作用。

在社会发展的新时期，幼师更应该对自身的行为与语言进行约束，时刻以良好的职业道德为行为约束准则，负责任地承担起文化传播者、学生引导者的责任，在工作中充分体现自身的价值。在工作中，以德为本、以德立业，从自身行为出发影响幼儿行为，不仅追求学术自由还要保证学术规范，争取做一个德才兼备的幼儿教师。

1. 幼儿教师师德的内容

对幼儿负责，爱护幼儿，发自内心地关爱幼儿，避免在幼儿面前产生任何负面教育，坚决杜绝体罚等不尊重人格的行为，保持一视同仁的态度对幼儿进行教育。在工作中，坚守国家教育方针，通过正面的教育促进幼儿的全面成长。与家长进行及时沟通，关注幼儿的内心变化，身体力行为幼儿做表率。在工作期间，衣着得体，不浓妆艳抹，举止文雅。严格遵守园内行为与工作准则，不以利益为目的向家长索取钱财。积极参与教学方案研究，为促进幼儿事业的发展贡献自己的力量。

2. 幼儿教师师德的准则

坚守正确的政治方向，坚守社会主要核心价值观的引导，坚持中国共产党的领导，在教学活动中，不做违背我党方针的行为，不做有损我党名声的事情，认真贯彻党的方针政策。遵守法律法规，不做违背人民意志的事情，严格遵守法律法规，在不违背国家与社会利益的前提下，追求自身发展。认真履行自身的职责，帮助学生树立正确的价值观，传播正能量，避免在学生面前展现负面情绪，影响学生身心发展。不能借助互联网等渠道发表虚假信息、不健康信息以及带有极端情绪的言论，在学生面前时刻保持积极向上的情绪，避免学生受负面情绪的影响，使之随后产生效仿行为。

用真心来对幼儿进行教育，幼儿教师在教育过程中要始终以立德树人为根本任务，不仅做到爱岗敬业，还要充分考虑幼儿的特点，耐心对待教育中遇到的问题。不能在工作中出现消极怠慢的情绪，专注于幼儿教育工作，不在工作期间行便利，不影响教育工作。由于幼儿不具备较强的安全意识，对于在幼儿园期间有可能遇到的危险并没有危机意识。因此，教师要时刻关注每一个幼儿的人身安全，避免产生人身伤害。如果遇到紧急情况，要保护幼儿的安危，不应该只顾自身安危，不顾幼儿的安全。虽然幼儿年龄较小，心智不成熟，但是面对不公平、不合理的待遇他们仍然有一定的感知能力。因此，幼师应该公平对待每一个幼儿，不侮辱任何一个幼儿的人格。现阶段，教师对幼儿进行猥亵、体罚、虐待的新闻越来越多，幼儿园方面应该严格遵守办园章程，选拔具备优秀人格的幼师，在教师评选中筛选师德不合格的幼师。幼儿园应该设立严格的幼师管理制度，严格规范幼师行为，保障幼儿权益，坚决抵制不良风气在园内盛行，同时，严格规范教师与学生家长之间的交往尺度，不能任由教师随意收取家长财物。

3. 幼儿教师师德的特征

（1）先进性

先进性是幼儿职业道德的一大特点，幼儿教师在教学方法的设计中，需要充分分析学生的特点，有针对性地设计教学方案。这不仅要求教师具备过硬的专业知识与技能，还要具备细致入微的观察能力。在教学中，针对课程内容选择适当的教具，培养幼儿的动手能力，以启发式教学的形式调动幼儿的兴趣，吸引幼儿的注意力。形成幼师为主导，幼儿为主体的教学氛围，建立健康的师生关系。让学生在和谐、愉快的学习氛围中生活、学习。

（2）示范性

幼儿教师职业是一种道德服务，教师本身的人格、道德修养就是一种教育力量，幼儿教师的言行举止和思想道德观念对学生、对社会都有示范作用，学生必然耳濡目染。教育家苏霍姆林斯基曾经这样告诉教师："你不仅仅是活的知识库，不仅仅是一名专家，善于把理智财富传授给年青一代，并在他们心灵中点燃求知欲望和热爱知识的火花，你是创造未来人的雕塑家，是不同于他人的特殊雕塑家，教育创造真正的人，就是你的职业"。

幼儿教师师德具有教育人、感化人的作用。无论是教师个人的道德品质，还是教师的集体风貌，都具有独特的示范性。要做未来人的雕塑家，就要求教师不仅要用渊博的学识教育人，还要用高尚的人格感染人，努力使自己成为学生直接模仿的典型，对学生的学习和成长起到示范作用，成为学生做人的引路者。

总的来讲，示范性是幼儿教师师德的重要体现方面。幼儿园的孩子年纪尚小，正处于人生中十分关键的模仿期，因此其会将老师当作一个特别厉害的存在，对其行为和语言进行学习，甚至还会将老师摆在比父母还要重要的位置上，从而在学习过程中自觉、不自觉地对教师进行模仿学习。基于此，教师要更加重视自己的言行举止，以给学生留下更加正面、积极向上的影响，使其自觉学习那些好的行为举止和处事方式，从而为学生今后发展打下良好的基础。

（3）社会性

幼儿教师师德作为一种社会意识，是一定社会道德关系的体现，它的最显著的特点是社会性，它必然要反映一定历史条件下的某种社会关系和社会价值观。社会主义核心价值观作为一种精神航标，对于建设和谐社会具有重大的引领和指导作用。师德是社会主义核心价值观在教育活动中的具体体现，社会主义核心价值观对师德具有引领和指导作用。

幼儿教师积极践行社会主义核心价值观，一方面，可以用自己坚定的理想信念、高尚的职业道德为学生和社会的发展树立崇高的道德标杆，推动社会良好道德风尚的形成；另一方面，作为人类灵魂的工程师，修身立德、为人师表、崇高的师德不仅能抵制社会的不正之风，还能用自己的言行去感染和影响社会，促进和谐社会的发展。

（4）深远性

如果一位教师拥有崇高的职业道德理想，散发着令人尊敬的人格魅力，那么他将成为强有力的教育力量和榜样，对学生的成长将产生深远的影响，甚至影响到他们对人生道路的选择。

就影响广度而言，教师道德不仅影响在校学生，还会通过学生影响到学生的家庭，并通过家庭延伸到周围社区甚至整个社会。

从影响深度而言，教师师德在教育过程中不仅作用于学生的感官，还深入到学生的心灵，影响并塑造学生的品质；不仅影响学生在校时期的成长，还会影响他的一生，进而影响到整个社会的发展。尤其是对学生而言，这种影响会延伸到他学习、生活的方方面面，因为一个人的思想观念一旦受到影响，那么他随之产生的行为也会发生变化。

幼儿教师师德的影响深入到幼儿的心灵，不仅影响到幼儿的今天，而且影响到幼儿的未来，甚至影响其一辈子。这种影响具有潜在性，它所产生的效果不一定立竿见影，往往具有迟效性和后显性。幼儿教师师德的影响还具有广泛性，它不仅作用于每一个幼儿，而且会通过幼儿影响到家庭和社会。

（5）自觉性

教师是以个体的脑力劳动作为主要的劳动方式，这一劳动方式具有独立性、灵活性和自主性的特点。教师的许多工作，诸如，教师精心备课、认真批改作业、平等友爱地尊重并教育学生，真诚有效地与家长沟通等，都是处于无人监督的情况下，需要教师自觉地完成。

此外，教师对学生的教育和影响并不仅仅局限在课堂和学校，在任何时间、任何地点，教师都会自觉或不自觉地对学生产生影响。这种劳动时间和劳动空间的灵活性，要求教师在遵守职业道德方面具有高度的自觉性。正如叶澜教授在《教师角色与教师发展新探》中所提出的："教育是一个使教育者和受教育者都变得更完善的职业，而且，只有当教育者自觉地完善自己时，才能更有利于学生的完善与发展。"因此，师德的高度自觉性对学生成长的影响至关重要。

基于幼儿教师责任的重大及其劳动的特殊性，因此幼儿教师师德对幼儿教师自觉性的要求就提高了。幼儿教师个人基于信仰和理念，往往对自身也有较高的要求。由于教师的劳动性和自由性，在某种意义上，教师的劳动就表现为"良心活"的特点。

（6）继承性

幼儿教师师德具有继承性。一视同仁也是教师应该具有的品德，对于教师而言，一个班级的学生学习、家庭条件有好有坏、有可爱乖巧也有调皮捣蛋的，虽然学生有诸多差异，会使得老师心中更加偏爱某一部分学生，但这是非常不可取的做法。因为每个孩子都是特别的，他们身上都有着自己的优缺点，作为教师必须对其一视同仁，让所有孩子们都能感受到教师的关怀和爱护，从而营造一个良好的教学环境和师生关系。为更好地做到这点，教师可以积极参与学生们的活动中，在讲故事、玩游戏的过程中对学生的个性和闪光点进行充分挖掘。这种平等沟通对话的形式也可以促进学生对教师的喜爱程度，使其更自觉地听从老师的建议，从而在课堂上表现得更好，由此，会更有利于教师进行教育教学。

为达到更好的教育效果，教师可以用多种方式表达对孩子们的喜欢和重视程度，例如，言语鼓励、亲近的动作等，令孩子们感受到自己是被重视的，而且在这一过程中，教师还要注意自己的表达习惯，应尽可能采取柔和的语言对学生进行教育，特别是幼儿园的孩子们还处于学习的关键时期，其言语表达能力可能还没有得到十足开发和提升，在这种情况下，也需要教师耐心聆听学生的真实想法，并鼓励他们表达自己真正想要表达的含义。同时，为了更好地促进孩子成长，教师还可以在沟通的时候将自己的想法、期待以及情绪告诉孩子们，以使教师和孩子进行更有效的沟通，并以此提升教育效果。

（7）奉献性

幼儿教师师德具有奉献性。教育是一个伟大的行业，教师作为这个行业的重要主体应有更多的风险精神，以此促进学生的成长。相较于城市而言，幼儿园的日常生活和过程更加复杂烦琐，很容易导致教师产生烦躁、郁闷以及气愤的情绪，由于孩子的感觉十分敏感，一旦察觉到教师的不耐烦或者生气的态度，就会产生害怕焦虑的心情，使其不安恐惧，对其身心成长造成不利影响。为此，教师应该树立奉献精神，在工作中以更加良好的心态去面对学生和教学。

二、幼儿教师师德素养的养成策略

（一）树立师德为先的理念

国际定义教师职业的专业化标准明确指出：教师要有系统的职业道德，要敬业爱生。换言之，教师的专业化成长不仅要求教师有较高水平的专门知识和技能，而且应当具备良好的师德。应当说这些理念早已形成广泛共识，深入人心，并被全世界成千上万的教师所实践，且无论从社会学角度、经济学角度，还是教育学、心理学角度而言，师德仍是一名合格教师的立身之本。

1. 坚守师德

从社会学角度看，每一个社会人都有权利选择适合自己的生活方式。但幼儿教师不是一般的社会人，而是一定社会的职业角色。国家、社会、幼儿园和幼儿对幼儿教师的角色期待通过党和国家的政策、法律反映，如《中华人民共和国教师法》等；通过规章制度和工作纪律反映，如幼儿园的教师守则等；通过职业道德规范反映，即幼儿园根据国家要求和社会需要以及幼儿成长的幼儿教师条件制定的师德规范。

法律和纪律偏好外在制约，而道德则看重幼儿教师的内在修养，但它们都说明了幼儿教师不是一般意义的社会人，而是肩负起特定的职责与义务的职业身份。幼儿教师也不是一般生理意义上的人，对于那些幼儿来说，幼儿教师是一个长者，未成年人保护法规定了成年人保护未成年人的责任和义务。

因此，任何社会人，当他选择了幼儿教师这个职业时，就意味着在大难来临之际应当挺身而出，为保护幼小生命甚至不惜献出自己的生命。这也许正是幼儿教师职业之神圣所在。正像一名军人不能因为强调生命至上而临阵脱逃，一名消防队员不能因为强调自我安危不去面对火海一样。

《专业标准》明确提出，要高度重视幼儿的生命与健康，将保护幼儿生命安全放在首位。这样一来，正像世界上很多国家已把教师救助学生写进法律一样，救助幼儿就不仅仅是一种道义，而是必须履行的法律职责。

2. 谨遵师德

从经济学的角度看，有学者认为，每个人都是追求自身利益最大化的理性人，即便是"学高为师，身正为范"的教师也不例外，不过这"利益"二字的内涵不只是金钱，还有更广泛的内容。

首先，幼儿教师工作是一种面向未来的"投资"活动，而未来永远是充满希冀、值得期待的。幼儿是未来世界的主人，他们的前途不可限量。今天我们对他们循循善诱、谆谆教导，启发他们的心智，浇灌他们的心田，把他们培养成才，未来或许还有更大的收获。

其次，幼儿教师工作的性质是为幼儿提供一种"服务"，看见幼儿在自己的教诲下得到心灵彻悟，我们收获成就感。但如果一个幼儿教师缺乏师德，不肯敬业，就很难会获取这样的回报。

最后，幼儿教师的工作是一种传递知识、交流思想情感的活动，很多时候由于"教学相长"，幼儿教师会在教学工作中不断增加自己的知识，丰富自己的思想与情感。但如果一个幼儿教师缺乏师德，懈怠混日，他可能永远只是一个停步不前的教书机器而最终为不断进步的社会所淘汰。因而，师德并非幼儿教师的心灵紧箍咒，反而能帮助我们趋利避害。

3. 人格引领

从教育学、心理学的角度看，教师承担教书育人的双重责任，言传身教是主要的教育手段，而教师的教育手段是和教师的人格融为一体的，教师用人格影响学生的人格，用心灵影响学生的心灵。师德修养的魅力主要从教师的人格特征中显示出来，历代的教育家提出的"为人师表""以身作则""循循善诱""诲人不倦""躬行实践"等，既是师德的规范，又是教师良好人格特征的体现。

（二）建立完善的考核评价体系

在丰富幼儿教师的师德培训活动以及加强对幼儿教师的师德培养后，需要构建完善的考核评价体系，因此各幼儿园在师德建设中，考评评价机制是较为重要的一环，师德建设的贯彻程度需要通过考评机制来体现。

具体评价指标和机制需要根据幼儿园的具体情况进行制定和更改，使制度能够真正得到落实，提高师德监督的有效性。该考评制度采取抽查机制，不定期地进行访谈、问卷调查、巡视听课等活动，了解教师师德情况。

由于该考评体系针对的是师德建设成果，因此考核的指标不局限于教学设计与教学效果，更主要的是将教师的道德水平、职业责任感、道德行为等作为评价指标。在该考评体系中，应将客观分数与学生以及家长评价的主观分数相结合，同时在考核中加入专业教育评审员的评价内容，构建全方位评价体系。

通过主观与客观相结合的方式提高考评体系的公正性，以该师德考评体系的最终结果为基础，将教师划分不同的层次和类别。将其与教师的评奖评优等权益相结合，在教师的认知中提高对师德的重要性认识。

第二节　幼儿教师的文化素养及养成

一、幼儿教师的文化素养

（一）教师文化

在内涵丰富的"文化"之下，所有与"文化"相关的概念自然都会呈现多样的解释，"教师文化"同样也是如此。随着教育学研究、教师研究的深入与发展，学者们逐渐将眼光跳脱出单纯的"教育"，而是在人类学、文化学等更宏大的视野下进行相关的研究。

有研究者对我国学者针对教师文化的研究进行了总结，发现主要集中在教师文化的内涵与特征、教师文化类型、教师文化功能与作用、教师文化建设以及多学科视角解读教师文化等方面。而国外研究则倾向于在已有基础上将"多元文化"纳入更多的考量。

就教师文化而言，已有研究对其做出了不同的定义。日本学者佐藤学（Manabu Sato）认为，教师文化系指教师的职业意识，专业知识与技能，感受"教师味"的规范意识与价值观、思考、感悟和行动的方式，等等，即教师所特有的范式的职业文化。也有学者认为，教师文化是一种组织文化或群体文化，它是教师群体在共同的学校教育环境里，在教育教学过程中创造出来的物质成果和精神成果的综合和表现。

就教师文化的内容而言，有学者认为所谓教师文化的内容，是指教师在教育教学活动中形成与发展起来的价值观念和行为方式。它主要包括教师的职业意识、角色认同、价值取向、思维方式、态度倾向与行为方式等。其中，价值取向与思维方式属于深层因素，内隐于人的内心，属于隐性文化，而态度倾向与行为方式是表层因素，形发于外，是可直接观察到的，属于显性文化。

加拿大学者哈格里夫斯（Andy Hargreaves）认为教师文化的内容，是指在一个特定的教师团体内，或者在更加广泛的教师小区之间，各成员共享的实质性的态度、价值、信念、观点和处事方式。而教师文化的形式，是指在该文化范畴内的成员之间具有典型意义的相互关系的类型和特定的联系方式，其划分的标准主要是教师与同事之间的人际关系状况如何。此外，还有学者以不同文化群体下的文化知识、不同文化背景的教师与儿童互动理解的方式、文化影响力为参考开展对教师文化价值的研究。

由此，对教师文化定义、内容、形式、价值等的研究可以发现，已有研究侧重教师文化的群体性，均站在一个整体审视的角度，对教师文化做出概括性的阐述，落脚点多以群体的特征、功能等为主。学者们更多地将教师作为一个整体，来研究他们的共性，但对构成群体的个体的情况却关注不够。

（二）幼儿教师文化素养

我国学者叶澜在阐述世纪之交中国学校教育的文化使命时，就特别提到了在此背景下教师的文化使命。

诸多学者从各自的兴趣点与视角出发，让我们看到了文化之于教师，在不同方面可能产生的影响。总体来说，群体文化在教师教育实践方面会产生一定的影响作用，同时，作为教师文化的核心的价值取向与思维方式，决定着教师教育教学活动直接产生影响的态度倾向与行为方式。具体来说，包括以下几方面。

①意识与价值观方面。文化意味着一种判断力，这种文化判断力是高于教育学的、更高层次的判断力，因为有文化的教师拥有深厚的背景知识储备，能够把握事物的来龙去脉。可以说，这种文化判断力实际上是文化比较力与文化认同意识的结合。

②教育决策方面。文化决定着教师对教育策略的解读，因此影响会最终付诸实施的课程决策，尤其在当前的时代背景下，教师被赋予了更多在课程方面的决策权与弹性管理权。

③问题解决方面。在当今多元文化的背景下，我们越了解文化，越深入文化，我们对复杂的教育现象进行价值判断时，参照系就越多，智慧来源也越多，我们纵横分析比较的空间也越大，我们破解教育难题的可能性也越大。更有学者甚至直接将文化与教师的专业性联系了起来，认为在教育这个塑造人的灵魂的最复杂和最需要人文素养的领域里，没有文化，就没有专业可言。

正因为文化对于教师而言，有着巨大的影响作用与正面价值，因此如何实现教师文化的提升也成了学者们关注的问题。有学者提出了发展教师群体文化的 12 条对策；有的探讨了文化传承与教师素养之间的关系，指出教师应特别注重提高传统文化素养以在教育中完成文化传承的使命，有的从师德建设、教师专业发展、实施新课程、提升教学质量四方面出发，提升中小学教师文化素养；还有不少则对不同学科教师的文化素养状况进行了相关研究，指出教师应提高文化素养。

值得关注的是，对于提升教师文化素养的研究也逐渐延续扩展到了学前教育阶段，有学者指出要从提升幼儿教师文化素养入手，促进教师专业化成长，也有学者提出了通过感受书香、阅读书籍等方式来提升幼儿教师文化素养。

从已有研究中不难发现，尽管教师文化素养开始成为教师研究的热点，但有关幼儿教师的相关研究与高校、中小学教师相比，起步较晚、数量较少。同时，关于提升幼儿教师文化素养的已有研究，几乎都停留在理论阶段，缺乏实际操作性和效用性，当前非常缺乏对如何提升幼儿教师文化素养的行动研究。此外，当"多元文化""跨文化"的出现频率越来越高的同时，作为进行多文化比较、判断、采择根基的"传统文化"，其提名率却是凤毛麟角。

幼儿教师文化素养也是教师职业素养的组成部分，提高教师素养的目的是更好地担起教书育人的重任。幼儿教师的文化素养应内化为道德修养，外化于教学实践。

目前，把文化元素融入幼儿教育教学的全过程时面临的突出问题是课程思想政治"两张皮"；教学方法单一，主要是说教式、灌输式；教育模式表面化、形式化，忽视学生批判性思维能力的养成。究其原因，其中一个重要的因素是工具理性和技术统治理性仍制约和支配着教师的教学实践，这严重降低了教师在课程开发与计划及课堂教学的决策与实施方面的自主性。

只给教师保留简单执行预先确定的内容与教学程序的角色。这种状况需要教师转变教育理念，寻找更合适的教育理论指导教学改革。转化性学习理论作为成人教育的主导理论，它所倡导的自我反思、理性对话和主动实践等理念无疑会大大拓展幼儿教师传统文化素养培养的思路和路径。

二、幼儿教师文化素养的养成策略

(一)积极转变和塑造教师观念

"观念"是一种人的意识层面的问题,它是人在一段长时间的经历中逐步形成、发展、确定的认知,作为心脑合一的产物,观念的塑造并非易事,而观念的转变更是难上加难。然而,观念对个体的影响又是十分大的,会直接影响个体对人、事、物的判断,也会影响个体的行为和言语。一个内心色彩斑斓的人,他看到的世界也是五彩缤纷的,一个内心灰暗的人,他看到的世界也是一片灰色。

在提升幼儿教师文化素养的行动研究中,我们最注重的也是方案活动对教师观念的影响,希冀能够在有限的时间和活动中,让教师对传统文化的意义和价值产生新的积极的认识,同时也能认识到蕴含在传统文化中能够启发生活、点亮教育的地方。同时,相关研究者最担心的也是教师观念能否发生变化的问题,一是由于整个行动研究的时间有限,而相对于观念的形成与转变所需的时间来说,似乎确实不够长;二是由于发现观念的变化是具有一定挑战性的,我们只能从教师的外显生成中捕捉各种蛛丝马迹来确认教师内在观念的变化。

文化之"鱼"和"渔"的收获,是教师转变观念,形成文化认同和文化比较的基础,因为只有对自己的文化有了高度的兴趣、有了深刻的了解,才有可能先对自身文化产生认同,从而形成文化自觉意识,再在多元文化的背景中从容不迫地进行文化比较、纳精华为己所用。

1. 注重文化认同

有学者发现教师在文化认同方面的三个要点,具体内容如下:

首先,对传统文化本体的认同。对作品的认同,其实就是对传统文化本体的认同,因为作品是传统文化呈现的方式与载体,作品的灵魂在于内容,而这内容蕴含着传统文化。

其次,对传统文化价值的认同。这种价值的作用对象包括教师和幼儿,这种价值的指向包括生活价值和教育价值。教师理解了文化养成的过程性与积淀性,认同传统文化会对自身和幼儿的发展产生深远的、潜移默化的影响。

最后,对传统文化新兴载体的认同。我们常常会因为一些瑕疵而错过一些美好的、有价值的东西，譬如一个糟糕的译名会让你错过一部精彩的电影。对于传统文化的回归与复兴，不同领域的人们都在做不断的尝试，当然，我们的行动研究也是其中的一种，对于传统文化新兴载体的认同，让传统文化能够以更易为多人接受的方式来展现其魅力，从而唤起中国人的文化认同。

2. 注重文化比较

在选用中国传统故事绘本和国外绘本的过程中，我们的教师已经完成了一次文化比较；在选用中国古典诗词和舶来童谣的过程中，我们的教师完成了一次文化比较；在选择中国传统节日和热门洋节日作为大活动的过程中，我们的教师完成了一次文化比较；在选择传统弄堂游戏和乐高玩具的过程中，我们的教师完成了一次文化比较；在选择《茉莉花》和《水仙花圆舞曲》的过程中，我们的教师完成了一次文化比较……这样的例子不胜枚举，也证明了产生文化比较的机会在幼儿教师的生活和工作中时刻会在不经意中出现。

因为不了解，所以无法认同；因为没有认同，所以无从比较。而今，参加了文化素养提升模式的教师，因为了解，所以认同；因为认同，所以学会比较。

（二）熏陶幼儿教师的专业热诚

一般看来，解决幼儿教师职业倦怠主要从社会方面、幼儿园方面、幼儿教师个人方面入手。关于教师文化素养的提升策略，重在教师个人文化素养的提升上，因此可以重点在教师个人方面起到一些作用，通过丰富的活动和文化的熏陶，不断提高自身素质、在实践中不断反思、积极进行自我调节、积极调整心态。

在文化阅读和分享模式中，教师通过阅读《黄帝内经》从而获得养生之法（科学认识睡眠的时间，了解五脏六腑的功能以及与情绪的关系），通过调理自身的身体器官使身体更加健康，从而保障心理健康。对《读者》和《现代教师读本》（五卷）等的阅读和分享，教师可以从中学习如何调节人际关系、如何发现生活中的美好、如何应对生命中的不如意、如何在创造艺术中享受生活、如何才能开阔心胸等等。与文化阅读和分享模式的"苦读"不同，文化欣赏与体验模式的"乐享"让幼儿教师获得了一次次进行艺术欣赏、体验的机会，书画、民乐、昆曲，让教师"偷得浮生半日闲"，在工作外进行一次心灵的放松，在文化艺术中提高自己的修养。

没有负担，没有压力，这是对平日幼儿园忙碌工作的一种缓冲。文化探究与展示模式，让教师沉浸在探究的乐趣中，沉浸在进行展示的充实中，做的事情是有意思、有意义、我有意愿去做的，心态便无法不开朗。

（三）开展幼儿教师再学习活动

如何开展幼儿教师再学习活动，以此来提升其文化素养，是我们工作的一个内容。针对现状，开展了幼儿教师读书活动三环节，有效提升教师的知识水平。

第一，以组织专题学习讲座为主的引读活动。规定每学期每个教师必须听讲座三到五次。幼儿园可以把专家"请进来"，也可以是教师自己"走出去"。幼儿教师还可以运用电视互联网信息化成果，减少成本。内容上要求更广泛、更丰富，有历史、时事、人文、艺术、个人修养、心理学、社交等方面内容，通过有效的措施开展教师业余自学活动。

第二，以组织任务式学习为主的活动。在学习后，围绕提高阅读质量效果，要求教师认真做好记录，读书摘记，撰写教养笔记和观察日记。每学期读书摘记不得少于 10 篇，同时每位教师每月要结合自己的平常工作，撰写一篇教养笔记和观察日记。内容有教育方面、文学方面、时政方面等，从人文科学到文化艺术，从现代畅销书到中外经典名著，从教育理论专著到时尚杂志等等，并经常讨论和交流，在幼儿园形成一种浓烈的文化氛围，促使教师从多方面提高自身文化品位和审美情趣。

第三，以组织展示读书成果为主的促进活动。为教师推荐好书的目录，在内容上充实拓展；同时，通过组织知识竞赛、美文演讲、阅读知识测试等形式的活动，提供读书成果展示平台。以学习促进步，以展示增知识，使幼儿教师通过读书活动的开展，提升自身的文化修养。

第三节　幼儿教师的教学素养及养成

一、幼儿教师的教学素养

显而易见，"教学素养"由两个词组合而成，一个为"教学"，另一个为"素养"。《现代汉语词典》对教学的解释是：教师把知识、技能传授给学生的过程。教学的英语为"teaching"，在《牛津高阶英汉双解词典》中有两种解释：一种理解为教师的工作；另一种可理解为被用于向个人或组织传授特定的思想，类似于学说。综合中英不同词典对"教学"的解释，我们发现教学的动作执行主体是教师，并且动作的执行过程中包含向第三方传授知识、技能的行为。

教学素养是教师在传授知识与技能的过程中所具备的素养，这种素养可以帮助教师胜任教学任务。教学素养不会凭空产生，也不会凭空消失。教学素养依赖于教师的后天的学习和持续的教学实践，包括了教师在教学中运用的相关知识、技能与品格，需要教师持续专业学习和实践中得以涵养、保持、丰富。

从专业化角度来看，教师的教学素养是指教师的修养，即做一名合格优秀的老师所应具备的业务水平、品质特征和才智技能。它具体包括三个方面的内容，一是精通自己所学学科的知识和技能，二是充分了解自己所带学生的个性和心理需求，三是要有良好的教学语言表达能力。对教学素养的认识是基于传统的课堂教学上提出来的，强调了教师的专业知识、专业技能和专业品质。

辛明月等人立足于互联网，赋予了教师素养新的时代特征，他们认为，"互联网+"背景下教师教学素养指教师将网络技术等现代教育技术手段贯穿于整个教学过程，将其在教学实践中与教学各环节有效整合，而必须具备思想、知识与能力等的总和。

为了适应当今社会发展的格局，要求幼儿教师的教学素养应以人文精神为基石。适应当下社会变革的具有人文精神的综合素养概括为：做人，做事，做学问三个方面。幼儿教师的教学素养是教师基于对教学本质的理解，而积极建构的内在教学意识与外在教学技能的高级能力，是教师教学理性的综合凝聚和复杂表现。

二、幼儿教师教学素养的养成策略

（一）提升言语能力

一位著名教育家曾经说过："幼儿教师的语言修养决定着幼儿在课堂上的脑力劳动的效率"。如果幼儿教师能够学会很好地和幼儿说话，将会在教育教学工作中起到良好的沟通效果，让幼儿明白自己的苦心和关爱，从而更能理解自己的教育行为。幼儿教师注重教学语言的修养，要从下面的几方面来进行努力。

1. 注意语言的严谨性

说话要清楚明白，这是对于幼儿教师谈话语言最起码的要求。这就要求幼儿教师在讲课的过程中要准确地讲解各种知识，说话要条理清晰，言辞准确，不能大量地使用"大概""或许"之类的词语，能讲明白的意思，不能晦涩、艰深，否则的话，会使幼儿对于授课内容质疑，进而影响教学。幼儿教师在与幼儿谈话的过程中也要恪守这一规则，要能让幼儿听得清楚明白，不说那些模棱两可、表意不明的话。

说话要简练，幼儿教师在组织语言时要注意少而精，要恰到好处，不堆砌辞藻，不一味地长篇大论，要围绕重点内容进行言简意赅的讲解和说明。无论是教学还是与幼儿谈话，幼儿教师一定要避免那种说了极长时间依然无法转到正题的情况，这会引起幼儿的极大反感。

幼儿教师在日常生活、工作中要不断丰富自己的科学知识，提高科学素养，以严谨的态度向幼儿传递信息。

2. 注意语言的具体性

美国心理学家奥苏贝尔（David Pawl Ausubel）说过："假如让我把全部教育心理学仅仅归结为一条原理的话，那么，我将一言以蔽之曰：影响学习最重要的因素，就是学习者已经知道了什么，要探明这一点，并据此进行教学。"年龄较小的幼儿，其思维活动往往与日常积累的经验表象有着直接的关系。例如，给一个 3 岁的孩子看一幅汽车图片，此时，幼儿会立即起身寻找自己的玩具汽车，找到后还会急切地说："喏，汽车在这里，汽车在这里。"因为此前他已经玩过汽车玩具，很容易将图片上的汽车当成自己的玩具汽车来认识。因而幼儿教师在用语言提出对幼儿的要求时，要做到更加明晰具体，具有可操作性。

3. 注意语言的启发性

幼儿教师的教学目的在于启发幼儿思考，引导他们探索知识，因而，幼儿教师要能在幼儿的思维陷入困境之时，运用引导性的语言进行点拨，促使他们开动脑筋，认真地去寻求问题解决的途径。这样的语言具有非常重要的作用，既开启了幼儿思维的心扉，又培养了他们的创造性及联想能力。

幼儿教师的所有语言如果都是浅显易懂，平淡得像一杯白开水，就无法对幼儿的思维产生撞击作用，很难使幼儿迸发出智慧的火花，起不到启发幼儿的作用。从这方面来进行考虑，幼儿教师要善于运用富含哲理和情理的语言来激活幼儿的思维，为幼儿思考和解决问题铺路搭桥。在具体的课堂教学操作上，幼儿教师可以在知识的关键处、理解的疑难处、思维的转折处和规律的探求处提出问题让幼儿来思考回答，从而引导他们的思维逐步展开，认识逐步深化。

4. 注意语言的艺术性

所谓的语言艺术，就是语言通过形象地反映事物，表现思想感情所达到的准确、鲜明、生动的程度以及形式、结构、表现技巧的完美程度。

幼儿教师的语言是他们完成教育、教学任务的主要手段，是构成教学艺术的主要形式。为了更好地掌握这种手段，幼儿教师要做好下面的工作。

第一，尽量使用生动的语言。语言的生动性就是要通过语言的表述在人们的头脑中再造事物的形象，引起人们的思考或情感活动。要实现这一效果，幼儿教师要用生动的语言努力将抽象的内容具体化，善于将事物的形态、特征具体而形象地展现在幼儿面前，这样就能够增强他们的学习兴趣，激发他们的想象力，进而使幼儿牢固地掌握知识并培养起形象思维的能力。

第二，注意语言的幽默性。幽默是幼儿教师智慧、学识、机敏，灵感在语言运用中的结晶，是一瞬间闪现的光彩夺目的火花。幽默风趣的语言可以在很大程度上缓和紧张的气氛，创造一种轻松、愉悦的教学环境。在这样的教学环境下，幼儿的思维会更加开阔、敏捷，问题的解决会更加迅速高效。因而，要努力做一个讲话幽默的幼儿教师，让自己的语言更具有诱人的魅力。

在这个过程中，幼儿教师要注意，幽默的语言要用简洁的方式表达出来，不必将情节过分复杂化，要注意将幼儿的注意力集中到制造幽默效果的气氛上来。同时要注意将幽默与无聊的插科打诨和耍贫嘴区别开来，更不能滥用幽默讽刺、挖苦幼儿，如果有意或者无意地伤害了幼儿的人格尊严，挫伤了幼儿的自尊心，就会产生非常不好的影响。

（二）加强行动意识

"知"是认识，"行"是实践，知行合一就是"知"和"行"的统一。知行合一的提出者——明代思想家王阳明先生认为，知行合一方为"善"。

在教师教学素养的涵养中，也应当明确知行合一。"知"和"行"不是两条并行的铁轨，不是永不相交的；也不是两虎相争，非要一决胜负。教师首先要明确的一点，"知"便是"行"，"行"便是"知"。

"上善"的教师，应该是知行高度合一的教师。我们的教师需要对我们的幼儿教育的意义和目的有清晰的认识，需要了解理想的教师和理想的教育是什么样的，这是对幼儿教育方向的确定的认识。所谓"世事洞明皆学问"，对方向认识的行为亦为学问。教学素养的方向就如同火箭发射，这些认识就如同电脑中设定好的方向参数，仅仅设定好方向参数而不按下发射按钮，那么火箭无法飞向浩瀚太空，仅是一个巨大模型而已。按下发射按钮，要行动起来。教师的行动要和认识相伴而行，向着设定好的方向前进。要充分发挥认识的方向作用，了解行动的实践力量。

(三) 巩固反思意识

反思是指教师立足于自我之外考察自己的教育教学过程，对自己已有的观念和所做出的行为以及由此产生的结果进行审视和分析的过程。

首先，教师要认识到，反思不是任务，而应当是习惯。时刻要有反思意识，课后及时反思本节课教学需要改进的地方，然后在下个班的课堂上改进。日积月累的反思是为了改进自己的教学习惯，丰富自己的教学经验，更进一步，可以将经验上升到理论层面，帮助更多的人。

其次，反思要基于实践，基于实践的反思可以与教师自身的教学日记相结合，记录教学的同时，记录自己的反思过程。反思是思考教学实践中的问题，要有三思而后行的谨慎与细致。

教学三思：一思是发现问题，发现实践中自己所犯的错误或者说是做得不够好的地方；二思是方法探索，什么样的方法可以解决问题，用什么方式可以补救这个问题；三，是解决问题，将自己总结的解决方法重新回到实践中去，在教学实践中去验证这个方法是否有效。反思不是一次，而是循环往复螺旋上升的。

最后，反思有法，如，自我反思，与他人交流反思，在学习中反思，在研究中反思。教师要找到适合自己的反思方式，形成自己的反思模式，在反思中提升自己的教学素养。

(四) 保持竞争意识

保持竞争意识，树立教师职业危机感，督促教师不断学习，不断提升自身理论和实践水平。

第一，需要明确的是，提倡竞争，不是鼓励恶意竞争，不是争名逐利，恶意厮杀。在教育界，应该提倡和树立"和自己竞争"的观念。这种"和自己竞争"的观念在本质上是一种自我提升的观念，是鞭策自己积极进取，与其他教师比较。知识是检验教师现有水平的一种方式，竞争是指教师与同伴之间的竞争，是互相激励，已达到群芳斗艳的目的。

第二，竞争是为了保持自己在专业领域的权威，增强自己的专业自信。竞争意识强的教师，会促使自己不断学习，努力补足自己的短板，使自己在专业领域中处于优势的地位。教师只有保持专业领域的优势，才能保持对学生的吸引力，在同行中保持自己的说服力。

第三，竞争与合作并行，竞争不是一个人的单打独斗，不是一个人孤独的旅程。在竞争的同时要注意资源共享，知识共享，经验共享，正所谓"尺有所短，寸有所长"，每个人都有自己的长处和短处。也正是因为有这些"长短"的存在，竞争才会给教师带来展示自己和提升自己的机会，这些"长短"给教师创造了交流合作和共同进步的机会。在工作中保持竞争意识，创设良好的竞争环境，在竞争中提升自己的教学素养，实现合作共赢，促进教师团体的共同进步。

（五）增强研究意识

毫无疑问，教师是一种职业，根据中国职业规划师协会的定义：职业=职能×行业。如果仅作为职业，教师职业就只是主体获得生活来源的工作，那么只要完成教学，拿到工资就可以了。显然，这样是不够的，教师要更专业，教师群体应当成为有专门知识素养的内行，成为专家。这就要求教师要有研究意识，要增强研究意识。教师研究的内容包括以下几方面。

一是研究学生。学生是教学的对象，是课堂的主体。研究学生，研究学生要什么，怎样帮助学生有效学习，怎样让学生自主学习。

二是研究教学。教学即包括课堂教学，也包括课外教学，更包括教学评价。要实现学习无处不在，就要实现教学无处不在。研究教学，研究应该教什么、怎么教，如何才能使教学更高效。

三是研究教师。即要研究教师个体，也要研究教师群体。个体的专业化，是群体专业化的基础。研究教师，要研究教师的教学动机、教师的教学技能、教师的学科认识和职业认识。

教师的学生研究、教学研究、教师研究，是对教师知识的补充与技能的培养，也是对主体的一次深刻反思。这样广泛而深入的研究，是一次深刻的问题发掘和全面的问题解决，是促进教师专业化的催化力量。

（六）优化提问技巧

提问设计的巧妙与否，对幼儿的学习活动有着举足轻重的意义。同时，提问设计也直接体现了教师的教育观、儿童观，教师对教材的理解及教师的知识素养、教育能力等。因此，教师应该在教育实践中，不断探索"提问"的技巧，寻找对幼儿教育的规律。简单来说，教师可以从下面的几方面来努力。

1. 提问应把握时机

幼儿教师提问要选择恰当的时机，要与学习的内容和幼儿的实际情况相一致，努力抓住幼儿处于"愤""悱"状态的最佳时机，进行提问。一般来说，这些时机就包括幼儿学习情绪需要激发、调动的时候；幼儿研究目标不明、思维受阻的时候；以及促进幼儿自我评价的时候。幼儿教师要能够把握这些时间点，适当地提问。

在提问的时候，幼儿教师还应留给幼儿充足的时间去思考及交流，这样就可以使课堂活动出现许多有意义的显著变化；幼儿主动和有效回答也会增多，拒绝或随意回答的情况就会减少。

幼儿天真可爱，对一切事物充满好奇。利用这个特点，在教学活动中，对幼儿提出一些有趣的问题，幼儿就能积极主动地去参加活动，从中获得经验和乐趣，掌握更多的知识，也能获得有趣的课堂体验。

2. 运用"门槛效应"设置问题

门槛效应是一种著名的心理学效应，其主要内容就是指循序渐进、由小到大的一个接受过程。这种效应在幼儿教师课堂提问的过程中有着重要的运用。

歌德（Goethe）曾说过："想要得到聪明的回答，就要提出聪明的问题。"幼儿教师的发问必须新颖而又恰到好处，问题提得太难，则如空中楼阁，可望而不可即，问题提得太易，又缺乏思考的余地。"聪明的问题"犹如悬挂在适当高度的桃子，既不可唾手可得，但跳一跳又可以够得着。巧妙的发问将知识性、启发性、现实性、趣味性以及思路的广阔性融为一体，并能依据幼儿的不同知识素质，有的放矢。它应避免那种少数幼儿频频发言，多数下等水平的幼儿闷闷陪坐的场面。这就是运用"门槛效应"

把握好课堂提问的关键。

同时，幼儿教师对于课堂提出的一系列问题应该有一个整体的设置，由易到难、由简到繁、由小到大、由表及里，层层推进，步步深入，通过幼儿教师启发引导，幼儿能够形成较明确的认识。这样，就可以把问题一个一个地提出。又一个一个地被解决，使得幼儿经历一个提出问题、分析问题、解决问题的完整过程，这种做法，既有利于启迪幼儿的思维，又提高了他们的综合能力素质。

另外，幼儿教师课堂提问要尽可能地设置一些开放性的问题。《幼儿园教育指导纲要（试行）》中指出：活动中幼儿教师的提问应该是开放性的，为幼儿创设一个广阔的思维和自主探索、想象的空间。这样有利于激发幼儿的讲述积极性、拓展幼儿的思维、想象创造能力，西方学者也提出这样一个观点"提问得好即教得好"。因为幼儿教师准确、恰当的提问能激发幼儿的学习兴趣，使其思维进入积极状态。在幼儿园教学中，幼儿教师应尽可能地提开放式的问题，如多提为什么、怎么样等问题，鼓励幼儿动脑思考，只有在这样的问题中才能更好地培养幼儿思维的品质。

3. 要及时对回答进行反馈

有的幼儿教师为了赶时间，尽快完成所设计的环节，对幼儿回答的对错，不做评价，马上又提出第二个问题叫幼儿回答，或者评价含糊其词，或者过早把答案告诉幼儿，代替幼儿思维。这种做法是非常错误的，会打消幼儿不断上涨的思考热情，会使得幼儿的期盼得不到回应，时间一长，就不愿意再回答问题了。正确的做法应该是，在幼儿回答问题后，给予客观的、鼓励性的评价或必要的指引。

当幼儿回答正确时，幼儿教师应肯定正确的观点，进一步诱导追问，激发幼儿再思考。可以进一步询问幼儿是怎么想的，他为什么这样想等。

当幼儿回答正确但不完整时，幼儿教师应该通过提示继续问"还有其他的吗？"或给予一定线索进行有效的启发。

当幼儿回答问题有困难时，幼儿教师应耐心期待并积极设法促成转机。一般可根据具体情况采用"分解难度、化难为易""转换角度、另辟蹊径""适当提示、给予线索"等方法。而不是采用干巴巴的语言让幼儿"继续"或你再想想、你再想想，一遍一遍地"逼"问，这样做不但不能有效地支持幼儿，反而可能让幼儿觉得老师在给自己施加压力。

当幼儿回答错误时，幼儿教师可以艺术性地纠正幼儿的错误观点，引导幼儿思考正确的方向；另一方面老师也可以对幼儿的错误回答不予回应，让幼儿在随后的环节中自行纠正错误观点。只有这样，才能更好地培养幼儿的思维品质，培养幼儿的推理、分析能力。

综上所述，一个有效的"好问题"，可以使幼儿的学习高效，更好地促进幼儿的发展。而什么问题是"好问题"却没有固定答案和标准，幼儿教师要根据特定的课堂教学情境，从整体上去把握课堂教学，只有这样，才能保证教学过程真正成为发现、分析、解决问题的过程，幼儿教师与幼儿才有可能真正对话。

第四节　幼儿教师的法律素养及养成

一、幼儿教师的法律素养

关于教师法律素养，同样存在不同观点。褚晓冬认为："教师教育法律素养是指教师知法、懂法、守法、用法，宣传法律知识，并能制止违法现象，在实践中应用法律。"张涛认为："教师的教育法律素养，是指教师在从事教育工作中认识、掌握和运用教育法律的能力或素质"。李晓燕认为："教师法律素养是指教师为了从事教师职业，经过一定的学习和培养所获得的关于教师职业法规知识、能力以及在此过程中形成的相应思想观念、意识、态度等"。

三种观点都强调了教师对法律知识的掌握和运用。区别在于褚晓冬在教师法律素养概念中提及了教师应对违法现象有所行动，张涛和李晓燕更强调教师具备法律素养的目的是从事教师职业或教育工作，强调了教师职业的特殊性对法律素养的规定。结合法律素养和教师法律素养的定义和已有研究成果，教师法律素养的定义为：教师为了从事教师职业，在社会环境的影响和学校的培养中通过学习法律理论和知识，形成的法律思维和法律能力。

通过对已有资料进行整理，并未发现对"幼儿教师法律素养"做出定义的文献，王柏民对"学前教育从业人员的法治素质"进行了界定，它是指已经内存于教师身上，能够比较稳定的影响教师行为，符合法治社会要求的知识观念、情感意志、心理定式等文化的和精神的因素。鉴于以上定义，根据"属加种差"的定义原则，结合"教师法律素养"的定义，有学者将幼儿教师法律素养定义为：幼儿教师在长期学习和实践中形成并内化的，在其职业中应具备的法律知识、法律观念，以及法律能力。这里的幼儿教师指的是包括专业从事教育工作的教师，以及幼儿园保育员、行政工作教师、园长在内的各类幼儿园、早教中心等学前教育机构中的老师。

二、幼儿教师法律素养的养成策略

（一）强化幼儿教师自身的责任

培养幼儿教师职业法律素养，作为主体的幼儿教师，其自身应该首当其冲承担起责任。幼儿教师自身责任的承担是个动态自主的过程，是一个有自身内部心理转为外向，又由外向稳固内部的循环过程。

幼儿教师要提高自身职业法律素养，首先应该在心态上进行调整，也就是在心理上有个健康的稳定的心理环境，培养健全的人格特征。幼儿教师培养健全的人格可以通过三种方式。

第一，在日常生活中应该学会自我放松，舒缓压力，可以多听听轻柔音乐，出门踏青散步，选择适合自己的放松方式。

第二，可以通过网络、书籍、媒体等了解学习心理学方面知识，了解负面情绪产生机制，有针对性的排解压力。

第三，如果压力过大，心情受损严重，抑或有无法摆脱的情绪，可以试着寻求专业心理咨询师的帮助，将负面的心理因素及时调整，扼杀在萌芽期。

除了心理方面的自我调节，幼儿教师提升自身的职业法律素养，最主要的还是要在法律知识、法律观念和法律能力上下功夫。现在的社会是一个学习型社会，提倡终身教育的理念，即使离开校园，在工作岗位上，也要不断学习，不断发展，才能跟得上时代的潮流。幼儿教师职业法律素养不高在很大程度上是因为其自身没有把握住自主学习的权利。

在工作中，放松了对自身发展进步的追求，目光只聚焦于日常规律的工作中，忽略了"法律"在其职业生涯中应有的地位。从根本上讲，是其观念的偏差，认识不到法律的重要性，从而导致幼儿教师普遍与法律脱钩、职业法律知识不足、职业法律观念淡薄、职业法律能力欠缺等等问题都随之而来。针对这些问题，幼儿教师应从观念上提升自己，继而积极主动地去认知、去学习，真正学会运用法律知识维护自身权益，也确保不会因为对法律的无知而做出违法违规的行为。

（二）发挥教育与管理的力量

1. 幼师生培养的优化

幼师生是幼儿教师的主要生力军。因此，在选择幼儿教师职业之前，就应该对这些"准幼儿教师"进行系统完善的职业法律素养教育和培训。现阶段，我国幼师生培养学校都能够开设有关教育方面的法律法规课程，但数量较少，也不够统一。通过调查了解到，我国对幼师生的培养重点放在培养幼师生的专业技能上，这与我国对幼儿教师职业资质的要求基本一致。这就说明了问题所在，对职业法律的重视程度不高，学校开设的法律课程较少，涵盖范围不够全面。学生的学习重点和关注度也不在法律学习上，这实在让人感到遗憾。

专业的幼师师范学校，优化幼师生的法律教育，可以确保做到以下几点：①更新观念，重视法律教育，将法律教育置于与专业技能培养等价的地位；②合理安排相关法律课程，循序渐进，严格考核，采用将知识讲授与情景模拟相结合的教育方法，让学生真正学会法律知识的同时能够正确运用相关知识；③与幼儿园"结对子"，承担幼儿教师法律培训业务，使幼儿教师能够接受连贯地、专业地法律知识学习。关于学校教育，我们不妨学习国外一些有创新性的教学方法，例如，在文献搜索过程中，"Best practices for legal education：A vision and a road map"这一文章介绍了国外的学生在校期间就搭建了实践和互助平台，让不同专业，能够相互取长补短的学生组成小组，共同完成社会实践，我认为这种方式很值得借鉴。我们可以在幼师生培养期间，让其与法律专业、社会工作者专业的学生共同进行社会实践，在相互学习、帮助、切磋中进步。

2. 幼儿园管理的改变

对于幼儿园来说，它是幼儿教师最主要的工作和生活场所，一切的教育教学活动都是在幼儿园中进行的，因此幼儿园的工作环境极大地影响着幼儿教师的发展和成长。

首先，幼儿园应该自主营造一种法律氛围，民主、平等、依法治校的精神环境，在园内形成一种严谨、尚法的风气，并带动幼儿教师学习法律，提升自身职业法律素养的积极性。具体做法：可以印制职业法律知识小手册，张贴相关法律案例的宣传海报，做到防微杜渐。

其次，幼儿园应定期组织幼儿教师进行职业法律方面的学习和培训，并真正将幼儿教师职业法律培训作为幼儿园规章制度的一项，以及幼儿教师工作必须完成的目标任务，坚决落实下去，应配套相应的监督和奖惩制度，确保幼儿教师真正学习到了知识。

关于培训，我们发现，现今的幼儿教师法律培训往往只针对管理者和教师代表，没有普及整个幼儿教师群体，每一位教师都有学习的权利，也应该将法律培训普及给每一位教师，包括保育员和幼儿园其他工作人员，只有每一位学前教育工作者都具备了良好的职业法律素养，才可以创建和谐幼儿园，学前教育才能得到可持续健康地发展。

同时，幼儿园也应将职业法律素养作为录取和聘任幼儿教师的标准之一，在源头上确保幼儿教师职业法律素养的水准。再者，幼儿园应该建立与社区、家庭结合的管理方式，共同搭建信息平台，让管理更有效更透明。积极宣传法律知识，让家长、社区人员都参与到法律学习中来，对幼儿教师职业法律素养的培养和提升也是一种有效地监督。

第五节　幼儿教师的心理素养及养成

一、幼儿教师的心理素养

（一）幼儿教师心理素养的内涵

对幼儿教师心理素养的内涵进行解读，需要把握以下几个方面：第一，要体现幼儿教师职业的特殊性，反映幼儿教师独特的本质；第二，对幼儿教师心理素养的理解要有深刻的理论背景；第三，要着眼于教育教学活动的本质及其基本规律；第四，要把幼儿教师心理素养看成一个系统的结构，其内部包含着复杂的构成要素；第五，幼儿教师心理素养是结构和过程的统一，动态发展性是其核心要义；第六，幼儿教师心理素养的内涵要能为教育教学实践提供理论指导，具有针对性和操作性。

基于以上考虑，可以对幼儿教师心理素养做如下解读，即幼儿教师在教育教学实践中生成和积淀的，与学生身心发展密切关联的，对教育教学效果具有显著影响的心理素质的综合。它是教师个体的一种有机综合性的机能状态，渗透着人的心理现象所包含的各种心理成分，但却不是这些成分的简单机械的累加，而是各种成分积淀和凝结的结果，是各种成分的辩证和谐的有机统一。

幼儿教师的心理素养是幼儿教师在教育教学工作中表现在智力和非智力因素等方面的稳定心理特征的综合。幼儿教师的职业特点、社会角色和人际关系决定了其应具备一系列特定的心理素养，主要包括幼儿教师的认知能力、情感、意志和人格的特征等。

具体而言，幼儿教师优秀的心理素养综合体现在人格的完整性、情感的丰富性、意志的坚忍性、思维的缜密性与创新性以及民主与合作的精神等方面。

由此可见，优秀的心理素养不仅是教师自身人生发展的基础和前提，而且也是教师从事教育教学活动的基础和必然要求。它不仅有助于教师积极性的调动和发挥，而且有助于学生主观能动性的激发和良好的教育教学效果的取得。幼儿教师要促进学生的身心和谐发展，首先自己要有健康和谐统一的心理素养，要在教育教学实践中不断提高自身的修养，优化自己的心理素养结构，从而更好地为促使学生德、智、体、美、劳诸方面的全面发展奠定基础。

（二）幼儿教师心理素养的特征

1. 师表性与位移性

"以身作则、为人师表"既是幼儿教师职业道德的一种体现，也是极为重要的一种心理素质。作为一名幼儿教师，不论任何时候或从事任何活动，都必须清晰地意识到自己是一名幼儿教师，要为学生树立好的师表形象。因为幼儿教师的思想、感情、言语乃至行动，都会对学生产生重大影响，时时处处起着潜移默化的作用。

有的教师曾做过这样形象的比喻："学生的眼睛是'录像机'，耳朵是'录音机'，脑子是'电子计算机'，录下来的信息装在电子计算机里储存起来，然后进行反馈，并指导他们今后的人生行动"。

正是由于学生时时处处都在模仿教师，所以说教师的世界观、品行、生活以及他对每一现象的态度都必然会这样或那样地影响着学生。正因为如此，一个教师必须时时检点自己，反思自己，使自己的言行和态度符合教师专业道德的规范和要求。所谓心理位移，也就是我们常说的"换位思考"，是指教师要时时站在学生的立场，以学生的眼光观察事物、思考问题和解决问题。心理位移素养是幼儿教师极为重要的心理素质，这是因为师生之间有着不同的生活经历、不同的成熟程度、不同的认识水平、不同的情感体验以及不同的品德修养，如果幼儿教师不能自觉地意识到这种差异，只从自己所处的位置出发，而不能置身于与自己各方面差异较大的学生的位置上来分析、理解和处理学生出现的问题，必然会在师生间筑起认识、情感与态度各方面的屏障，给教育教学带来困难与失误。

大量教育教学经验表明：了解学生是获得心理位移素质的重要前提。幼儿教师只有置身于学生群体之中，全面了解学生复杂的内心世界，才能正确评价学生的行为，否则心理位移也就成了一句空话。

2. 稳定性与发展性

幼儿教师专业心理素质的稳定性特点，一方面是指幼儿教师专业心理素质是在教育教学实践中逐步形成和发展的，而它一经形成，就具有了相对的稳定性和持久性；另一方面是指幼儿教师心理素质对学生的影响具有稳定性和持久性特点。

幼儿教师专业心理素质的形成和发展，是其在同客观现实的相互作用过程中，通过学习获得的各种知识经验，并运用这些经验去调节人的各种行动中而实现的。它作为一种较稳定的心理特质，是以概括化和定型化的特点作用于幼儿教师的教育教学活动。可见，幼儿教师的心理素质作为一种稳定的心理构成物，始终以其动力功能稳定地作用于幼儿教师的教育教学实践，形成每个幼儿教师所特有的教育教学态度及其相应的教育教学方式。

幼儿教师专业心理素质的这一特点要求幼儿教师要不断加强职业心理素质的修养，确保留给学生的东西能够照亮其人生道路，成为他们奋发向上的强大精神动力。但是，幼儿教师专业心理素质所具有稳定性又是相对的，它还经常会表现出发展性和可变性特点。作为人与环境相互作用的产物，幼儿教师专业心理素质实质上是人在适应和改造环境的过程中不断得以塑造的结果。

幼儿教师专业心理素质的发展性和可变性，揭示了其专业心理素质可塑性，认识这一特性是极为重要的，它要求我们一方面可以通过自身努力，逐渐完善自己的心理素质，摒弃不良的心理素质；另一方面还可以帮助学生顺利完成这一转变。

当然，心理素质的改变与完善不是一朝一夕就可以实现的，需要通过长期的实践锻炼才能达到。但只要个人有强烈的锻炼意愿，坚持不懈地要求自己，勇于实践，就一定能塑造出良好的心理素质。

二、幼儿教师心理素养的养成策略

（一）为幼儿教师成长营造宽松和谐的环境

营造宽松和谐的人际环境的关键在园领导，领导要树立协调一致的良好园风、班风、教风和学风等，对教师要"以人为本"，建立和谐、友好的领导与被领导的关系，使幼儿教师在健康积极的氛围中工作。园领导要以诚心交换人心，以高尚人格臣服人心，以人文关怀温暖人心，对教师要宽容为怀。正如古人云："处人不可任己意，要悉人之情；处事不可任己见，要悉事之理。"只有这样，教师才会真心实意地拥护你、相信你、支持你。

园领导既要争取各方支持，尽量满足教师的生存需要，为教师的工作、学习和生活排忧解难，创造良好的工作和生活条件。同时要增加教师进修机会，帮助教师提高专业技能，不断完善自我，体现人生价值的需要，尤其对中青年教师更需营造乐业从教的空间、发展的空间、创新的空间。要尽量多组织集体活动，在活动中让教师互相交流、互相沟通，缓解人际关系的紧张状况。只有这样，教师才会对幼儿园有感情，情绪稳定，以园为家。

（二）加强对幼儿教师的心理健康培训

幼教机构或上级主管部门应采取合理措施有效维护教师的心理健康。如定期举行相关的心理健康教育讲座或团体培训活动，提高幼儿教师对心理健康的认识，学习处理各种心理问题的应对技巧。

提高幼儿教师本身的心理素质，对幼儿教师关注幼儿的心理健康和对幼儿进行适当的心理健康教育也是必要的。

（三）要积极主动调适自身心态

生命的价值取决于你自己，你改变不了天气，但可以改变心情；改变不了事实，但可以改变态度；改变不了过去，但可以改变现在；不能预知明天，但可以用好今天。幼儿教师应该深深地记住这一点，努力用阳光的心态面对自己的进步，并不断努力，促进自己更好地成长。

1. 改变看待事物的态度

当我们觉得这个世界美好的时候，它便在很大程度上折射出我们内心世界的美好。我们改变不了事情就改变对这个事情的态度，事情本身不重要，重要的是人对这个事情的态度。态度变了，事情就变了。

对待幼儿教育这一问题，幼儿教师要不仅仅能将它作为一份职业，更作为一项事业、一个自己的追求、一个具有重要意义的不可替代的任务来看待，这样的话，才会对幼儿教师这一职业给予更多的认可，也比较不容易产生职业倦怠。

亚里士多德说："生命的本质在于追求快乐，使得生命快乐的途径有两条："第一，发现使你快乐的时光，增加它；第二，发现使你不快乐的时光，减少它。"面对寄宿班级中幼儿存在的问题，幼儿教师感到心烦是正常的，这个时候，就需要用到第二种办法，努力将这些不快乐减少，从而才能有良好的心态继续教育。

2. 要有享受过程的心态

享受过程，精彩每一天。"生命是一个括号，左边括号是出生，右边括号是死亡，我们要做的事情就是填括号，要用亮丽多彩的事情、好心情把括号填满，结果到了括号就结束了。"作为一个幼儿教师，我们的生活中充斥着幼儿的吵闹与家长的纠纷，如何正确看待这些事情，重要的一点就是抱有享受过程的心态，学着体会自己与幼儿、家长的交流过程，学着感受幼儿的成长过程，学着感悟自己的专业成长过程。有了这种享受过程的心态，我们的思维就会在很大程度上从结果上面移开，从而更容易有阳光心态。

3. 正确看待障碍的心态

在对待一个问题的时候，乐观者和悲观者的想法是完全不同的，作为幼儿教师，我们要能够努力树立乐观的心态，尤其是在看待障碍的时候，乐观的心态对于我们克服困难、继续前进具有非常重要的意义。

这一点同样适用于面对犯错误的幼儿，我们不能只看到他们的缺点，也要能够关注他们改正缺点和不足。在犯错误的幼儿面前，困难的不是批评，不是指责，更不是数落他的一系列错误，而是找出他错误的对立面——长处，只有找到了长处，才算找到了错误的克星，才帮他找到了战胜错误的根据地。用长处战胜短处，用长处战胜错误，这是化弊为利、扬长避短的教育手段，这种教育手段是非常值得肯定的。

（四）努力提高职业幸福感

"幼儿教师的幸福是什么？我想不仅仅在于幼儿教师职业的神圣，也不仅仅是我们越来越受到全社会的羡慕与尊敬，它更应该是我们在和孩子们共同成长过程中的那份真实的体验与感觉，幼儿教师幸福的体验与感觉从孩子们的健康快乐成长中获得"。

教师的职业幸福感是指教师在教育工作过程中基于对幸福的正确认识，通过自己的不懈努力，自由地实现自己的职业理想，实现自身的和谐发展，从而对教师工作产生的持续稳定的快乐体验。

幸福感是教师做好教育工作的重要前提，是教师专业发展的内在动力，也是教育追求的最高境界。教师职业幸福感及其专业发展除了有赖于外部条件的改善，寻求社会支持系统，更重要的是要依靠自身来提升。就教师自身而言，需要坚定职业信念，克服职场病态，自我发展完善，创造职业幸福感，体现生命之真正价值。

但是有人认为自己的职业平淡无奇，太苦太累，并对职业产生轻视心理，对他人的职业羡慕不已，而有人则认为做幼儿教师安定又有意义。之所以不同的人会有不同的看法，关键是在于选择的不同，前者选择了这个职业，却没有选择幸福；后者选择了这个职业，从而也选择了幸福。

所以，对于每一个在幼儿教师这个岗位上默默工作、默默奉献的人来说，幸福就在你面前，如果你选择去寻找它，那么幸福便会来到你的身边。作为一名幼儿教师，应该认识到幼儿教育价值的独特性，并以欣赏、审美的眼光对待自己的职业，才能产生职业认同感，以最快的速度适应职业角色，只有适应后才能给我们带来快乐和舒适。作为幼教工作者，应该认识到幼教职业是崇高而伟大的，并将这种认识与教师良好的职业适应结合起来，才能由衷地感到幸福和神圣。

因此，幼儿教师要提升职业幸福感，首先是自己要适应所从事的职业，要有正确的职业认知，拥有比较完善的职业素质，能胜任所从事的职业，并且要有丰富的职业实践，积累大量的实践智慧和经验。幼儿教师只有适应了自己所从事的职业，才能感受到职业带来的快乐，其专业发展才能顺利进行。

（五）要促进自身专业发展

快乐工作是一种积极的职业态度，是乐于从事教育职业。具体是指教师乐于与幼儿分享知识、经验、智慧、情感，与幼儿共同成长，共同幸福。人生的真谛在于追求幸福和完满，我们需要从职业生活中主动去追求那份属于自己的快乐，做乐业的幼儿教师。

1. 乐于教学

乐于教学是教师认真做好备、教、辅等常规教学工作，这种认真不是出于一种外在规范的驱动，也不是为了某种功利，而是发自内心，在教学过程中饱含热情和志趣。只有这样，教师才可能在每个教学环节中，都对幼儿充满真实的关怀与期待。

教师在备课过程中不仅要备教材、备教法，还要备幼儿，即精心研究幼儿。只有全身心地投入，教师才能将教材变成其内在素质，所传授的知识才会充满生命的意义，才能点燃幼儿内心深处的热情和渴望，并唤醒他们对知识的热爱。

教师在上课的过程中，要用自己的真情打动幼儿，创设特定的课堂情感氛围，做到吸引幼儿，让幼儿喜欢上课，最重要的是把自己的领悟传授给幼儿。

2. 乐于反思

自我反思是教师在先进的教育理论的指导下，借助于行动研究，不断对自己的教育实践进行反思，积极探索与解决教育实践中的问题，努力提升教育实践的科学性、合理性。反思对于提高教师的教学能力，促进课堂的教学改革，提高教学研究能力具有十分重要的作用。教师的反思包含对教学活动整个过程的反思，在教学活动中的反思以及为教学活动的反思。

许多幼儿教师尽管明白反思的重要性，具体到某个教学活动时却不知道如何进行。反思教育教学的过程是教师对自身教育行为及其效果的分析与思考过程。幼儿教师应注意保持适宜的反思性心理状态，保持对经验关注的敏感性，并有意识地掌握思维加工技巧，在反思中吸取经验与教训，体味成功与失败。而对教育教学过程中成功之处的总结与反思，能让幼儿教师感受到成功带给她们的快乐与满足，激发幸福感的产生，从而在专业成长中实现职业幸福感。

第三章　当代幼儿教师的职业行为分析

教师职业道德较多立足于社会的准则和规范，侧重从思想、情感、态度的角度对教师提出要求。道德是行为的先导，行为是道德的表现方式。幼儿教师的全面发展不仅需要重视幼儿教师职业道德层面的要求，更需要重视幼儿教师职业行为层面的要求。本章分为幼儿教师的职业行为规范、幼儿教师职业行为的影响因素、幼儿教师职业能力提升的方法三部分，主要内容包括：幼儿教师的职业要求与规范、幼儿教师职业行为规范的具体要求等方面。

第一节　幼儿教师的职业行为规范

一、幼儿教师的职业要求与规范

（一）教师职业的职业要求与规范

与古代社会相比，从事现代社会各种职业的人们都必须具备一定的文化水平、业务能力、身体素质等才能够满足现代社会工作与劳动的要求。一般而言，对各行各业的所有劳动者都具有以下的职业要求，包括以下几方面。

第一，爱岗敬业、严守职业纪律。每个人都应该热爱自己的本职工作，兢兢业业，尽职尽责，认真完成工作任务。

第二，举止得体，创造和谐的人际关系和工作环境。个体的工作处于一定的职业环境中，时常要与人合作进行，此时和谐舒心的工作环境是个体能够顺利完成工作的重要因素。

第三，实事求是，善于解决各种实际问题。这要求个体要脚踏实地，诚实面对工作中存在的问题并努力培养自身解决实际问题的能力。

第四，勇于探索，开拓创新。创造性是现代社会所有职业对员工的共同要求，在高效完成工作的同时也充分发掘了个体的潜能。

第五，身体健康，精力充沛，"身体是革命的本钱"，只有保持身体健康，个体才能够更加投入到工作中，才能够创造出更大的生产价值。

上述5点是对所有职业劳动人员的共同要求；然而，教师职业作为一种专门职业，教育劳动的特殊性决定了对教育从业人员在思想道德风貌与观念、科学知识与能力、个性心理素质与日常言行规范等方面都有相应的职业规范。同时，现代社会的快速发展也对教师的职业要求与规范赋予更多新的内容。概括而言。对教师群体职业规范的要求包括以下几方面。

1. 拥有教书育人的教育实践能力

教师作为一种专门职业，只有经过较长时间的专门训练，特别是经过实地的教育实习，在实践中掌握一定的教育教学方法，具备一定教育教学技能的教师候选人才可胜任，才能满足实际教育工作中的需求。因此，教书育人的教育实践能力是对教师的基本要求。并且，在对学生实施教育行为时，教师不仅要将正确的科学知识传递给学生，包括学生的思想道德教育、班级的组织管理等也都是教师工作的一部分。具体说来，教师要具备的教育实践能力包括以下几方面。

第一，熟练的教学能力，这是教师必须具备的最基本的能力，为此教师必须拥有流畅的语言表达能力。

第二，良好的思想教育能力，"育人"是教师工作的重要组成部分；教师除要以身作则，拥有良好的品德与合乎社会规范的行为习惯之外，还要能够教导学生成为一个善良的人。

第三，科学的组织管理能力，学校与班级井然有序，则教育活动的效率自然而然得到提高；因此，教师必须拥有科学的组织管理能力，以确保教育目标的顺利实现。

第四，较强的科研能力，这是现代社会发展与教师专业化运动对教师提出的新要求。只有具备较强的科研能力，教师才能够对教育实践中遇到的问题有更深刻的了解并提出有效的解决策略，教师自身的专业水平也得到提高。

2. 展现和谐的言行规范

除教材等传统的教学工具外，教师自身的人格品质、言行举止等也是教师重要的教育工具；并且，教师的言行规范最能感染和带动学生。正如古人所云:"其身正,不令而行;其身不正,虽令不从。"因此,和谐的言行规范是教师重要的职业规范之一。

教师自身必须拥有较高的人文素质,必须以自己的一言一行来维护师道尊严,用自己的言行举止来告诉学生什么是对的。

学校里必须营造出一种和谐的环境氛围,让学生在这种和谐氛围中既感受到教师举止的示范性,又在无形中渗透到学生的教育中。最后,让学生通过一种发自内心的认可与尊重来养成良好的行为习惯与学习习惯。

(二) 幼儿教师的职业道德规范

所谓教师职业道德,是一般的社会道德和职业道德在教师职业生活中的具体表现;进一步来说,是教师在教育实践活动中形成的处理教育过程中各种关系的行为规范与品德的总和。教师职业道德规范来源于教师的教育实践,是教师职业道德的外在形态,也是教师职业行为约束的凭据。2008 年针对中小学教师群休,我国重新颁布了《中小学教师职业道德规范》,这已是第四次修订,由 6 条目(爱国守法、爱岗敬业、关爱学生、教书育人、为人师表、终身学习)和 59 条行为准则组成。但当前,我国统一的幼儿教师职业道德规范仍处于缺位状态,这对我国幼儿教师队伍的道德建设,特别是对幼儿教师的实践活动无法起到良好的规范与指导作用。

近年来,幼儿教师行为失范的案件频发,更是将我国幼儿教师队伍的道德建设推向风口浪尖,建立统一的幼儿教师职业道德规范具有现实的紧迫性。由于教师职业道德规范属于道德范畴,主要解决的是教师在教育工作中如何处理好几种主要工作关系的问题,因此,按照教师在教育工作中面临的几种主要关系来尝试构建一个比较完整的幼儿教师职业道德规范纵向体系,包括幼儿教师与学前教育事业的关系、幼儿教师与幼儿的关系、教师与家长及其他相关人员的关系、教师与其他教师及教师集体的关系;而横向上,职业道德规范包括三种层次,即理想层次、原则层次和规则层次。

总的来说,学前教育作为基础教育的基础,幼儿教师作为幼儿成长关键期中的重要他人,要尽量做到打从心底热爱幼儿,热爱学前教育事业,从各个方面给孩子树立一个正确的学习榜样,为促进孩子的身心全面协调发展而不断努力。国家要尽快出台统一的幼儿教师职业道德规范,以此来引导、规范教师的教育实践,以更好地保护幼儿,促进幼儿的健康、快乐成长。

二、幼儿教师职业行为规范的具体要求

（一）幼儿教师职业行为的要求

《美国教育专业伦理典章》明确规定了教师对学生和对教育专业的义务，可以说是对教师职业道德行为的一种规定，对我国教师具有积极的借鉴意义。那么，具体来讲，作为我国的幼儿教师，职业行为有以下几方面的要求。

1. 与幼儿交往的行为要求

师生关系是教育过程中最重要的人际关系，是教师教育教学工作的核心人际关系。只有建立良好的师生关系，真正实现教师与学生之间的心灵沟通，才能促进学生身心健康发展。良好的师生关系是教师职业道德的一种体现和验证，在一定程度上能够促进教师职业道德的发展。《中小学教师职业道德规范（2008 年修订）》第三条提到处理师生关系的原则是"关爱学生"，具体要求教师做到"关心爱护全体学生，尊重学生人格，平等公正对待学生。对学生严慈相济，做学生良师益友。保护学生安全，关心学生健康，维护学生权益。不讽刺、挖苦，歧视学生，不体罚或变相体罚学生"。

（1）了解师生关系的特征

与其他人际关系相比，师生关系具有以下特征：第一，师生关系的目标指向具有特殊性。一般人际关系的目标指向是双方的利益需要，而师生关系的目标指向超越了交往双方主体自身，是为了完成共同的教育目标而偶然建立的关系。第二，师生之间的交往是他们自己无法选择的。与一般人际关系中的双方选择、自愿确认的关系不同，师生关系是"外定"的，关系的建立不取决于双方的意愿。第三，师生关系是一种制度行为。不同于一般关系规则中的双方约定，师生关系中的个人行为受制度的约束，关系的规则是制度决定的普遍性要求。

（2）认识师生关系的作用

①良好的师生关系是教育教学活动顺利进行的保障。

②良好的师生关系是构建和谐校园的基础。

③良好的师生关系是实现教学相长的催化剂

④良好的师生关系能够满足学生的多种需要。

此外，良好的师生关系还有助于提高教师的威信，有助于师生心理健康发展。

（3）明确我国新型师生关系的特点

①人际关系：尊师爱生。现代教育中的"尊师爱生"不是封建等级关系，政治连带关系，伦理依附关系，而是师生交往与沟通的情感基础，道德基础，其目的主要是相互配合与合作，顺利开展教育活动。尊师就是尊重教师，尊重教师的劳动和教师的人格与尊严，对教师要有礼貌，了解和认识教师工作的意义，理解教师的意愿和心情，主动支持和协助教师工作，虚心接受教师的指导；爱生就是爱护学生，它是教师热爱教育事业的重要体现，是教师对学生进行教育的感情基础，是教师的基本道德要求，也是培养学生热爱他人，热爱集体的道德情感基础。尊师与爱生是相互促进的两个方面：教师通过对学生的尊重和关爱换取学生发自内心的尊敬和信赖，而这种尊敬和信赖又可激发教师更加努力地工作，为学生营造良好的心理气氛和学习条件。爱生是尊师的重要前提，尊师是爱生的必然结果。

②社会关系：民主平等。民主平等不仅是现代社会民主化趋势的需要，也是教学生活的人文性的直接要求和现代人格的具体体现。它要求教师理解学生，发挥非权力性影响，并一视同仁地与所有学生交往，善于倾听不同意见；同时也要求学生正确表达自己的思想和行为，学会合作和共同学习。

③教育关系：教学相长。在教育过程中，教师的教促进学生的学，学生的学促进教师的教，教与学是相互促进的，"学然后知不足，教然后知困"。教师在教的过程中，促使自己不断学习、不断进步。同时，在教育过程中，虚心的教师也会从学生那里学到不少东西，从而不断充实自己。教学相长包括三层含义：一是教师的教可以促进学生的学；二是教师可以向学生学习；三是学生可以超越教师。

④心理关系：心理相容。心理相容指的是教师与学生之间在心理上协调一致，在教学实施过程中表现为师生关系密切、情感融洽、平等合作。在教学过程中，师生的心理情感总是伴随着认识、态度、情绪、言行等的相互体验而形成亲密或排斥的心理状态。不同的情绪反应对学生课堂上参与的积极性和学习效率起着重大影响。在日常的教学过程中可以看到，学生对所学各门课程是有不同感情的，它影响着学生注意力和时间的分配，

导致学生各门课程学习的不平衡，这都可以从师生心理关系、情感等因素上找到原因。教学中会出现师生心理障碍，要消除这种心理障碍，增强师生之间的心理相容性，提高教学效果，应该着重在三个方面努力：多接触学生，研究学生，了解学生的心理状态；遵循教育规律，多采取讨论、启发等教学方法；为人师表，以人格力量感化学生。

（4）遵循处理教师与学生关系的职业行为准则

处理教师与学生关系的职业行为准则，可以概括如下。

①热爱但不偏爱。热爱每一个幼儿，对所有的幼儿一视同仁。对那些调皮活泼的幼儿不歧视，对表现优秀的幼儿不偏爱。

②引导但不包办。教师是幼儿发展的引导者、促进者，而不是包办者。教师要处处为幼儿着想，站在幼儿的立场上去看问题，确立服务意识，但不是代替幼儿，而要引导幼儿去完成自己能做的事情。

③欣赏但不放纵。教师要学会欣赏幼儿，欣赏幼儿的存在，发现他们的优点并告诉他们，让他们知道自己的优点。赞美幼儿但不放纵幼儿，特别是对各方面都比较优秀的幼儿。

④尊重但不迁就。每个幼儿都是这个世界上的唯一，教师要尊重幼儿，让他们表达自己的思想、见解，尊重他们的处事方法，维护他们的自尊心。出现问题时要学会倾听、学会交流，理清事情的真相后公正地处理。

⑤宽容但不讨好。发挥情感教育作用，使幼儿感到教师是可靠可敬又容易接近的人，避免为获得幼儿对自己的好感而讨好幼儿。

⑥严格但不失温情。严师出高徒，严格要求每位幼儿，同时，也要有温情的流露，让幼儿理解和体会老师的爱心。

⑦关怀但不利用。关怀幼儿，但不利用幼儿。教师不能利用幼儿做私事，或让学生家长帮忙办事。

2. 与同事交往的行为要求

教师与教师群体的关系是教师职业活动中另一重要的人际关系。在传统的教学模式中，由于教学时间安排不同，教学任务完成后时间相对自由，教师的劳动体现出较多的个体性。随着课程改革的深入，为保证教育计划的周到、严密、符合实际，很多教育实施方案及设计需要与同事研究讨论，这就需要教师加强与其他教师在课程实施等教学活动中的专业对话、沟通、协作和合作，共同分享教育教学改革经验，通过互动实现相互学习、彼此支持，以减少教师由于孤立而导致的盲目行为。尤其对于初入职场的新教师而言，他们更需要有经验的优秀教师通过传、帮、带等方法帮助他们尽快适应教学情境。

《中小学教师职业道德规范（2008 年修订）》对同事关系的要求是"关心集体，团结协作，尊重同事"。教师的团结协作是指教师在教育教学过程中，遇事能从学校大局出发，既能充分发挥每个教师的工作积极性、创造性，又能相互交流、相互理解、相互配合、相互支持、相互帮助，形成相互促进、相互激励的教育人际关系和团结协作的道德精神氛围。

具体而言，教师之间的团结协作体现在以下几个方面。

第一，处理好教同一年级及不同年级教师之间的关系。教同年级的教师之间往往因平行班的竞争而存在矛盾，但教师之间应互通有无，以便更有针对性地开展教育活动；教不同年级的教师之间的合作则主要体现在低年级和高年级之间的过渡和衔接。

第二，处理好教相同学科或不同学科教师之间的关系。相同学科教师可以集体备课，分享经验和案例，取长补短；不同学科教师之间因知识的交叉也需要相互配合，互通有无。

第三，处理好不同年龄教师之间的关系。老教师知识渊博、经验丰富但有时较为保守；年轻教师朝气蓬勃，勇于创新但缺乏经验。因此，年轻教师需要虚心向老教师学习，老教师则应在热情地传、帮、带的同时，汲取青年教师的长处。

处理教师与同事关系的职业行为准则如下。

①互相尊重，切忌嫉妒。无论是对待老教师还是新教师，无论是对待业务水平高还是业务水平低的教师，尤其是对待能力不如自己的教师，都要把尊重对方放在首位。首先要尊重对方的人格，其次是尊重对方的长处，谦虚谨慎，戒骄戒躁，切不可产生嫉妒心理，更不能背后道人长短。

②平等交往，不亢不卑。教师不论自身所处地位如何，都应以平等相待的态度对待别的教师，表现出不亢不卑的处事待人姿态。切不可对上卑躬屈膝，对下横眉瞪眼。

③换位思考，理解宽容。教师要以大局为重，克己谅人，要有容人的雅量。要能设身处地地为他人着想，既要包容同事的不足，更要维护任课老师在同学们中的形象。

④合作学习，取长补短。每一个教师都有其自身的优势，同时亦有自身的不足。教师间的互补是一种思想上的帮助、信息上的交换、情感上的融合和知识上的整合。

⑤乐于助人，关心同事。教师之间互相关心，相互帮助不仅体现出教师的高尚品行，还有助于增进教师之间的团结和友谊。关心同事，尽力给同事提供帮助；对同事的进步要感到高兴；对同事的错误要表示理解，并给予可能的帮助。

3. 与家长交往的行为要求

教师与学生家长的关系是教育过程中不可忽视的重要关系。家庭是影响学生成长的重要因素，教师只有与学生家长密切合作，才能积极发挥家庭教育的作用。教师和家长所掌握的学生信息并不对等，教师了解的仅仅是学生在学校中的表现，而家长了解更多的是学生的校外情况。如果缺乏对教育教学过程的参与和监督，教师与家长之间的信息沟通不畅，就会导致他们之间缺乏理解和信任，妨碍教育活动的顺利开展，影响学生的健康成长。

因此，教师需要从以下几方面处理好与学生家长之间的关系。

①建立平等的沟通关系。教师和家长都是以教育好学生，促进学生身心的全面发展为共同目标的，应该建立彼此信任、相互支持的平等关系，只有平等才有沟通的可能；只有平等双方才不会落入误区，形成扯皮、推诿、渎职等状态，齐心合力才能教育好学生。

②形成良好的沟通习惯。首先，教师要积极主动地与家长建立联系，通过家访、家长会、联系手册、电话、微信、QQ 等形式，与家长互通情况，共同商讨、协调教育方法和步骤。

其次，教师要树立服务意识，尊重家长，全面、客观地介绍孩子在校学习、生活的情况，热情、耐心地与家长进行沟通，要虚心听取家长的批评和建议，经常向家长征求意见。

再次，教师要及时地通报学生的思想、学习、生活的动态，特别是出现异常情况或突发事件时，要第一时间与家长沟通，及时分析原因，商讨对策，共同实施最有效的教育方法。

最后，教师要认真听取家长的意见和建议。教师要放下"教育权威"的架子，经常向家长征求意见，虚心听取他们的批评和建议，找出和确立有效地对学生进行教育的方法和途径，以不断改进自己的工作。这样，家长会觉得教师可亲可信，有利于维护教师的威信。

③尊重家长的人格。在教师与家长的关系中，教师起主导作用，但教师和家长在人格上是完全平等的，不存在尊卑之分。因此，教师必须尊重学生家长的人格，特别是尊重社会地位低和学困生的家长的人格。教师要

避免向家长告状，不要当众责备其子女，不要说侮辱学生家长人格的话和有侮辱学生家长人格的行为，否则会造成教师与家长的对立，不利于教育效能的提高。

④教育学生尊重家长。教师不仅要身体力行地尊重学生家长，还要教育学生尊重自己的父母，特别是那些社会地位和文化水平不高的父母。教师教育学生尊重家长，不但可以提高家长的威信，增强家庭教育的力量，而且当家长看到自己的孩子在教师教育下健康成长，对自己又很尊敬时，会由衷地感谢教师，更加信任教师。

4. 与管理者交往的行为要求

教育教学活动的顺利展开离不开教育管理者的支持与配合，教师如何处理好与教育管理者的关系，关系到教师能否热爱学校，关心学校的发展。现实中，教师与教育管理者由于出发点不同，考虑问题的角度不同，所承担的责任不同，因此容易产生矛盾和隔阂。比如，教师经常与学生接触，较多从学生角度考虑问题，希望教育管理者的决策越符合学生利益越好；而教育管理者经常感受到来自上级教育行政部门的压力，做决策时更多的是从整个学校的利益出发，甚至有时迫于教育体制，片面追求升学率等。

教育管理者作为整个学校教育的设计者和组织者，需要起到率先垂范的示范作用，自觉克服自身的不足，充分发扬民主精神，深入实际，了解学生，关心教师生活，支持教师工作，为全体教师和学生树立良好的榜样。对教师而言，不仅要热爱自己的学生，热爱自己的班级，更要热爱自己的学校，关心整个学校的发展，树立主人翁意识，主动沟通，主动建言献策。

处理教师与教育管理者关系的职业行为准则如下。

①尊重领导，服从安排。幼儿园的保育教育工作是一项集体劳动，每位教师都应尊重领导的意见，服从安排，听从指挥。

②顾全大局，遵守纪律。纪律是维持正常运转的保证，教师应遵守幼儿园的规章制度。在个人有特殊情况的时候，也应顾全大局，将幼儿园的要求放在首位。

③互相理解，相互支持。教师对领导的某些工作产生不满是难免的，领导对教师的一些表现反应过于强烈也是常见的。原因是两者考虑问题的角度不同，一方要体现自己的个性特色，另一方要顾及幼儿园的整体工作，互相理解和支持是化解矛盾和冲突的必要途径。

④公事公办，团结一致。教师同领导之间由于工作性质不同而产生心理上的隔阂是避免不了的，教师不应轻视领导，领导也不应为难教师，双方在处理问题时要公事公办，避免化为私人矛盾，影响团结。

（二）幼儿教师职业规范的要求

教师职业的特殊性决定了幼儿教师职业规范的特殊性。具体而言，幼儿教师要做到爱国守法、爱岗敬业、关爱学生、教书育人、为人师表、终身学习。那么，在幼儿园的保育教育活动中，对幼儿教师的具体要求在下面将分而述之。

1. 爱国守法

爱国守法是对教师职业的基本要求。爱国是一种普遍而崇高的思想感情，是中国特色社会主义的核心价值体系的一个重要方面，是一个国家生存与发展的精神支柱。热爱祖国是每个公民的义务，身为教师自然应将爱国作为一项基本义务。守法是保证我国现代化建设健康稳定发展的内在要求，也是作为一个国家的公民应尽的义务。具体而言，对幼儿教师有如下三点要求。

（1）热爱祖国

热爱祖国体现一个人对自己祖国的深厚感情，反映了一个人对祖国的依存关系，是调节个人与祖国（国家）之间关系的政治原则、法律规范，也是道德要求。热爱祖国是一种高尚的道德情感，是每一个人作为一个国民都应该具备的基本素质，也是每一个人都应当自觉履行的责任和义务。热爱祖国更是一名人民教师应该具备的最基本感情。幼儿教师热爱祖国要具体体现在热爱教育、为祖国的教育事业无私奉献上。遵纪守法是社会向人们提出的基本要求，也是每一个社会公民应尽的义务和责任。幼儿教师在教育教学活动必须做到知法、守法和护法。

第一，热爱祖国是幼儿教师献身教育的思想基础。热爱祖国是中华民族的优良传统和崇高的思想品德。幼儿教师的职业是富于责任感的事业，教师的责任感是教师职业的内在要求。教师承担着为国家、为社会培养建设者和接班人的伟大重任。这是国家和人民把伟大的责任加在幼儿教师身上的一种重托。一个幼儿教师首先要树立爱国主义思想，深刻地认识到自己的工作是和祖国的未来发展、国家的繁荣昌盛联系在一起的，像陶行知那样把教育事业当作"一大事来"，才能自觉担负起这份责任和接受这样一种重托。一位幼儿教师只有认识到、体验到自己所从事的工作的崇高，意识到自己肩上担负着祖国和民族的未来，从而树立献身教育的坚定信念，才能做到言行一致，不论遇到什么困难，都处处为事业着想，呕心沥血，矢志不渝地为培养一代新人而默默奉献自己的一生。

第二，热爱祖国是教师构建积极人生、责任人生的动力源泉。伟大的人生目标往往产生于对祖国深厚的爱，一个人对祖国爱得越深，社会责任感越强烈，人生目标就越明确，人生信念越坚定。信念是人们对于某种人生观、道德理想和行为准则正确性和正义性深刻而理性的笃信，以及由此而产生的对某种道德义务的强烈责任感。它是深刻的道德认识与炽热的道德情感的有机统一。

爱国主义是一种精神支柱，是一种动力源泉。爱国主义从内涵上来看，有三个层次：情感、思想和行动。首先表现为一种情感，对自己祖国的一种归属感、认同感、尊严感和荣誉感，然后这种情感随着理性的认识要升华为爱国思想，最终要转化为爱国行动。

第三，热爱祖国要具体体现在热爱教育、为祖国的教育事业无私奉献。人民教师强烈的爱国之情，表现为深深地爱自己的教育事业，满腔热情地教书育人，竭尽全力为祖国培养优秀人才。著名特级教师霍懋征在其报告中这样说道：我知道孩子是祖国的花朵，是祖国未来的建设者，爱孩子就是爱祖国，我要把热爱祖国、热爱教育事业之情，倾注到我的学生身上，全身心地投入到幼儿教育事业中。

（2）知法守法

遵纪守法是社会向人们提出的基本要求，也是每个人在社会生活中必须履行的义务，是做一个社会人的起码准则。法律与道德在现代社会发展过程中所起的作用是相互促进、相互补充的。道德在社会秩序维持的过程中起主导作用，法律是维持社会秩序所必需的一种强制性手段。在幼儿教师职业道德修养的过程中，一方面应该强调道德因素在师德修养过程中的主导作用，另一方面也应该强化法律在师德修养过程中的重要功能。

当前，我国的教育法律法规有《教师法》《义务教育法》《未成年人保护法》等等。因此，幼儿教师的教育教学活动，一定要合法、规范、严谨，要用相关的法律法规来指导自己的教育教学实践。幼儿教师在教育教学活动中必须做到知法、守法和护法。

第一，知法。宪法和法律是国家、社会组织和公民一切活动的基本行为准则，教师首先要模范地遵守。而教育法律法规是规范教育行为的专门法律。在宪法的指引下，我国已经形成了以教育法、教师法、义务教育法、未成年人保护法等法律法规为骨干的教育法律法规体系。这几个方面的法律、法规内容是指导教师从事教育、教学工作的章程和依据。幼儿教师只有学习和熟悉这些法律、法规条文的内容，才能做到懂法、守法，按照法律要求来从事教书育人工作，才能防止和杜绝体罚学生、违法乱纪、触犯刑律等现象，同时教育学生学法和守法。其中，《中华人民共和国教师法》是我国教育史上第一部专门为教师制定的法律，对教师的权利、义务以及法律责任等都作出了明确的规定，向教师的执教提出了要求，促使教师必须依法执教。教师要教书育人，为人师表，就应当模范地遵守宪法和法律法规。它的实施对维护教师合法权益，提高教师社会地位和待遇，加强教师队伍建设，使教育工作和教师队伍建设走上法制化轨道具有重大意义。

第二，守法。依法执教要把法定的职业规范转化为教育教学实践活动，以法律为尺度，严格依照法律进行教师职业行为选择。我国教育法和教师法规定，教师的行为选择如果不符合法律，就要承担法律责任，受到法律制裁。教师法第三十七条规定："教师有下列情形之一的，由所在学校、其他教育机构或者教育行政部门给予行政处分或者解聘：故意不完成教育教学任务给教育教学工作造成损失的；体罚学生，经教育不改的；品行不良，侮辱学生，影响恶劣的。教师有前款第二项、第三项所列情形之一，情节严重，构成犯罪的，依法追究刑事责任。"幼儿教师的教育教学活动，一定要合法、规范、严谨，要用相关的法律法规来指导自己的教育教学实践，要从教育的方法到手段都符合法律的规定。

（3）依法执教

所谓依法执教，就是要求幼儿教师在所从事的教育教学活动中，严格按照《宪法》和教育方面的法律、法规以及其他相关的法律、法规，使自己的教育教学活动符合法制。依法执教是调整教师劳动与法律制度之间关系的教师职业道德规范，是幼儿教师完成本职工作的前提基础，是国家和社会对幼儿教师提出的道德要求。它是判断教师行为是非善恶的最根本的道德标准。一方面，它可以使幼儿教师在教育活动中的劳动有法可依；另一方面，它加强了法律对教育事业的保障和促进，保障了幼儿教师职业的纯洁性。

在教育实践中，一些幼儿教师教育学生的方法简单、粗暴，动辄训斥、谩骂、讽刺、挖苦、羞辱学生，体罚甚至变相体罚，不尊重家长，对学生进行人格侮辱和心灵虐待，给整个教师形象造成了极坏的影响，引起全社会的高度关注。例如，幼儿园老师虐待孩子事件曾多次发生，在这种情况下，幼儿教师的毒手频繁地伸向了幼小的孩子们，不禁让我们汗颜。人们惊讶于作为人类灵魂工程师的教师为什么会如此粗暴、残忍，变成摧残孩子们心灵和身体的恶人。除了师德修养不够，重要原因还在于一些教师法律意识淡薄，法律知识贫乏，不能依法执教。

实际上，国家在《未成年人保护法》第三章第十八条规定：学校应当尊重未成年学生受教育的权利，关心、爱护学生，对品行有缺点、学习有困难的学生，应当耐心教育、帮助，不得歧视，不得违反法律和国家规定开除未成年学生。

2. 爱岗敬业

爱岗敬业是教师的神圣职责。它要求教师对教师事业具有强烈的责任感和深厚的感情。爱岗是敬业的基础，敬业是爱岗的具体表现。所谓爱岗就是热爱教育事业，具体体现为热爱自己选择的岗位、热爱工作和热爱幼儿。敬业就是用一种严肃、认真、负责的态度对待自己的工作，在工作中勤勤恳恳、兢兢业业、忠于职守、尽职尽责。教师要做到敬业爱岗，具体要求如下。

（1）忠诚教育事业，热爱教师职业

爱是教育的前提，没有爱就没有教育。作为幼儿教师，首先要有热爱教育事业之情，对教育事业充满热爱之心，才能热爱自己的职业，心甘情愿地做好每一项工作。

（2）确立教育理想，推进素质教育

理想是一个人前进的动力，教师要有一个远大的教育理想，并为这个理想努力奋斗，在成就幼儿的同时成就自己。此外，要认真严格地执行国家的教育方针，努力提高自身的保育教育水平，使素质教育落到实处。

（3）研究幼儿，促进幼儿全面发展

了解幼儿是开展保育教育活动的基础，而研究幼儿是了解幼儿的前提。因此，教师要有研究意识，开展力所能及的研究工作，充分全面地了解幼儿的兴趣爱好、个性特点、发展需要等，才能有针对性地开展保育教育活动，促进幼儿的全面发展。

（4）乐于奉献，对工作高度负责

教师职业是培养祖国下一代的事业，是一种幕后英雄的职业。作为教师，必须拥有一种无私奉献的心态。教师要甘为人梯，积极主动、不计得失地做好自己的本职工作。此外，幼儿的生理与心理都处于不断发展的过程中，每一件细小的事情都可能导致不可挽回的后果，所以，教师都要以高度负责的态度从事保育教育活动。如果没有一种高度的责任感，严格勤恳的工作态度是很难达到良好的效果的。

（5）敬业乐业，努力提高业务水平

敬业就是对教育事业怀有敬畏之心。敬业是为了乐业，只有教师喜欢教师职业，不把它当作一种谋生的手段，而把它当作一种事业，才会其乐无穷，达到干一行、爱一行、钻一行、精一行的境界。此外，教师要认真钻研教材，掌握教材的重点和难点，不断提高自己的保育教育能力；要更新教育观念，不断创新保育教育方法，使儿童生动活泼、主动地发展；要不断反思，使自己的教学能力、管理能力、交流能力等不断提高。

3. 关爱学生

关爱幼儿是幼儿教师职业必须遵守的道德底线，是幼儿教师职业区别于其他任何一种职业的本质特征之一。

幼儿教师对幼儿的关爱应该与其他人对幼儿的关爱不一样，这是一种带有教育意蕴的、区别于一般人文关怀的"教育之爱"。幼儿教师所面对的对象是还没有自理能力和自卫能力的相对柔弱的幼儿，幼儿教师职业的神圣就在于他是从弱者（幼儿）出发的意识。

实际上，在整个学前教育阶段，幼儿教师的"养护者"或者说"照料者"的角色都是至关重要的。这种养护和照料不仅有对幼儿生命安全的保护、对幼儿生活的照料，更包含着对幼儿情绪情感状态、人格个性品质、社会性行为等多方面心理发展的关注与呵护。

（1）对幼儿的生命安全进行保护

对幼儿生命安全的保护是幼儿教师的首要职责，也是幼儿教师对幼儿实施教育的基础。

"保护幼儿安全"可以分为以下三个方面。

首先，应随时关注幼儿身边的危险，未雨绸缪地保护好每一个幼儿，确保幼儿在园安全。

其次，应具有生命意识，注重对幼儿进行生命安全教育，通过多种方式引导幼儿认识生命、珍惜生命、热爱生命，提高幼儿的安全意识、抗险能力和自救能力。

最后，在危急时刻，幼儿教师应能挺身而出，保障幼儿的生命安全。

（2）对幼儿身心的健康发展进行呵护

关注幼儿的身心健康是幼儿教师专业特性的体现之一。幼儿教师对幼儿身体健康的关注主要在于严格执行幼儿一日生活作息制度，保证幼儿的休息和户外活动时间与质量，保证幼儿膳食结构合理，帮助幼儿纠正偏食、挑食、多食、少动等不良饮食和生活习惯等。

幼儿教师对幼儿心理健康的关注则更为突出了其专业性，不但要在组织保教活动时充分考虑到幼儿的心理特点，注重幼儿的心理感受，不得损害幼儿的心理健康，还应该关注到幼儿的一些特殊心理需求，并及时和幼儿家长沟通联系，一起帮助幼儿解决问题走出心理困境，维护幼儿心理健康。

（3）尊重幼儿的个体差异

尊重幼儿、热爱幼儿是指幼儿教师在教育教学过程中，要时时处处尊重幼儿、关心幼儿、爱护幼儿。尊重幼儿、热爱幼儿是幼儿教师职业情感的集中体现，其基本要求是：全面了解幼儿，关心爱护幼儿，对幼儿一视同仁，公平对待，对幼儿严格要求，循循善诱，尊重幼儿的人格、个性和自尊心，不讽刺、挖苦、歧视幼儿，不体罚或变相体罚幼儿，保护幼儿合法权益，促进幼儿全面、主动、健康发展。

例如，"每一个儿童都有被爱的权利，都应该得到充分的发展"，这是一个幼儿园的教师——李老师对自己教育工作的体会。李老师在日常教学中不像有的老师那样频频提问那些能说会道、反应机灵的孩子，她也经常关注那些比较胆小、很少回答问题的幼儿。有时这些幼儿可能过于紧张回答不出来，李老师就会让她先坐下来平静一下，语气温和地对小朋友说："没关系，以后经常锻炼锻炼就好了。"活动结束后，李老师还主动与幼儿交往，培养其语言表达能力，并经常与该幼儿的家长进行沟通，共同寻找适宜的培养方法。

李老师模范地践行了教师职业道德规范，是值得每一位教师学习的。李老师的做法践行了关爱幼儿这一幼儿教师职业道德规范。关爱幼儿要求幼儿教师要尊重幼儿的个体差异，平等地对待每一位幼儿，要始终信任每一位幼儿。

（4）坚持"育人为本"的儿童观

育人为本就是教师要处处替幼儿着想，想幼儿之所想，急幼儿之所急。首先，确立幼儿主体的理念，不管是管理还是教育都要从幼儿的实际与需要出发，充分发挥幼儿的主体作用；其次，保护幼儿的求知欲，使幼儿保持积极主动的学习心态；再次，承认幼儿差异，因材施教。一个幼儿一个样，这是一种客观存在，教师要充分认识这一点，并根据幼儿的实际情况设计保育教育活动。最后，注重幼儿个性发展，让每个幼儿都成为这个世界的唯一。

（5）对幼儿严慈相济，做幼儿的良师益友

爱是教育的基础，对幼儿，教师要充满关爱。但关爱并不等于纵容、溺爱，而是爱中有严，严中有爱，严慈相济。只有严慈相济，才有利于幼儿的健康成长。要做到严慈相济，首先要严格要求。"严师出高徒"，没有严格的要求，就不可能造就优秀的幼儿。其次要严格适度。严格要求是幼儿成长的前提条件，但要根据幼儿的身心特点、实际需求提出各种要求，而不是不切实际的要求。再次要体谅宽容。幼儿是处在发展中的人，所以会出现各种各样的状况。教师要体谅幼儿的难处，宽容幼儿的不足，让儿童在反思中成长，在错误中走向成熟。

（6）不讽刺，挖苦、歧视幼儿，不体罚或变相体罚幼儿

对身体有缺陷者、心智低下者、家庭背景欠佳者，不能讽刺挖苦和歧视；对保育教育活动中不遵守纪律者、过失者或表现不良者，不能体罚或变相体罚。

4. 教书育人

教书育人指的是教师在组织保育教育活动过程中，以保育教育内容为载体，强健幼儿的体质，传授给幼儿一定的科学文化知识，培养幼儿正确的审美观和健康向上的人格。教书育人是教师最核心的职责与任务。教书是育人的主要手段，育人是教书的根本宗旨，二者相辅相成，辩证统一。在保育教育活动中，教书育人的要求具体有四个方面。

（1）根据教育规律实施保育教育活动

保育教育活动有其自身独特的运行规律，一种有效的保育教育活动必须遵循幼儿的身心发展规律、知识与技能的形成规律、保教活动的规律等，否则将事倍功半。所以，幼儿教师要根据社会要求、幼儿特点、活动内容、保教规律等因素，综合考虑时间、空间、人、财、物、信息等因素，实施素质教育，才能最大限度地促进幼儿的全面发展。

（2）循循善诱、诲人不倦、因材施教

在保育教育过程中教师要注意运用各种方法诱导幼儿对学习产生兴趣，注意根据幼儿的不同特点采用启发式教学，有步骤、有顺序、由浅入深，逐步激发幼儿的学习兴趣。另外，幼儿是处于发展中的人，出现一些错误是正常的，所以教师要注意不能急于求成，而要耐心地进行引导，做到诲人不倦。

（3）注意言传身教，培养幼儿优良品行

教书育人，品德为先。所以，教师的第一要务是教人先做人，做一个社会认可的人，一个品行端庄、举止高雅的人。为此，教师自己要行得正、坐得端，为幼儿树立一个良好的品德模范。其次，教师要通过日常生活、教育活动、社区服务等路径对幼儿进行道德品质教育，使幼儿成为一个全面发展的人。

（4）全面评价，激发幼儿的创新精神

培养社会所需的合格人才，需有正确的评价观的指导。教师对幼儿的评价，要注重发展性评价，以发展的眼光看待幼儿；要采用赏识鼓励性评价，增强幼儿的自信心；而不以分数作为评价幼儿的唯一标准。

在保育教育过程中，要重视幼儿的创新精神的培养，因为只有创新才有发展，有创新才有进步。其次，要允许幼儿挑战权威，发表自己的见解；再次，保护幼儿的好奇心与求知欲，特别要鼓励幼儿的独创性行为。

5. 为人师表

我国著名教育家叶圣陶曾说过："教育工作者的全部工作就是为人师表。"这就是说教师在工作中，必须要规范自己的言行举止，要以自己的"言"为学生之师，"行"为学生之范，言传身教，动之以情，晓之以理，导之以行，做名副其实的人类灵魂工程师。

教师良好的思想品行将是教师最伟大人格力量的体现。德国著名教育家第斯多惠强调，教师本人是学校里最需要的师表，是最直观最有效益的模范，是学生最活生生的榜样。由此，为人师表这一规范就成为教师职业道德区别于其他职业道德的显著标志。不论是孔子讲的"不能正其身，如正人何"，还是陶行知说的"捧着一颗心来，不带半根草去"，都确切地阐释了为人师表的要义。

教师是以言传和身教的方式来影响和教育学生的。特别是中小学生和幼儿园的孩子们，他们不仅学习教师传授的知识和技能，还在学习和模仿教师们的穿着、声调、走路及其各种动作。在学生们的心目中，教师的言行往往就是道德的标准。一个好的教师，在学生眼中就是智慧的象征、人格的象征，可以说教师的思想、行为、作风和品质，每时每刻都在感染、熏陶和影响着学生。有人说，教师的一言一行，都起着耳濡目染的作用。

所谓为人师表是指教师要在各方面都应该成为学生和社会上人们效法的表率、榜样和楷模。为人师表是教师职业道德区别于其他职业道德的显著标志，是对教师的特殊规范，它有自己独具的特征。

第一，幼儿教师工作对象的"向师性"决定了为人师表具有鲜明的示范性。幼儿教师从教的对象是幼儿，幼儿的特点是好学习、爱模仿、精力充沛、求知欲强、有好奇心、可塑性大。他们都具有"向师性"，具有尊重、崇敬教师，乐意接受教师教导的自然倾向。幼儿教师在从教过程中，通过自己的思想和品德、知识和才能、情感和意志，在言行、举止、仪表上都在为幼儿做表率、起示范作用。

第二，幼儿教师劳动任务的性质决定了为人师表具有突出的严谨性。教师的劳动是教书育人。在其完成任务的过程中，教师一方面用自己的知识和才能来教育学生学习科学文化知识和技能；另一方面，要以自己高尚的思想品德和行为教育并影响学生，让学生在耳濡目染、潜移默化中受到感染，接受教育，懂得做人的道理，学会做人。

幼儿教师的思想、品德、言行、习惯是作用于幼儿的不可缺少的教育手段。正如俄国著名教育家乌申斯基（Ushinsky）所说的："在教育中，一切都应以教育者的个性为基础，因为教育的力量仅仅来自人的个性这个活的源泉。任何规章制度和纲领，任何人为设置的机构，不管它设想得多么巧妙也罢，都不能取代教育事业的个性。没有教育者个人对受教育者的直接影响，就不可能有深入性格的真正教育。只有个性才能影响个性的发展和定型，只有性格才能养成性格。"

教师的这一工作重任要求教师必须为人师表。幼儿教师是幼儿学习的榜样，必须时时处处、事事要为幼儿、为社会上的人们做出表率，树立榜样。同时教师们每时每刻每件事中的言行举止、行为表现也在受到幼儿和社会成员的监督。这就要求幼儿教师不仅在课堂上、幼儿园里的一切言行举止要严格和谨慎，而且要在家庭中、社会上为人们做榜样；不仅在语言、仪表上做模范，而且要在思想、行动中做表率；不仅在工作态度、学习精神上为幼儿和他人做楷模，还要在政治思想、道德品质、生活修养等方面率先垂范。

第三，幼儿教师从教的自身需求决定了为人师表具有重要的激励性。幼儿教师从教的自身需求是为了实现个人的社会价值。身教重于言教，教师的道德品质和行为举止是强有力的教育因素，是任何教科书、任何道德箴言、任何惩罚和奖励制度都不能代替的一种优秀品质。

幼儿教师的行为表达着情感，幼儿从教师行为中接受着情感的熏染和启迪。教育是人与人心灵上的相互接触，幼儿教师所表现出的道德面貌，既是幼儿认识社会、认识问题、认识人与人关系的一面镜子，也是幼儿道德品质成长的最直观、最生动的榜样。幼儿教师必须具有崇高的品德和高尚的行为，才能达到育人的目的。

为人师表这一师德规范首先激励幼儿教师用自己的行为、举止、仪表、语言为幼儿和他人做榜样，同时，为人教师的示范、榜样作用也激励和引导着幼儿学习和模仿教师高尚的品德和情操，还可以激励社会中的人们，注重自己的言行举止，学习教师的优良品格。

为人师表是古往今来对教师的永恒要求。倡导为人师表，就是要求教师言传身教，以身立教，率先垂范，做幼儿的榜样。具体要求如下。

（1）知荣明耻，品德高尚

为人师表，首先要求教师修炼内功，做一个知荣明耻、品德高尚的人。为此，要树立正确的荣辱观，抵制诱惑，守住道德底线，牢记职业操守，明确职业规范。要善于自我教育，自觉抵制各种诱惑，为弘扬社会新风，促进社会道德发展尽一份力。

（2）严于律己，举止文明

教师要严于律己，以身作则，在各个方面为幼儿树立榜样。牢记"身教重于言教"，凡是要求幼儿做到的，教师首先应该做到。教师应该衣着得体、语言规范、举止文明，充分展现教师高雅的气质、翩翩的风度，赢得幼儿的尊敬甚至崇拜。

（3）团结协作，人际和谐

关心集体，团结协作，尊重同事，尊重家长，达到人际和谐。首先，正确处理个人与集体的关系，牢固树立大局意识，自觉维护集体的利益，关心集体的发展，树立校荣我荣、校耻我耻的观念，和集体共同成长。其次，正确处理与同事的关系。不互相拆台，互相贬低，倡导双赢、互利的合作关系，达到互相学习，共同提高。再次，正确处理与家长的关系。教师要尊重家长，尊重他们的意见和建议。切忌趾高气扬，随意指责训斥家长。

（4）恪尽职守，廉洁从教

明确自己的职责所在，并努力完成而没有丝毫怨言，拒绝牟取不正当利益，拒绝有偿家教。有些教师上班时马马虎虎，敷衍了事，下班后生龙活虎，干劲十足。幼儿、家长苦不堪言，这就根本对不起"为人师表"四个字了。

6. 终身学习

终身学习时代发展的必然，终身学习能使我们解决保育教育工作中的新问题；能满足我们生存和发展的需要；能使我们得到更大的发展空间，更好地实现自身价值；能充实我们的精神生活，不断提高生活品质。作为幼儿教师，只有终身学习才能提升自身的素质，提高专业技能，适应不断变化的保育教育工作的需要。具体而言，幼儿教师的终身学习包含如下几个方面。

第一，师德学习，不断加强自身道德修养。

第二，教育科研知识的学习，教师应通过教育科研活动，在进一步研修专业知识、专业技能的基础上提高教育科研能力，最终成为学者型教师。

第三，反思能力的培养，教师反思能力的培养能将教师的教育观念由静态转向动态，更能成为教师进行终身学习发展的资源动力。

第四，现代教育手段的掌握。

第五，对学生和自身的研究，教师在学习中认真分析自己的现状，不断提高自己的调控能力，以良好的心态投入到保育教育之中。

第二节 幼儿教师职业行为的影响因素

一、职业因素的影响

(一) 职业认同

职业认同是幼儿教师职业行为的重要保护性因素，能够促进积极职业行为，抑制消极职业行为的出现，应作为教师教育与管理的关键抓手。

职业认同既是一个过程，也是一种状态，且是动态发展的。职业认同不是一种固定不变的东西，而是一个对自己与他人或环境的意识过程，是一个复杂的、个体在同时扮演的多种角色间不断调适、平衡的动态过程。职业认同也是一种持续进行的过程，个体在此过程中利用各方面的资源不断进行自我建构。

职业认同受诸多因素的影响，是一个多维度相互作用的产物。史铁尔将职业认同放在一个社会大背景中进行研究，认为职业认同主要包含政府的认同、公众的认同、服务对象的认同、自身的认同等，是多种认同的综合。库柏（Cooper）等人认为，历史的、社会的、心理的、文化的因素都会对个体的职业认同产生影响。我们认为，职业认同是在一定的社会文化背景下，在长期从事某种职业活动过程中，在对该职业活动的性质、内容，职业社会价值、经济利益和个人意义以及对职业用语、工作方法、职业习惯与职业环境等都极为熟悉和认可的情况下形成的。职业认同程度的高低，会直接影响员工的忠诚度、进取心、成就感和事业心。

教师职业认同是一个多维度结构，教师职业认同的核心要素包括职业价值感、职业效能感、职业归属感和职业意志。其中，职业价值感主要反映个体对教师职业的意义、作用、价值的认识和评价以及由此产生的职业认同。职业效能感主要反映个体对自身能力与教师职业是否匹配的认知评价以及由此产生的职业认同。职业归属感反映的是教师个体对自己与其职业的关系的积极感受和体验，指教师个体意识到自己属于教师群体中的一员，经常有与教师职业荣辱与共的情感体验。职业意志则是个体在职业效能与职业价值的基础上衍生出的行为倾向与目标期望，是职业认同感的结果层面。

已有研究结果表明，影响教师职业认同的因素包括很多方面，既包括教师本身的，如个人的成长经历、兴趣爱好和价值观等，又包括环境因素，如工作环境、自己付出的回报、社会对于职业的评价等。还有的研究者强调，个体对于教师职业的认识以及职业能力也是影响教师职业认同的重要因素。

教师通过接受教师教育及不断参与教师共同体的社会文化实践，其自我意识也逐渐从一个教师职业的局外人转变为教师群体的自己人，在这过程之中，教师的职业认同不断形成和发展，对自身教师身份及其教师职业产生归属感，并在职业领域建立起自我同一性，是教师从业的心理基础。已有实验研究发现，具有不同职业认同的教师具有不同的社会认知加工和心理表征特征，而教师对职业生活事件的反应（如学生的某行为）取决于他们对职业事件的心理表征，进而带来不同的职业心理健康状态和职业行为反应。

相关研究发现，职业认同能够显著预测幼儿教师的消极职业行为和积极职业行为，这进一步深化了我们对教师职业认同功能作用的认识，说明职业认同是教师职业行为的重要保护性因素和心理资源。

鉴于职业认同的重要性，这提示对于幼儿教师的教师教育与管理应以职业认同作为关键抓手，促进幼儿教师自我同一性的建立，从而为培育幼儿教师的积极职业行为和抑制其消极职业行为的出现提供更多的心理资源。

（二）工作压力

工作压力是幼儿教师职业行为的重要风险性因素，能够诱发消极职业行为，抑制积极职业行为的出现，教育管理部门应加大工作压力的监测和调控力度。

幼儿教师职业压力是指因幼儿教师职业所赋予的职业要求等而使教师个体所产生的各种压力，压力源不只局限于教育、教学情境。由于多种因素的影响，目前的幼儿教师承受着较多的压力。调查研究的结果显示，幼儿教师面临的工作压力主要表现为困扰较多、疲劳感较深、成就感较低、内疚感较强、同事关系满意度较低；幼儿教师的职业压力会引起一系列的生理、心理问题，社会问题，工作问题（职业倦怠、调离工作）及家庭问题，也会严重影响幼儿的身心发展。

根据调查研究的结果，我们把幼儿教师职业压力源分为以下几类。

第一，工作本身的压力。幼儿教师的职业压力主要源于工作。繁重的工作是幼儿教师主要的压力源之一。

其一，幼儿教师的工作内容繁杂，工作量大。幼儿教师的工作压力主要表现在工作时间长、负荷量大、工作内容烦琐等方面。幼儿教师每天的工作时间平均在 10 小时左右。幼儿教师每天不仅要设计、准备和组织教育教学、游戏和生活活动，还要完成各种计划、记录、小结、家园联系手册等。

其二，教育对象复杂，工作负担重。幼儿教师的教育对象有其特殊性。幼儿年龄小、自我照顾和保护能力弱，是一个特别需要保护的群体。照顾这一特殊群体使幼儿教师肩负更多的责任。

一是幼儿大多具有好奇、好动、好模仿等特征，他们缺乏安全意识，很容易在日常生活和户外活动中发生意外。因此，幼儿教师要经常保持注意力高度集中，时时提防幼儿因摔跤、碰撞而受伤。

二是幼儿教师承担着启蒙教育的重大责任。不同年龄、不同个性的幼儿，对教育侧重点的要求也不尽相同。教师必须全面了解其身心发展的特点，根据其个性差异展开教育活动。

三是"孩子多，负担重"也是幼儿教师压力大的一个重要原因。许多普通幼儿园的班级幼儿数量严重超过国家规定的标准，有的一个班有 40~

50 名甚至更多的幼儿。班级幼儿人数过多，必然增加教师的工作量，且面对这么多自控能力低的幼儿，教师在组织活动时十分艰辛。

其三，工作目的模糊，心理落差大。不少幼儿教师对自己的工作价值存在很大的困惑：我这样做对孩子有什么帮助？这么忙是为什么？幼儿教师是教育者还是保姆？这些疑虑反映了幼儿教师工作价值失落的痛苦。自我期望与现实的差距会使幼儿教师产生心理落差，富有理想、热情洋溢的教师对工作更投入、更渴望成功，但工作中的所得往往与他们的投入不相符，因而更容易产生心理压力。幼儿园要求教师给幼儿高质量的教育，却对教师的教育方法和课程资源有所限制，这也会使幼儿教师产生迷惘，目标模糊。

第二，人际关系的压力。幼儿教师工作中容易带来压力的人际关系就是与同事和家长的关系。三者能否相互配合，形成良好的工作氛围，对幼儿教师的心理健康和日常工作的开展均有重要的意义。

其一，与同事交往的压力。幼儿教师大多是女性。有些女性爱面子、好较真，常会因一些小事闹矛盾，使同事关系变得紧张。紧张的同事关系会给教师带来一定的心理负担，引起不愉快的情绪体验，造成一定程度的心理压力。园内的各种评比以及评职晋级也会在无形中加大同事之间的竞争，带来一定的人际关系压力。

幼儿园的管理者大多是从一线教师中选拔出来的，具有丰富的教学经验。但是，有些管理者缺乏科学的管理方法，常因一些工作上的事情与幼儿教师因为观点不同产生隔阂，甚至存在敌对关系。来自领导的"特别要求"会使幼儿教师产生消极的心理。

其二，与家长交往的压力。现在的孩子大多是独生子女。幼儿在园常会因抢玩具、争座位之类的事发生肢体冲突，也会不小心摔跤、擦破皮，还有的会因为行为问题被老师批评、"惩戒"。有的幼儿会回家"告状"，因为教育观念的问题，家长往往就会找教师理论，甚至发生冲突。有研究发现，幼儿教师觉得比较棘手的问题之一就是如何和家长沟通。

第三，组织管理的压力。组织管理是影响教师职业体验和职业态度的重要因素。当前幼儿园组织管理中最突出的问题是专制、外行管内行、工作中的形式主义、不切实际、不讲实效等。这些管理制度和管理方式已不能适应幼教事业的发展，束缚了教师的专业成长，影响了教师的教学自主权，容易诱发教师产生焦虑甚至敌对情绪。而经常组织的公开课、教科研成果要求和各种考核也会增加幼儿教师的压力。

从现实角度看，目前我国幼儿教师工作压力较高，工作压力会显著负性影响幼儿教师的职业认同。幼儿教师职业的独特性注定了幼儿教师工作的烦琐细致性。

幼儿教师不仅要处理课堂管理和与个别学生的磨合，处理平衡好工作与私人生活，并还要优先满足工作需要。若在这个过程中再增加一些应付性、检查性、行政性的事务，无疑是雪上加霜。

相关领域的研究发现，工作压力是一把双刃剑，适度的工作压力会对员工行为产生积极影响，但过度的工作压力会对员工行为产生消极影响。即工作压力除了会通过损害职业认同而减少积极职业行为外，还会增加员工的焦虑感。处于焦虑情绪下的员工会出现自我控制资源损耗，更容易无暇考虑道德规范，从而做出不符合道德的消极职业行为。

越来越多的国外岗前培训课程从新教师如何减轻压力的方面入手，加强教师的专业发展，促进职业认同，增强教师职业伦理行为建设。因此，我国的教育管理部门需要加大对幼儿教师工作压力的实时监控，并加大对其工作压力的调控力度，严肃查处"班级规模过大"等违规现象，让幼儿教师"轻装上阵"，从而以更多的热情全身心地投入到幼儿教育事业中去。

（三）工资收入

幼儿教师的工资收入虽然不能显著的线性预测其职业行为，但工资收入对职业行为的影响存在遮掩效应和边界效应，相关部门应改善幼儿教师工资普遍偏低的现状。

当前我国幼儿教师中超过三分之一表现出离职倾向。提升幼儿教师待遇问题已引起广泛关注。相关研究显示，工资收入虽然与幼儿教师的积极职业行为存在显著正相关，但与消极职业行为无显著相关，而且在加入职业认同、工资压力等变量后，幼儿教师的工资收入也不能显著预测其积极职业行为。这可能说明教师的工资收入对其职业行为的预测作用受到了职业认同和工作压力的影响，出现了遮掩效应。具体来说，工资收入在一定程度上体现出幼儿教师对工作投入的回报程度，可以体现出其工作的价值和意义，这会促使教师更加珍惜自己这份工作，更好地面对工作压力，从而增强其职业认同，激励其更好更积极地投入工作。

同时，工资收入对职业行为的影响还可能存在一个边界效应，即当工资收入太高或太低时，其影响的效力将会缩减至可以忽视的程度。这提示相关部门需要提高幼儿教师的薪酬待遇，切实改变幼儿教师工资待遇普遍偏低的现状，但同时也应清醒地认识到薪酬待遇的提高并不是解决幼儿教师职业行为和职业心态的关键。相比薪酬待遇，提升幼儿教师的职业认同和调适其工作压力具有更重要的作用。

二、个人因素的影响

（一）职业能力

职业能力是影响幼儿教师职业行为的重要因素，优秀的职业能力会推动积极职业行为的产生，因此要特别注重幼儿教师职业能力的提升与发展。

职业能力是人们从事一门或若干相近职业所必备的本领，是个体在职业、社会和私人情境中科学思维，对个人和社会负责任地行事的热情和能力，是科学地工作和学习的基础。按照不同的分类依据，可以对职业能力从不同的方面进行分类。不管如何分类，职业能力都应该被理解为一个"整体"，而不只是"各部分之和"，指个体通过融合一系列知识、技能和态度来发挥更具技术含量的作用，而不仅局限于完成个别任务。

教师职业能力是指教师顺利完成教学活动所必需的特殊能力，是教师通过教学实践将个人能力和教学所需的知识、技能相结合而转化成的一种职业素质。教师作为一种职业，其职业能力必然也包括专业能力、社会能力、发展能力，也遵循知识、技能、品性和能力形成的基本规律。由于其职业活动对象及工作性质不同，其职业能力构成与其他职业相比又具有一定的特殊性，这种特殊性主要表现在教师的专业能力上。

在教学工作开展过程中，教师要加强知识与技能的学习，推动职业能力发展，从而对自身职业行为产生积极的影响。

（二）职业倦怠

职业倦怠是幼儿教师职业行为的重要影响因素，不仅会对积极职业行为产生一定的抑制作用，而且会促使消极职业行为的产生。

幼儿园教师职业倦怠是指：幼儿教师在工作压力过大、付出与回报不对等的工作环境中，产生的幼儿教师角色异化的极端形式，是在工作压力过大、职前期望与实际经历存在明显差距的状况下，出现的无意义、无权力等角色异化感等问题。幼儿教师一直以来都面临工作量大、工资低、社会地位低的窘境，成为职业倦怠的高危人群，需要社会高度关注。

职业倦怠根据其程度不同，一般要经历五大阶段：第一阶段，身心疲惫，伴有轻度的睡眠障碍，起床后会紧张，但工作中表现比较正常，难以察觉。第二阶段，疲惫、焦躁不安、情绪变化很大，容易为小事情动怒。自己能察觉到自己的变化。第三阶段，个人明显紧张，工作中会情绪低落，没有积极性，容易出现失误，对工作感到倦怠。第四阶段，较为明显地觉察到身体不适，出现胸闷、气短、出汗。第五阶段，出现孤独、抑郁的情绪，觉得做什么都没有意思，越来越不想工作。以上是日本学者小杉正太郎对职业倦怠产生过程的分析，由此可见，职业倦怠是一个缓慢的过程，在倦怠初期，如果能够及时发现，及时干预，就可以较好地预防。因为在职业倦怠初期往往都只是出现消极情绪，很多人不太重视这种情绪，没有及时去调整，以致后来酿成大患。

近年来，相关学者开始研究不同阶段教师"职业倦怠"问题，其中幼儿教师已经成为职业倦怠的高危人群。幼儿教师的职业倦怠主要有以下原因。

①工作超负荷。教师普遍感到工作量大，完成日常的教学工作之后，还要完成许多文案工作（in 备课、教育笔记、成长档案等）的撰写。而少数骨干教师为了在自身发展的基础上，带动整个教师群体的发展，努力承担着许多教学、科研任务，而导致了工作超负荷。

②对安全事故的担忧。幼儿园以"安全第一"为前提，导致了所有教师面对一群孩子所产生的一种安全恐惧感。

③职业期望过高。这主要表现在新教师和转岗教师中，她们对幼儿教育理解不够深透，踏进幼儿园所面临的教育现状和专业发展不相适应、不协调所导致。

④从个人家庭角度来看，作为社会成员，幼儿教师充当着各种各样的社会、家庭角色。比如女性幼儿教师，她们不仅是幼儿园的教师，要尽幼儿教师的职业职责，还有自己的家庭角色，在日常生活中还要尽妻子、母亲、媳妇的职责。各种角色共同带来的压力使得幼儿教师在工作中易生倦怠感。

⑤自我发展目标不明。这主要体现在转岗教师对幼教理论和教学形式不熟悉，因而导致自身专业发展比较缓慢而产生的一种茫然情绪。

由此可见，幼儿教师中不同程度地存在着职业倦怠现象，且有不同的表现。职业倦怠不仅会对教师个体身心产生不良影响，而且还会严重影响幼儿教师的职业行为。

　　幼儿园可以通过吸纳男教师来为幼儿教师队伍输入新鲜血液，充实幼儿教师队伍，改变单一的女性文化氛围，同时，提高幼儿教师专业素质，端正态度，重塑职业自豪感，灵活准确地自我定位，划清工作与生活的界限，恰当地处理好它们之间的关系，使其更好地胜任当前工作，促进积极职业行为的产生。

第三节　幼儿教师职业能力提升的方法

一、宏观层面

（一）加强上层激励

　　相关部门通过物质和精神两个层面的激励方式，以不断提高幼儿教师参与教研活动和继续教育的积极性，进一步使他们的职业能力和专业素质得到提升，从而促进幼儿教师的专业发展。

　　此外，政府要加强对教育规范化管理，包括幼儿教师的任职资格和培训的管理，做到教育公平。各层教育机构和各类相关教育主体应该给予幼儿教师更多的支持和关注。

　　一方面，要加强幼儿教师的任职资格的规范性，依据《教师资格条例》实行幼儿园园长、教师资格准入制度。另一方面，保证幼儿教师在职称晋级、职后培训等方面的有效开展。各级教育行政部门应当为幼儿教师的进修学习提供更多的机会和条件，在教师的进修学习和教育科研活动的参加方面给予一定的经费支持。

（二）加强继续教育和专业培训

　　为培养造就高素质专业化创新型教师队伍，切实提升广大教师立德树人能力，幼儿园应当严格按照"国培计划"的总体部署和具体要求，转变培训思路，明确培训主题，为幼儿教师创造良好的学习环境和便利的生活条件，保证"国培计划"高质量高水平的要求落到实处。

　　各级教育行政部门和幼儿园还应鼓励、支持教师参加继续教育，如组织教师参加网络培训、开展在线学习，鼓励教师进修学历、考取职业资格证书，加强"双师型"教师队伍建设等。

此外，幼儿园可以每年组织各类职业培训，让教师走出去，把专家请进来，通过由教育专家、骨干教师领衔的专题培训模式，开阔视野，转变观念，增进交流，使幼儿教师能够掌握最新的教育理念，提升现代教育技能，从而多层次、多角度提升幼儿教师的职业能力。

二、中观层面

（一）关注幼儿教师的职业生涯规划

幼儿园为幼儿教师提供教师职业生涯规划方面的知识。教师职业生涯规划有利于教师全面深入地了解自己的专业发展状况及发展方向，找出自己在专业发展上的长处和短处，订立合理目标，扬长补短，激发其在专业提升上的需求。

目前，幼儿园对于教师职业生涯规划的重视度还不高，引导幼儿教师进行职业生涯规划的也还比较少。

据了解，在为数不多的引导幼儿教师进行职业生涯规划的幼儿园中，教师对于职业生涯规划的认识也只是停留在表面，她们制定职业生涯规划的目的并不明确，往往只是为了应付幼儿园的要求，职业生涯规划的制定对她们的专业发展不仅没有起到应有的作用，反而成为她们的另一项负担。

教师不仅对于职业生涯规划的意义认识不够，而且对于职业生涯内容及目标的了解也不深。因此，帮助幼儿教师理解自己职业内容，可以使幼儿教师真正从职业生涯规划中获益。

另外，它也可以解决幼儿教师对自己的职业前途没有信心以及专业发展盲目的状态，使教师以发展的观点看待自己的工作和前途。

（二）积极营造园内职业学习氛围

幼儿园在日常管理中要营造轻松、愉快、向上的文化环境和整体氛围，从常规教研活动出发，如开展幼儿教师职业能力提升主题研讨会，通过共同备课、互相听课和评课、观摩教学、教学经验交流等形式，营造学习氛围，加强教学研究，并找出优点、指出不足，切实提升幼儿教师的职业能力。还可以构建分段式的教师职业能力培训体系，比如对于新入职的幼儿教师，可以从入职开始，首先进行职前培训，围绕基础理论、基本授课技能等，夯实基础。

之后再通过青年教师导师制度，充分发挥优秀教师的传、帮、带作用，让新入职的幼儿教师迅速进入自己的职业角色。经过一段时间的教学实践后，再通过新入职幼儿教师的亮相课或出徒课，检验新入职幼儿教师的教学水平。这样可以快速、系统地提升新入职幼儿教师的职业能力，并将其培养成一名合格的幼儿教师。对于成熟教师，则可以通过各类教育教学培训、先进经验讲座、特色课、骨干课的方式，使其成长为骨干教师，发展为名家名师。

三、微观层面

（一）加强理论与实践的经验积累

大多数的教育理论只是专业化的知识和概念，如果幼儿教师只注重学习理论，那么在真正开展集体活动时，势必会出现偏离实际的情况，最终导致其教育能力止步不前。所以，为了让幼儿教师可以提升教育技能，幼儿园应主动丰富教育结构，以便教师在充分掌握理论知识的同时，以实践的方式检验所学知识，逐步完成理论与实践的相互融合。

幼儿教师可以从以下三个方面实现理论与实践经验的积累。

首先，在学习了新的教育理论后，幼儿教师要及时将新的教育理论与幼儿集体活动的实况进行整合，创建出新颖的集体活动方案，并在实际活动中应用，以便通过实践活动积累教育经验，逐步提高教育技能。

其次，幼儿教师可以观摩其他同行实施的教育活动，学习其他同行安排活动的经验，并在这些活动中了解幼儿的心理变化和学习情况，从而设计出更符合幼儿身心发展规律的活动方案。

最后，幼儿教师要认识到当前教育理论中存在的不足，主动地从自身的实践经历中总结经验，形成实用性的教育理论，促进自身教育理论的丰富。

实践是检验真理的唯一标准，而理论是形成实践行为的基础。因此，在学习了新的教育理论和教育思想后，幼儿教师应注重理论与实践的结合，并主动从自身的教育经验出发总结教育理论，在提高自身实践教育能力的同时，完善教育结构。

（二）提升思想道德素质

幼儿园时幼儿成长的一个关键环境，幼儿尚未具有较明确的判断能力，教师在幼儿园的一言一行都有可能对幼儿产生影响，因此，幼儿教师要提升自身的思想道德素质，规范自身的言行。具体措施包括以下几方面。

首先，幼儿教师要热爱所从事的事业。拥有一份真诚和仁爱的思想是从事教育工作的必要前提。幼儿教师在从事这一职业前或在职期间，要时刻保持积极乐观的心态，拥有健康的思想去认真对待每位孩子。

其次，幼儿教师要树立正确的价值观和世界观。正确的价值观和世界观对人生具有重要的指导意义。作为幼儿教师要有责任感，积极学习国家相关的幼儿教育的政策，还要用马克思主义思想来武装自己的头脑。

最后，幼儿教师要充满爱心。作为幼儿教师要用一颗诚挚的心来呵护每一位孩子，不因为孩子的家庭背景进行区别对待，而要用真诚的爱心来对待每一位孩子。同时，幼儿教师要具有很强的责任感和爱心。

（三）加强专业知识和能力

随着科学技术知识和理念的不断更新，作为幼儿教师要采取措施来不断提升自身的专业知识和能力。因此，幼儿教师要积极学习，不断更新知识，增强能力，以不断适应工作变化。

同时，还要养成良好的学习习惯，掌握先进科学的教育方法和教育理念，能够是婴幼儿教育事业发展的需要。具体措施有首先，幼儿教师要拓展自身专业发展的空间。拓展专业发展空间的途径主要有系统自学、分析经典教学案例、教学与科研的密切结合。

因此，幼儿教师创造条件或利用现有的条件进行专业学习和实践教学，以使自身的综合素质和能力不断得到提高。在培训或继续教育中，不断理论知识结构，并运用所接受新的理论分析教学中遇到的实际问题，积极参与讨论交流在工作过程中，不断提高自身观察和发现问题的能力，结合自己的教学实际，进行科学研究。

幼儿教师所从事的工作是一种富有活力且丰富的教育活动，有较多的感受和经验。幼儿教师要善于抓住时机，准确找出问题的切入点进行研究，实现由问题—信息反馈—调整—实践的良性循环。只有这样才能将外在的、理念性的知识内化为自身的教育方式，才能使自身的专业知识和能力得到发展。

（四）全面提升反思能力

要想提高教师的职业能力，幼儿园就要提升幼儿教师的反思能力，以便幼儿教师可以从自身的教育指导案例中总结经验。具体来说，幼儿教师应形成一定的反思意识，若开展集体活动后没有达到预期活动效果的情况，应及时反思活动方案是否存在问题。在进行反思的同时，幼儿教师也要及时创新活动方案，从而带给幼儿新鲜感，增强幼儿对教师的信任感，在遇到生活问题时主动向教师求助，获得教师的引导和帮助。

例如，在指导幼儿开展了绘本阅读活动后，教师应反思活动方案、总结教育经验，不断地调整集体活动的实施方式。

首先，教师可以先请幼儿谈谈自己的学习体会，倾听幼儿的学习感受，并引导幼儿提出一些教育建议，然后结合幼儿的意见进行下一阶段的活动安排，让集体活动更加贴近幼儿的兴趣爱好。

其次，教师要自主反思、总结开展绘本阅读活动中存在的问题，如幼儿阅读兴趣不高、幼儿理解效果较差等问题，以便在之后的绘本阅读活动中进行有针对性的改进。同时，幼儿教师也可以请其他教师作为旁观者观看自己开展活动的情况，让其他教师站在专业的角度提出教育建议，以便教师可以结合专业指导意见进行有效的反思。

基于上述案例，幼儿教师应从多元角度收集教育建议，并结合幼儿和其他教师的意见反思自己开展活动的过程，养成良好的教育习惯，记录自己在开展活动时暴露出的各种问题，并在解决这些问题中不断提高自身的教育能力，更好地设计教育方案。

第四章 当代幼儿教师专业发展的影响因素及发展阶段

当代幼儿教师是基础教育的奠基者，幼儿教师的专业化水平直接影响基础教育的水平。幼儿教师专业化发展不仅关系到幼儿教师个人、幼儿、幼儿园，而且还是关系到整个幼儿教育事业发展的一件大事。但是现阶段我国幼儿教师的专业化发展面临一系列的困境，其影响因素大致可以分为社会的原因、幼儿园的原因和幼儿教师自身的原因。在促进幼儿教师专业化发展的过程中，需要政府、幼儿园和幼儿教师的协同努力。本章分为当代幼儿教师专业发展的现状分析、幼儿教师专业发展的影响因素分析、幼儿教师专业发展理论及其发展阶段三部分。主要内容包括：幼儿教师专业发展的宏观现状、幼儿教师专业发展本身的困境、对幼儿教师专业化的认识等方面。

第一节 当代幼儿教师专业发展的现状分析

一、幼儿教师专业发展的宏观现状

（一）幼教师资地区差异大

在我国，学前教育地区发展极不平衡，发达地区的幼儿教师无论在对专业发展的支持方面还是培训的机会方面优势很明显，而欠发达地区的幼儿教师作为弱势群体，其生存和专业发展遭遇困境。

1. 专业引领困难

农村幼儿教师相比于城市，工资待遇与劳动付出比例严重失调。尤其是欠发达农村地区一方面工资低，还时有拖欠，几乎无待遇可言；另一方面教师幼儿的比例严重超标，无论是时间还是工作强度都超过城市幼儿教师和农村小学教师。再加上骨干教师相当部分属于聘用，欠发达地区骨干幼儿教师纷纷进军城镇或转行，造成人员流失，严重破坏了农村教研活动的开展。骨干教师在工作中积累的宝贵实践经验，正是进行理论研究所必需的，这些经验的流失，给理论研究带来了釜底抽薪式的困难。

2. 专业发展起点低

欠发达地区幼儿教师以中专学历居多，专业不对口，并未受过正规幼儿教育训练，不具备幼儿教师资格的教师占很大比例，较低的专业素质基础降低了幼儿教师的自主学习和提高的能力，因此影响幼儿教师的专业提升。

（二）缺乏专业发展的持续动力

幼儿教师为何会缺乏专业发展的持续动力？首先，幼儿教师的工作责任重、压力大，烦琐的事物耗损他们思考和学习的经历和时间；其次，对于是否参加培训、何种培训没有自主权，教师参与培训常常处于被动接受的地位，既没有选择的权利也因为要考评而不得不参加培训，长此以往，必然造成内在动力的缺失；最后，专业意识的弱化或对自身发展认识存在偏差，造成了幼儿教师专业水平停滞不前。

幼儿教师对自身专业发展认识上的偏差主要表现在：入职动机不足，准教师选择幼儿教育事业，有的是因为在校期间的专业，有的是因为喜欢儿童等，并没有将幼儿教师当作事业来看待，而只有能充分认识到幼儿教育的重要性，幼儿教师的专业性，才会产生提高专业素质的内在驱动力，即使遇到压力和困难也能积极地面对；对自身专业发展潜力的认识不足，有些幼儿教师虽然能认识到自己专业的重要性，容易抱着得过且过的消极心态，不再去积极提高专业素质；对自身专业的认同度低，尤其是部分学历层次低或者处于欠发达地区幼儿园的教师，仍然认为幼儿教育只是照顾小孩、哄骗小孩，忽视了教育的作用。

（三）社会对该职业的认同度不高

幼儿教师专业地位提升的诉求与社会对该职业的认同度不高而产生的矛盾。幼儿教育处于基础教育的奠基地位，而幼儿教师的专业地位也处于教师系统的最底层。一方面，随着我国早期教育事业的迅速发展，国家对于幼儿教师的专业要求越来越高，社会也迫切需要高质量的幼儿教育，提升幼儿教师的专业地位成为必然，这与公众对该职业的低认同度极不相符，而另一方面，幼儿教师在公众观念中的形象类似于"保姆"，照顾好孩子最重要，拥有什么样的专业素养还在其次。

造成对幼儿教师职业认同度低的原因是多方面的，传统观念的制约是最根本的原因，首先在很多国家，一般人认为儿童的年龄愈小，其工作人员所需的训练与必须具备的能力也就愈少，薪资福利也就愈低，工作环境也愈差。

其次还与职业特点相关，幼儿教师工作分工粗、内容烦琐，对幼儿的照顾是全方位的，而"学高为师""体脑分工"的传统观念对人们职业评价的影响很深，使得幼儿教师的社会专业地位较难得到认同。

幼儿教师处在高诉求与低认同之间，成了矛盾的中心。幼儿教师的专业发展是提高幼儿教师专业地位的有效途径，国家在追求提高对幼儿教师的要求的同时，不能忽略社会对该职业的认同度，否则幼儿教师的专业发展将成为教师的困惑。

（四）师资团队职业倦怠现象普遍

"职业倦怠"专门用以描述那些服务于助人行业的人们因工作时间过长、工作量过大、工作强度过高所经历的一种疲惫不堪的状态，一般包括情感衰竭、去人格化、无力感或低个人成就感。

幼儿教师是教师群体中需要面对年龄最小教育对象的教育工作者，即：受社会的委托在幼儿园中对 3 至 6、7 岁幼儿期儿童的身心施加影响，从事教育和保育工作的教育工作者，他们的职业倦怠现象一般出现在 2 年以后。幼儿教师工作烦琐、单调、不受尊重，责任大，工作中经常处于紧张状态，容易引起精神疲惫，即使是同事和领导，单一的性别结构也无形中增加了沟通交往的压力。

另外，非学前专业的幼儿教师职业倦怠现象呈现普遍化和提前的趋势，求生存阶段就已经出现。在入职最初阶段，她们往往对幼儿充满好奇，觉得工作具有挑战性，此时专业成长速度很快，而一旦感到已经胜任或认为自己无法胜任工作时，就会采用漠然或逃避的态度面对问题，产生职业倦怠。

职业倦怠首先体现在教师缺乏职业成就感和幸福感，其次是缺乏从业的热情，对专业发展前途感到无望，第三是专业发展内在驱动力缺乏，这些阻碍着幼儿教师的专业发展。职业倦怠使幼儿教师对教育教学中的问题、学生问题和其他一些突发事件的敏感性降低，教学机智和反思性实践受到极大的阻碍。而反思是幼儿教师在实践中实现专业自主发展的最主要途径，反思性实践受到阻碍，影响了幼儿教师的专业发展。教师的专业发展是一个贯穿整个生涯的历程，期间有高潮也有低谷，职业倦怠只是其中的自然现象，如能认真分析，积极采取措施就能从职业倦怠中走出，重新追求专业发展。

（五）幼儿园办园力量层次、目的不一

目前，我国的幼儿园办园力量呈现多元化，除了公办之外，民办、公私合营、中外合资也加入办园力量中，由于国家政策的支持，在有些地区还成了办园的主要力量，对于这些办园力量，政府、教育部门的规范管理不够。有的幼儿园以追求经济效益为办园的主要目标，忽视了教师专业发展的要求，忽视了对幼儿发展应承担的责任。

由于办学目的的差异，各类幼儿园之间追求更强的竞争性，为了吸引更多的生源，幼儿园的管理者往往多采取以家长为中心的处理方式进行管理，这样的处理方式常常不是激化家长、幼儿、幼儿教师三者之间的矛盾，就是违背幼儿身心发展的需求，教师"奔波"于幼儿与家长之间，幼儿园缺乏民主的环境支持和有效的专业引领，极易导致幼儿教师的发展困惑。办园目的偏离教育，直接影响了教师从教的成就感，使幼儿教师的专业发展成为一纸空谈。

幼儿园办园目标的不同造成了公办园与民办幼儿园在师资力量上的不同，尤其反映在科研力量上的差异，民办幼儿教师科研能力提高困难。民办园的幼儿教师在学历上偏低，接受的教育重技能而轻理论，科研能力上缺乏系统的训练，对其重视也不够，基于师资状况，即使民办园具备重视科研的良好意愿，也会心有余而力不足。而且，民办园仅依靠自身邀请专家长期指导是不可能实现的，需要政府、教育部门提供帮助。

政府、教育部门对幼儿园管理不足首先体现在岗位准入的要求上，对社会力量办园的教师入职要求过低或无要求，在教师专业发展的规划上明显不足，忽视对教师的专业发展的全面规划。全国 31 个省（自治区、直辖市）除北京和天津还保留专门的学前教育管理机构外，其他 29 个省（自治区、直辖市）陆续在机构改革中撤并了学前教育专门管理机构，只设一名专职或兼职管理干部。市（地）县级幼教管理力量更为薄弱，绝大多数管理干部身兼数职，难以履行基本的管理职能。

另外，在政府、片区组织的幼儿教师不定期专业培训中，偏重于教师的专业知识与技能发展，很少涉及教师的专业态度与专业素养的改善。这些幼儿教师的专业发展缺乏教育部门的有效规划和引领，使她们对自身的发展失去希望。

（六）幼儿教师职前教育和入职评估的不足

幼儿师范教育机构培养模式单一，入职前专业评估不足。目前幼儿师范教育机构包括中等师范、高等师范大学、教育学院等，有利于培养幼儿教育机构多样性，而各幼儿师范机构往往采用统一化的培养模式，缺少个性和特色化的课程，对于何为合格的幼儿教师缺乏系统性的认识，难以满足多样化幼儿园的需求。

部分中师甚至高等幼师过于强调专业技能，如强调钢琴、美术、舞蹈等训练而忽视了人才的全面发展，还有的大学只重视理论而忽视技能和实践课，使毕业生踏入工作岗位后技不如人。甚至连直接关系幼儿教师实践能力的教育实习，一般也只有短短几周时间。课程设置上更是参差不齐，各校根据自身开课条件办学目的开设课程，教育科研、教育实验、多媒体教学等现代化的技能缺乏锻炼。

缺乏系统性的评估，普遍忽视了性格评估在专业评估中的重要性。性格在职业选择、优秀幼儿教师素质中均占有重要位置，幼儿教师在入职初期会认为性格因素对职业选择的影响不大，但是入职之后她们会改变对性格因素的看法。

个人性格直接关系到是否有适宜的人才加入幼师的队伍中来，关系到幼儿教师队伍的稳定性，因此在入职前应放在专业评估的首位。系统性的评估还应依据相关专业发展理论，对教师的不足和职业生涯规划提出建议，为教师尽快适应幼儿园的工作提供参考。

（七）在职培训不能符合新型幼儿教师的要求

在职培训机会太少，教育部《中小学教师继续教育规定》（包括幼儿教师）要求，新任教师培训时间应不少于120学时，教师岗位培训每五年不少于240学时。

参加培训的人数远远不能满足提高教师队伍素质的要求。面向幼儿教师一刀切的短期培训已经不能满足提高幼儿教师自身素质的需要，每位教师对培训的需求不同，采取一刀切的方式削弱了幼儿教师参与培训的动力。培训不仅要寻求方式上的多元化，而且对于教师专业发展阶段和需求的评估是决定培训的必经过程，已经迫在眉睫。

在职培训无人买单是影响培训实效的又一重要原因。幼儿园教师培训一般由幼儿园所在各学区教研组统一安排，虽然可以每星期一至两次，但是培训内容多为讨论幼儿在园一日活动的组织，没有人对教研活动的组织和效果负责。而幼儿园领导，尤其是农村民办幼儿园领导对在职培训也不够支持。

采用什么样的方式培训教师，教师就会用什么样的方式教育幼儿。在农村教师培训中说教灌输也就等于承认对幼儿采取说教、死记硬背等教育方式的合理性，即使灌输的都是先进的教育理念，也不可能被用于教学实践。目前，我国农村幼儿教师培训多采用讲座、观摩的形式，学历提升也多以理论学习为主，这些培训方式和内容并不适合农村幼儿教师的专业现状，培训结果可想而知。培训教师的旧有学习方式妨碍着新方式的创造和运用。

二、幼儿教师专业发展的个体困境

幼儿教师专业发展其"半专业性"、复杂性、发展性的特征，使幼儿教师专业发展面临许多困境。如在专业知识方面，面临自身与现实要求相冲突、教师专业发展培训体系的不适应的困境；在专业能力方面，有着多重人际关系困扰；在专业思想方面，幼儿教师专业发展动力不足，心理落差大。

（一）专业知识方面的困境

1. 幼儿教师专业发展自身与现实要求相冲突

《幼儿园教师专业标准（试行）》（以下简称《标准》）指出，幼儿教师在专业知识上应掌握：学科内容知识、教育学及心理学知识、教育相关知识及具有广博的知识文化修养，标准较高。然而现实是幼儿教师学历水平较低，缺少研究生及以上高学历水平的幼儿教师，有些幼儿教师还是非师范院校毕业，没有受过专业的幼儿教育培训，有些偏远地区的幼儿教师甚至没有幼儿教师资格证明。这些教师只是充当保育的角色，幼儿教育观念落后，方式缺乏创新。而这种老旧的幼儿教育方式无法适应当今幼儿教育的需求的，也不科学。国家和社会对幼儿教师的专业要求与实际幼儿教师自身的专业发展相冲突，从而使幼儿教师陷入困境。

2. 教师专业发展与培训体系的不适应

现代幼儿教师必须具有终身学习的理念，要不断满足学生的求知欲望；因此专业知识要不断完善。幼儿教师专业知识发展主要依赖讲座和培训。这些讲座和培训时间不固定，完整性也较差，没有充分考虑教师专业发展的完整性，使得教师专业发展被割裂开。

相对于中小学教师分科教学，幼儿教师工作性质是全天候的。幼儿教师除每天陪伴幼儿的时间外，还要很多时间用于完成日常表、园内教学环境的设计、制作及行政任务的，这无形之中增加了幼儿教师的工作量。任务量大、工作时间长、无序，使幼儿教师身心疲惫，没有后续的讲座和培训学习，幼儿教师又回归状态，没有时间消化学到的知识。教师专业发展培训成了封闭独立的活动，从而极大地削弱了教师专业知识学习积极性。

（二）专业能力方面的困境

1. 幼儿教师职业规划能力不足

时下学前教育行业蓬勃发展，早教、培训机构等方兴未艾，考虑到经济效益及职业发展，幼儿教师已不是学前教育专业毕业生的唯一选择，造成幼儿教师师资队伍的稳定性不够，幼儿教师的职业热忱和职业信仰仍有待提高。幼儿教育行业内的发展不均也导致幼儿教师专业能力良莠不齐，教育资源丰富、实力雄厚的公办园、精品园为幼儿教师提供良好的发展环境和发展空间，教育水平落后、资源紧张的农村园、民办园则仍站在生存线上，幼儿教师也难以树立职业规划与理想。

2. 幼儿教师反思与发展能力不足

幼儿教师反思与发展能力较低，主要体现在反思意识和科研能力上。反思是一种自主意识，不少幼儿教师满足于现状，对自身和行业的发展并未进行思考与规划，对幼儿园要求的教学日志、教学总结等文字材料总结工作仅仅当成应付的任务，对自身的评价也以幼儿园或者家长的考评和反映为标准，未能准确地评价自身的工作，忽略了自我评价、自我反思的机制。在反思中，因缺乏有效的科研指导，幼儿教师提到的感受性经验多于启发性思考，也在一定程度上影响了反思的水平，制约了发展的空间。

3. 幼儿教师科研实力不强

有学者指出，一个新教师的成长必须经过两个转化，一个是从教育新手向教育能手的转化；一个是从教育能手向学者型、研究型教师转化。第一个转化目前已形成基本完整的范式，可以依托教学经验的累积；第二个转化则需要依靠将科研工作普遍化。

调查显示，目前幼儿教师的科研能力较弱，推动专业发展的主要途径仍停留在教学比武、公开课、参观交流、讲授式培训、论文发表等途径，幼儿教师尤其是从业十年以上的幼儿教师理论基础较为薄弱，没有系统学习过科学研究方法论，幼儿园提供的专业资料获取途径有限，参与各级课题研究的覆盖面不够广泛，尤其是民办幼儿园的幼儿教师参与课题研究的比例更小，导致幼儿教师行业整体科研氛围不强，难以形成多点开花式的科研成果产出局面。

（三）专业思想方面的困境

1. 幼儿教师专业发展动力不足

导致幼儿教师专业发展动力不足的原因很多。《国务院关于加强教师队伍建设的意见》（以下简称《意见》）明确指出：要帮助幼儿教师发展，使其在专业知识、能力等方面都达到幼儿教师的标准要求，要提升幼儿教师的专业水平。在总目标和重点任务两方面，明晰了高素质幼儿教师队伍建设的必要性。

《标准》在一定程度上为幼儿教师队伍的建设提供了保障。教育部最新披露的数据显示，园长和专任教师的总数为3066750，其中研究生毕业人数为8519，本科生为781148，本科生以上学历占比为26%左右。从中可见高学历幼儿教师仍然不足，教师整体素质较低，专业知识与专业能力及专业思想相对薄弱。没有足够的专业知识储备，会使幼儿教师专业发展意识薄弱，不能有效调节各方面的压力，从而没有足够的思想信念支撑自己从事幼儿教育工作。加之幼儿教师需关注幼儿每天相关事宜，神经高度集中，工作内容纷繁复杂，但幼儿教师整体社会地位和待遇较低，付出与回报不成正比，导致幼儿教师职业倦怠程度高，流动性大，专业发展发展动力不足。

2. 幼儿教师心理落差大

新入职的教师经历着从学生身份到社会人身份的转变，他们怀揣着对幼儿教师事业的美好憧憬；但是因为缺乏幼儿园的实践经验，现实问题给初入职教师造成了许多困扰。如入职前要见习和学校模拟，由导师带领其进行专业理论知识学习和教学体验，掌握理论知识；但入职后面对的是幼儿和一些琐事，会使新幼儿教师感觉自己所学的理论知识在实际中并不适用。一些经过专业培训的幼儿教师，其专业知识基础较强，但学历水平和社会地位较低，因此得不到预期待遇。美好憧憬与现实的矛盾，使初入职幼儿教师专业思想面临严峻考验，有着较大心理落差。

（四）专业理念方面的困境

1. 高学历幼儿教师心态不平衡

本科及以上学历的幼儿教师虽然一般理论知识比较扎实，但是实践方面并不是他们所擅长的领域。他们在工作的时候经常出现力不从心的情况，再加上外界对自己的高期望，各种福利不理想等，心情往往比较容易烦躁和对幼儿发脾气。如果幼儿教师的这种负面情绪不能得到及时疏导，会严重影响其专业理念与师德的发展。但是相关学前教育部门并没有针对高学历幼儿教师这种情况采取有针对性的培训。

2010年颁布的《纲要》提出积极发展学前教育，并努力提升教师整体素质。在职培训是提升幼儿教师整体素质的重要途径，我们要把它放到重要位置，高度重视其贯彻落实情况。但是目前在职培训还存在一些问题，远远没有达到要求。这与幼儿教育长期以来不合理的体制有很大关系。

20世纪末一直到21世纪初，一些地区对幼儿教育进行了体制改革，目的在于甩掉幼儿园这个包袱和获得一定经济回报。部分教育部门对所管辖地区的幼儿教育管理比较松散，没有起到应有作用，对于一些民办幼儿园，更是听任其发展。一般教育机构设有专门的中小学管理部门，中小学的教学管理与考核等制度已经发展得比较完善。但是目前很多地区的教育部门对学前教育的管理制度不完善，对其工作内容与责任没有明确的划分，具体工作实行起来不具有可行性。

对于学前教育的管理也是主要涉及学前教育业务方面的居多，对幼儿教师的管理主要是其知识和技能方面，很少涉及幼儿教师的专业理念与职业道德方面的内容。教师专业理念与师德建设全靠幼儿园与教师的自觉性在维持。再加上一些法律法规对幼儿教师的要求不够明确，很多都是描述性的，实行起来力度不够，对幼儿教师专业理念与道德的培训并不顺利。

目前，幼儿教师的培训很多都是由教育部门、教师进修学校、师范类院校或者其他一些教育机构临时组织和负责的，具有很大的随意性。对幼儿教师的培训主要是以专业知识和能力等业务培训为主，而专门针对专业理念或者师德方面的培训非常少。这种培训没有考虑幼儿教师的实际需求，没有在实质上对幼儿教师起到帮助，造成人力和资源的极大浪费，有时还会引起教师对职后培训的反感。

2. 高职称幼儿教师自我提升的动力不足

目前，幼儿园对教师的奖励制度也在很大程度上降低了幼儿教师参加活动和自我提升的动力。很多幼儿园对考核优秀的教师主要采取宣传先进典型和学习标兵等精神奖励的方法，并以物质奖励为辅，或者不涉及物质奖励，也有一些幼儿园没有采取任何奖励措施。

先进典型或者学习标兵等荣誉称号是对教师工作的一种肯定，但是只有这种精神的奖励还不够。与其他教育阶段的教师相比幼儿教师的福利待遇相对较低，物质性的奖励对于他们来说更为实用，也是他们希望得到的奖励方式。他们最希望能够把物质奖励和精神奖励结合起来。尤其对于职称高的幼儿教师来说，他们并不需要继续评职称，继续努力工作的动力不足，缺少自我提升的目的，对待工作持一种得过且过的态度。

长此以往，幼教高级教师对待幼儿的态度会慢慢变得比较敷衍，甚至心情不好的时候还会冲幼儿发火，他们自身的专业理念与师德会慢慢出现滑坡现象。荣誉之类的奖励对他们的吸引力远远没有物质性的奖励更为实用，现在幼儿园这一点做得还远远不能满足幼儿教师需求，这将会在很大程度上影响幼儿教师工作的积极性。

3. 非学前教育专业幼儿教师缺少专业熏陶

通过对部分幼儿园园长开展访谈得知，学前教育专业背景的幼儿教师专业理念与师德明显高于非学前教育专业背景出身的幼儿教师。幼儿园在引进新教师的时候更愿意接收学前教育专业的毕业生。这部分教师中有很多并不是真心喜欢幼儿教师这一职业才选择做一名幼儿教师，他们选择这一职业很大程度上是出于某些外部的原因。

比如，毕业了先找一份工作，等有了更好的机会就放弃幼儿教师这个工作。对他们来说幼儿教师这一工作仅仅是他们谋生的一种手段，而没有意识到幼儿教师职业的本质内涵，缺少职业认同感。这些教师在工作之前对幼儿教师职业了解比较片面、不够深入。他们以为在幼儿园工作会非常轻松，因此选择这一职业。而长期日复一日繁重的工作现实导致他们对幼儿教师这一职业不再那么乐观。很多幼儿教师职业认同感还不如刚入园的时候高。总体来说，非学前教育专业幼儿教师对职业的认同感是比较低的。

学前教育专业背景的幼儿教师上学期间系统地学习了学前教育理论知

识，并且经历了教学实习，最重要的是经过了专业氛围的熏陶。而那些非师范教育专业背景的幼儿教师虽然在专业知识和专业能力上能够得到很快提升，但是专业理念与师德的提高是一个长期的过程，需要深厚的专业知识作为后盾，再加上长期的实践锻炼，与同事的交流合作，自己的反思等过程，因此与学前教育专业背景的幼儿教师相比非学前教育专业出身的幼儿教师在专业理念与师德方面还有很大的努力空间。

幼儿园是非学前教育专业幼儿教师接受专业熏陶的重要场所，但是现在幼儿园日常管理制度还存在一些问题，在很大程度上影响了幼儿教师专业理念与师德的发展。一些幼儿园以市场为导向，追求利润最大化，这些幼儿园往往把注意力放在怎样招收更多的幼儿上面，在幼儿园营造了一种急功近利的氛围。这类幼儿园往往比较重视一些评比等外在面子工程和活动，而忽视了园本文化的营造和对幼儿身心发展的关注与引导。

幼儿教师之间处处充满了竞争，彼此之间充满了猜忌，失去了互相学习和相互研讨的文化学术氛围。而且，幼儿园为了追求利润，节省开支，往往给教师安排很大的工作量，幼儿教师的休息时间很难得到保障。

对幼儿教师的培训一般安排在工作日等休息时间，例如，孩子们午休的时间，晚上孩子们都离园之后的时间或者是周六周日。这把幼儿教师仅有的休息时间也给占据了，这种两头忙的现状导致幼儿教师筋疲力尽，长此以往会严重影响幼儿教师专业理念与师德的发展。

幼儿园对教师的业务考察主要是采取教学技能大赛的形式展开的。这种考察形式只能够了解到最终的结果，没法兼顾活动过程方面因素。考察的内容主要是幼儿教师的专业技能，很少或者根本就不涉及专业理念与师德方面。在教学技能大赛中获得比较好名次的教师就会比其他教师有更多发展的机会。这种考核方式无形之中向幼儿教师传递了专业技能才是最重要的价值观，而专业理念与师德只是口号而已，到了评职称的时候，基本没什么用处。在幼儿园这种管理制度下，幼儿教师很难接受到良好的专业熏陶。

4. 工作年限长的幼儿教师容易产生职业倦怠

很多幼儿教师面对比较大的工作压力时，心情会容易烦躁。这说明他们对待工作缺乏耐心，需要及时提高这些教师的抗压能力。相对于其他教育阶段的教师来说，幼儿教师的工作内容更为繁重，每天基本上都会工作多于正常的上班时间。有时候下班后还要处理一些与工作相关的问题和准备第二天要展现给孩子们的内容。而且幼儿的年龄特征决定了他们具有好奇心，喜欢向教师提出各种稀奇古怪的问题，因此幼儿教师不仅需要掌握与幼儿发展相关的各种知识与能力，而且还要广泛涉猎各个领域知识，这样才能满足幼儿需求。

因此，他们的工作与大家所认为的有很大出入，并不是那样轻松，相反他们工作压力非常大。该职业需要教师要有更大耐心与抵抗压力的能力。在工作压力比较大时自己应该积极想办法进行情绪疏导，只有这样才不会长期压抑自己的情绪。幼儿教师在面对工作中可能出现的压力时，耐心不够，抗压能力比较差。很多幼儿教师在面临比较大的工作压力时，自己不知道怎样排解，任由这种情绪的发展。只有很少一部分教师在面对工作压力时会积极主动地想办法进行排解，但是这些幼儿教师又没有找到切实可行的疏导情绪的办法。幼儿教师长期处在情绪压抑的状态中，对待工作的热情会慢慢地被消磨掉，对幼儿的态度也会变得越来越淡漠，这也是工作年限长的幼儿教师容易产生职业倦怠的重要原因。

工作年限长的幼儿教师容易产生职业倦怠这一结论在对幼儿园园长开展访谈时得到了验证。有些园长反映工作年限长的幼儿教师容易产生职业倦怠，重要表现是对幼儿缺乏爱心。爱心是幼儿教师从业必备的职业道德因素。罗森塔尔的实验也充分说明教师对孩子的爱心对幼儿的健康成长来说是必不可少的因素；爱心对教师的工作积极性也有很大影响，是其不断取得进步的强大动力。教师缺乏爱心对幼儿造成的负面影响是很难估测的。

由于幼儿身心发展的特点，幼儿教师一句严厉的批评可能会导致幼儿一天甚至几天心情闷闷不乐，情况严重的还会在孩子心灵上留下永远的记忆，可见教师不经意的举动或者话语都会对孩子产生非常大的影响。对于学生家长来说，幼儿教师爱心缺失引发的"案件"会使他们对自己孩子在幼儿园的状况非常担心，严重的还会影响其日常生活和工作。对于幼儿教师自身来说，缺乏爱心的主要表现就是缺少工作的动力，因而很难从工作中得到精神上面的满足，久而久之容易产生职业倦怠，形成恶性循环。

5. 收入水平低的幼儿教师专业发展需求不足

长期以来，我国学前教育经费不足，在所有教育经费中所占比例非常小，长期徘徊在 1.3% 左右。与此同时，同一比例，在墨西哥和泰国则分别达到了 8.9%、16.4%。相对于这些国家来说，我国对幼儿教育投入还很不足。学前教育是基础教育的重要组成部分，应该与其他教育阶段一样享有平等的财政待遇。但是学前教育阶段在财政待遇方面无论是投入数量还是投入方式都没法与高等教育、高中教育、义务教育等教育阶段相比。

我国没有专门中央财政的学前教育预算内经费，其财政拨款由省（市）负责。由于各省市对学前教育重要性的认识不同，因而导致各个地方学前教育经费差距较大，进而导致幼儿教师工资的差异。通过调查得知，1.37%的幼儿教师收入不到1000元，这个收入水平甚至连温饱都很难满足。个体在温饱问题都很难解决的情况下，很难萌发出更高的工作动力。收入在1001元到2000元的幼儿教师比例为68.50%，这个收入水平也就仅仅能够满足温饱。如果遇到一些意外事件，如生病、朋友结婚随份子钱之类的事情，这个收入是根本不够的。收入高于2000元的教师仅占教师人数的30.14%，而大部分幼儿教师的收入还没有达到当地平均工资水平。

根据马斯洛的需求层次理论，个体只有在生理、安全、尊重等基础需要得到满足之后才会萌发出自我实现等更高一层的需要。个体只有在物质基础得以满足的情况下才能够更好地开展工作。幼儿教师的工资水平普遍偏低，大部分教师的工资处在当地平均工资水平线以下，幼儿教师的基本需求得不到满足。在基本需求没有满足的情况下，他们很难去考虑提升自我这样的问题。

收入水平偏低还会影响个体的社会地位。社会地位是对个体社会价值的评估，一个人的社会地位是由很多因素共同造成的。马克思·韦伯（Max Weber）认为经济、社会文化地位和权力共同决定人们的社会地位。一般来说，衡量个体在社会中的地位，总是会参考他的经济水平、社会权利和在工作中的声望这三个要素。在我国，幼儿教师工资水平偏低、各种福利待遇也不理想，一直处于中等偏下水平。虽然《教师法》提出教师平均工资不低于或者高于国家公务员水平，但是现实中幼儿教师收入要想赶上公务员还需要做出很大努力。幼儿教师长期低下的收入水平影响其社会地位的提高。幼儿教师社会地位低下是一个不争的事实。社会地位偏低导致幼儿教师对自己所从事的职业认同度偏低、专业情意不理想，专业发展的需求不足，这会在很大程度上影响其专业理念与师德的发展。

第二节 幼儿教师专业发展的影响因素分析

一、对幼儿教师专业化的认识

（一）教师专业化与政策法规

对于教师专业化，国家有专门的教师培养制度和管理制度。这是保障教师专业的固有特性，使之成为不可代替的职业外部条件。

1. 教师培养制度

国家拥有教师教育的专门机构，有专门的教育内容和措施。如我国有培养教师的中等和高等师范学校，课程设置包含学科知识、教育专业知识和实习安排。目前还在探索职前和在职教育一体化，并纳入终身教育体系。

2. 教师管理制度

国家具有对教师资格和教师教育机构的认证制度和管理制度。如 1995 年国务院在 1994 年颁布的《教师法》和 1998 年颁布的《教师资格条例》的基础上，在 2000 年教育部又颁布了《教师资格条例实施办法》，从政策法规上，对教师资格认定标准，机构和程序做了规定，成为较具规范性的制度。2011 年 12 月教育部对即将出台的《幼儿园教师专业标准（试行）》公开征求意见，进一步明确了幼儿教师是履行幼儿园教育工作职责的专业人员，需要经过严格的培养与培训，具有良好的职业道德，掌握系统的专业知识和专业技能。

此外，还提出了合格幼儿教师专业素质的基本要求、幼儿教师开展保教活动的基本规范以及幼儿教师专业发展的基本准则。将成为幼儿园教师培养、准入、培训、考核等工作的重要依据。

（二）教师专业化与职业规范

"幼儿教师"无论是作为一种职业，还是一种专业，都有其自身的独特性，具有不可替代性，必须具备相应的从业条件和专业要求。

1. 我国教师职业规范的基本要求

一般认为，主要有以下几个方面。

①具有较高的职业道德，敬业爱生，公平对待幼儿，遵守职业规范，严于律己，为人师表。

②受过较长时间的专门训练，特别是经过实地的教育实习，以掌握一定的教育教学方法，具备一定的教育教学能力。

③具备从事教育工作的较高水平的专业知识技能，包括学科知识和教育知识技能。

④具有终身学习的意识和能力，不断反思自身实践，能将学习贯穿职业生涯的始终，教学相长。

2. 美国的幼儿教师专业化标准

美国的全美幼教协会在 20 世纪就对幼儿教师专业化提出过七条标准，对照我国国情，这些标准依然具有重要的借鉴价值。其主要内容是：

①对儿童发展有着深刻的理解和体悟，将心理学、教育学知识运用于实践。

②善于观察和评量儿童的行为表现，以此作为计划课程和个性化教学的依据。

③善于为儿童营造和保护幼儿健康安全的氛围。

④会计划并实施儿童发展的课程，全面提高儿童的社会性、情感、智力和身体各方面的发展。

⑤与儿童建立起积极的互动关系，支持儿童的学习和发展。

⑥与幼儿家庭建立积极有效的关系。

⑦尊重和理解儿童在家庭、社会、文化背景等方面的差异，支持儿童个性的发展和学习。

（三）幼儿教师专业化与职业追求

在幼儿教师的职业生涯中，教学工作是被当作谋生的手段，受环境所迫被动的专业化，还是把教学工作当作不断追求自身完善的载体，自觉提升自己的教育理念，不断改进教学实践，主动追求专业化成长，是决定幼儿教师能否逐渐成长的决定因素。

追求专业化成长的更高境界应该是提升专业理念，寻求主动发展。著名学者叶澜教授就当代教师专业素养基本要求，提出了将教育理念作为专业人员的教师与非专业人员区别开来的重要标志。

著名学者古德森指出："教学首先是一种道德和伦理的专业，新的专业精神需要重申以此作为指导原则。"幼儿教师的专业化成长，要以热爱幼儿、热爱教育事业、对工作倾注自己的全部爱心和责任为起点，在得到幼儿喜欢和同行的认可基础上，逐步明晰和确立个人专业发展目标，这是教师个体专业化成长的关键。很多人衡量一位老师是否专业，只看重教师作为一个个体所表现出的成就。如更多地关注某位教师属于哪个级别的骨干教师、论文发表杂志层次、教学公开课获奖级别等，这种标准在本质上偏离了教育性的正确轨道。

在教师专业化发展评价过程中，不仅要关注教师在教学方面的成就与贡献，更要关注其教育教学工作对教师人生的价值与意义。积极的态度是实现个体持续发展的必要条件，作为教师个体应以积极主动的态度，践行自己作为教育生活主体的地位。职业追求是教师专业化成长不可或缺的动力源泉。名师之所以成为名师，正是因为他们自己努力要成为名师。

二、幼儿教师专业发展的重要性

（一）幼儿教师的专业发展是提高整体教育质量的关键

新时代背景下，一个学校的优秀发展远远离不开一支高素质的教师队伍，幼儿园亦是如此。教书和育人是一位教师应有的职责和使命，而幼儿教师的专业技能培养，对整体的教育质量会有一个极大的促进作用。其次，作为一名幼儿教师，我们都知道，幼儿教师主要负责幼儿的思想启蒙，良好行为习惯的培养等。那么想要做好这些，教师必须身兼"数职"，具有一定的专业技能，这样才能保证幼儿的个性化发展以及全面素质的培养。幼儿教师自身的专业技能不仅对幼儿的成长起着至关重要的作用，更是对幼儿园整体的发展起着不可或缺的影响。幼儿教师就是孩子们的"火车头"，没有一个好的火车头，那么火车的行进轨迹就是偏离轨道的。

（二）幼儿教师专业发展是教育改革的动力和推动力

在当今教育现代化的新形势下，教育改革需要教师不断探索和创新教育理念和教学方式，以适应新时代发展潮流，进而保证幼儿能够受到新的、良好的思想观念的熏陶。但是，在当今社会下，很多教师都非常"被动"，这具体表现在一个新的教育政策落实了，教师服从上级命令去更改自己的教育理念或者教学方式，但是自己并没有认识到现代教育方法中的弊端，自己并没有想着去改。这无疑是教师自身专业技能的不足以及新思想理念的认知不到位。

而幼儿教师的专业技能培养可以让教师在学习中充分认识到教育中的不足，认识自身的差距，进而从自我的角度想要去转变教学方式，这就是一个主动的行为，能极大地推动教育改革。而反观教育改革的存在，就是因为诸多教师反映教学中存在着这样那样的问题，所以才统一进行更改，所以教师专业发展的成长在一定程度上也是教育改革的原动力。

（三）幼儿教师专业发展是幼儿全面发展的根本保障

一切为了幼儿的发展服务是身为一名合格的幼儿教师的使命和责任，我们在和幼儿相伴的过程中，不仅要让幼儿受到良好思想观念的熏陶，更要关注幼儿自身的个性化发展。当下，成绩并不是衡量一个孩子优秀的唯一标准，所以我们教师要时刻注重幼儿之间的个体差异，善于将幼儿的闪光点挖掘出来并发扬，这样才能帮助幼儿找到最适合自身的发展道路，进而促进幼儿的全面发展。

而幼儿教师专业技能的培养，旨在全面完善幼儿教师自身的专业技能，这样不仅可以让教师自身有所成长，更有利于教师对幼儿的各方面培养。比如一位幼儿的诗词天赋异禀，如果教师自身都对这方面没有一定的见识和知识储备，那么如何去引导幼儿的成长呢？教师生来是为学生服务的，幼儿教师专业技能的培养是保证幼儿全面发展的基本保障。

三、影响幼儿教师专业发展的因素

（一）影响幼儿教师专业发展的外部因素

幼儿教师专业化发展过程，不仅需要教师自身主动的学习和努力，提升自己的专业素养，而且也需要良好的外部环境支持，这是教师专业成长所必不可少的重要条件。

1. 专业成就动机

专业成就动机是指个人在学习、工作、科研等活动方面力求成功的内部动因。具体表现为事业心、进取精神、自我实现需要等外在形式，是激励自我成就感和上进心的心理机制。受诸多因素的影响，个人成就动机的水平差异较大。即使在同一所幼儿园，专业成就动机水平高的教师往往倾向于为自己确立的较高目标，其专业成长过程也相对短些，反之就要长一些。

一个幼儿教师要实现从最初的新手教师到专家型教师的飞跃，其根本原因在于个人的专业成就动机。当他们对幼儿的挚爱、对工作的热忱，对目标的追求和渴望，就会想方设法地解决工作中遇到的困难，主动思考教育教学问题，积累各种知识和经验，工作就日趋得心应手，逐渐表现出一些教育机智。因此，有了崇高的职业理想，就会在工作中产生内在动力，并在专业上获得发展，这种发展形成一个良性循环，从而也促进了幼儿教育质量的提高。

2. 幼儿园内部管理

幼儿园的管理是指对幼儿园人、财、物、信息、时间的综合管理，其中对人的管理是核心问题。一种有效的管理模式能最大限度地发挥员工的潜能，充分实现幼儿园的工作效能。民主型的、开放性的管理，以教职工为中心，鼓励教师参与到幼儿园的各项管理活动中来，使教师在工作中感受到尊重和肯定，从而调动他们工作的积极性、主动性和创造性。

幼儿教师主要是由女性组成的一个特殊群体，她们都肩负着家庭和事业的"双重"重任，而且又感情细腻，好胜心强，要使这个集体凝聚成一个有一定竞争力的集体，非常考验领导的管理智慧和艺术。如何引导广大教师把主要精力放到专业成长的过程中，幼儿园领导应该注重感情投入，关心、爱护每个教师，让教师对幼儿园产生归属感；了解教师不同的个性特点，以平等的态度对待每一位教师，并为他们施展才华创造条件、提供机会、搭建平台；创造公平公正、科学合理的良好工作环境；同时建立激励制度，使每位教师都能发挥各自的优势，有机会展示自我，实现自我，营造一种互助互学、相互促进的专业化成长环境。

3. 幼儿园人际关系

（1）幼儿园人际关系的内涵及价值

人具有社会性，交往的需要是人的社会性需要的重要组成部分。幼儿园是幼儿教师专业成长的生态圈，幼儿教师与生态圈内其他人的人际关系对其专业成长动力起着重要的影响。所谓幼儿园人际关系是指幼儿园内部人员，包括幼儿教师、管理人员、幼儿园后勤服务人员（保安、伙房工作人员、保洁等）等在沟通和交往中所建立起来的直接的心理上的联系。

以人为本的民主型管理理念与模式有助于形成真诚、民主、开放、尊重、和谐和轻松的人际交往氛围，助力幼儿教师个人和团队学习，为幼儿教师个人和团队的成长提供适宜的环境。良好的人际关系也会助力幼儿园实行以人为本的民主型管理。

良好的人际关系能够打开幼儿园团队成员的心扉，出现信任、理解与共情、真诚的合作与帮助、真诚和一致，团队成员有归属感和凝聚力，能够助力幼儿教师学习和专业成长，团队成员之间的关系相互依赖大于竞争。相反，僵硬的人际关系，将会使幼儿园团队成员的内心大门封闭，出现强烈的惯性防卫心理，出现冷漠、不信任、矛盾重重和互相猜忌，难以进行合作。团队成员难以形成归属感和荣誉感，团队凝聚力较低，处于松散状态，团队成员之间竞争关系大于依赖关系，最终结果是束缚和阻碍幼儿教师的专业成长动力。

（2）有益幼儿教师专业成长动力提升的人际关系特征

有助于幼儿教师学习和专业成长动力的人际关系尽管不尽相同，但具有一些普遍性的共同特征。主要有以下几个。

①真诚透明。所谓真诚透明是指幼儿园团队成员的言行与内心高度一致，个人所说和所做是内心情感体验的表达，而非所说与所做并非内心真实的情感体验。所谓透明是指团队成员的内心大门处于打开状态，个人的思想和观点都可以在团队内流动，自由进出每个人的内心。

②无条件接纳每个成员。有助于专业成长的团队，能够欣赏和接纳每个人，不仅能接纳每个人的优点，还能接纳每个人的不足，允许每个人有自己的个人愿景。

③倾听和移情性理解。这里的倾听和移情性理解是指别人的观点能够进入自己的心，能够与别人产生共鸣。自己可以不赞成别人的观点，但通过倾听能够理解别人的观点。而非表面好像在听，实际习惯性的防卫心理坚不可摧，别人观点完全无法进入自己的内心。当别人遇到困境或者出现过失时，首先是站在当事人的角度理解其过失，而非一味指责和批评。

④有共同愿景。团队越是允许和接纳个人价值和个人愿景，个人就越能接纳别人，共同的愿景才可能形成。不接纳和尊重个人的团队，不可能形成超越个人愿景的共同愿景。共同愿景是团队成员发自内心对理想境界的追求，它促使团队内每个成员充分发挥个人优势，共同致力于实现大家的愿景，让团队成员成为相互依赖的合作者，而非相互嫉妒的竞争者。

这正如马丁·布伯（Martin Buber）所言"完美的人……不会干涉生

命中的个体，他不会将自己强加于其上，但是他会帮助所有生命获得自由。通过他的合一，他带领大家达到合一，他解放了万事万物的本性和命运，也将其中的"道"解放。"这也正如罗杰斯所言"当得到别人的接纳和重视时，个体往往会对自己更加关注。当人们得到移情式的倾听时，他们能更准确地聆听丰富的内在体验。当一个人理解与重视自己，自我与其体验更加一致。个体由此变得更真实与真诚。这些倾向会使个体成为促进自我成长的有效强化者。他们将会更自主地成为真正的人、完整的人。"总之，真诚、一致、透明、开放、接纳、理解和有共同愿景的人际交往氛围会让幼儿园团体和幼儿教师个人的生命由刻板走向灵活，由静止走向流动，由被动依赖走向主动自主，由惯性自我防卫走向接纳，由现实状态走向理想状态。

（3）阻碍幼儿教师专业成长动力的人际关系特征

幼儿园不适宜的人际关系将阻碍幼儿教师的专业成长，改变幼儿园团队和成员正向的成长轨迹。以人为本的民主型管理模式有助于形成促进幼儿教师专业成长动力提升的人际关系。而以权为本的权威型管理将会形成封闭、僵化、呆板和紧张人际关系，阻碍幼儿教师的专业成长动力。明确阻碍幼儿教师专业成长动力的人际关系特征是破解问题的首要条件，明确特征相当于正视和理解人际关系的现实状态，如能在此基础上形成共同愿景，在共同愿景的引领下，僵化、封闭和呆板的人际关系才可能向灵活和开放的方向变化。

阻碍幼儿教师专业成长动力的人际关系具有如下特征。第一，封闭。团队内绝大多数成员的自我价值无法获得应有的尊重和实现，权力集中在少数人手中。团队成员逐渐隐藏自己内心的情感体验，外部表现出顺从的言行，但内心充满不满和排斥。个人内心被封闭起来，导致团队成员之间无法坦诚相待，习惯性防卫大于真诚接纳。内心的封闭会导致两个方面的后果：一方面，导致自己内部情感无法释放，其结果是压抑的情绪逐渐堆积，最终出现职业倦怠。另一方面，导致外部信息无法进入自己的内心。内部释放和外部进入的过程就是学习与交流的过程。外部信息被排斥在外的结果就是学习通道被堵塞，专业成长之门被封闭。第二，无法形成共同愿景。幼儿园团体成员的个人价值、想法和观念无法获得尊重，导致无法形成团队共同愿景。基于个人愿景而又超越个人愿景的共同愿景是幼儿园团队全体成员的承诺和发自内心的追求，它能整合团队内所有成员的力量和优势，汇聚人心和力量，激发团队成员的热情和奉献精神，为了实现大家内心深处的愿景而倾注全部力量，可以最大限度地减少消耗。阻碍幼儿教师专业成长动力的人际关系中只有任务和短期的目标，团队成员只会被动完成任务和目标，缺少热情、激情和奉献。

（二）影响幼儿教师专业发展的内部因素

在制约幼儿教师专业发展的各种因素中，幼儿教师自身的因素是不可忽视的一个重要方面。特别是幼儿教师是否具有敬业精神、自身专业技能如何，更是影响其专业化成长的重要因素。

1. 缺少敬业精神

目前，不少幼儿教师缺乏对自己从事的职业全面而正确的认识，没有意识到幼儿教育在儿童成长中的基础地位，甚至出现轻视自己工作的错误倾向，缺乏自身发展的潜在意识。多年来，对幼儿教师的学历要求在不断提高，教师也总处于自我提高的"学习"之中，但有不少幼儿教师只是为了获得学历。

对于当今形势下自己从事幼儿教育到底需要增添哪些方面的知识，提高哪些方面的能力，从不去思考，更谈不上去通过相关的进修和培训不断充实自己的业务知识。在保教工作上得过且过，不是精益求精，业务水平总是处于停滞状态。因此，幼儿教师要想获得专业发展，敬业精神必不可少。

2. 专业技能不足

专业技能不足是幼儿教师普遍面临的问题，表现在以下几点。

一是专业基础知识及人文知识不足。许多幼儿教师根本没有意识到自己的幼教知识及人文知识的缺乏，总觉得自己的知识足够应付现有的教学要求。

二是教学实践知识不足。幼儿教师在以往学校的学习过程中获得的主要是理论知识，要把这些理论知识应用到幼儿园教学活动中，必须与教学情境结合起来。只有真正做到理论联系实际，才能在教学实践中丰富自己的教学实践知识，形成自己的教学风格。

三是教研与反思能力不足。很多幼儿教师仅把教学工作看成是一项简单的工作，按照预定的教学程序完成教学任务而已，不懂得如何对自己的教学进行反思，也不懂得结合自己的教学实践活动进行研究性学习，导致幼儿教师的专业发展的低效性。

因此，幼儿教师要努力提高专业技能，学会在教学过程中做出最佳选择，能采取多种教育策略，创造性地解决问题，满足儿童的不同需求。幼儿教师要以学习者、支持者、合作者的角色与幼儿互动、交往，创造性地开展工作，能够以学习者、研究者的角色在研究中学习，在学习中成长，教师通过这种创造性的劳动实现自我的发展与完善。

3. 个人的性格特征

每个人都有独特的性格特征，其中优良的性格特征对教师的专业发展具有一定的促进作用。一般来说，自信、合群、坚韧、宽容、踏实、自尊等性格特征对促进教师专业化成长尤为重要。一些专业化发展较好的幼儿教师大都认同：积极主动、吃苦耐劳、善于思考、坚韧不拔的性格，对他们的专业化成长起到了巨大的积极作用。

4. 自我发展的愿望

一个幼儿教师专业发展的水平如何，很大程度上取决于其自我发展的需求和理想，即自我发展的愿望。它对教师的专业发展具有直接的影响，是教师专业发展的重要内因，可以促进教师学习的主动性。绝大多数幼儿教师认为：坚定的教育信念是名师成功的精神力量和支柱，敬业精神使名师在事业上更成功、走得更远。

5. 个人的学习习惯

良好的学习习惯是一个人自主学习、自主发展的重要标志，它对教师的专业化成长具有重要的助推作用。自主学习对教师的专业化成长具有重要的影响。一是自主学习有助于获得专业知识。通过阅读大量经典名著，如名人名著、励志美文、教育专业书籍等，教师情感世界得到进一步丰富和陶冶。

一般认为，专家型教师在自主学习中能够把书本中的知识以及学习心得与自己的教育实践结合起来，实现了自主学习、自主发展。

第三节　幼儿教师专业发展理论及其发展阶段

一、幼儿教师专业发展的内涵

所谓专业，通常是指一群人经过专门教育或训练、具有较高和独特的专门知识与技能、按照一定专业标准进行专门化的处理活动，从而解决人生和社会问题，促进社会进步并获得相应报酬待遇和社会地位的专门职业。

一直以来，教师专业发展这个概念，在教育学术界一直是一个比较重要的议题，但至今仍没有一个非常清晰明确的界定。由于教师专业发展既是专属概念，又具边缘学科的内涵，导致人们对它的理解是在与其他相关概念的比较分析中才得以获得。霍伊尔（Hoyle E.）、佩里（Pery P.）、戴（Day C.）、叶澜等学者相继都提出过对教师专业发展的界定。其中，美国幼儿教育专家丽莲·凯兹（Lilian G. Katz）在《专业的幼教老师》中首次系统地提出了教师专业化的概念，还首次提出幼儿教师的专业行为准则和专业伦理要求。

我国关于幼儿教师专业发展的探讨，目前还主要集中在教师专业发展阶段、教师专业发展内容、幼儿教师主体的自我反思成长等内延发展上。《幼儿园教师专业标准（试行）》的颁布，是国家在法规层面认可了幼儿园教师的专业地位，明确了幼儿园教师是专业人员的专业身份，规划了幼儿园教师专业发展的方向，这既是专业发展要求，又是专业准入。

其中，比较有代表性的观点是，幼儿教师专业发展是指幼儿教师在不同发展阶段的学习中，专业理念、知识结构、能力结构、教育情感智能、服务理想等得以不断提高、不断更新，从而专业获得不断成长的过程。

（一）幼儿教师专业发展的演化过程

曾经一度，教师这个职业在相当长一段时间里是不被看作"专业"的，而非专业的职业往往社会声誉和经济地位都比较低。我国《教师法》第三条规定："教师是履行教育教学职责的专业人员。"这虽以法律的形式明确了教师的身份，但并不是表示目前我国教师就已经具有了专业水准和专业地位，而是表示教师应朝"专业人员"的方向去发展。

然而，专业发展理念在教师专业发展结构中位于较高层次，需要对从事教师的职业有正确的理解与认识，具有较高的从业信念，从而支配教师的教学行为。幼儿教师专业发展界定正经历着一个不断推陈出新的演化过程，是动态和渐进发展的趋势，其间比较有代表的认识有以下几点。

叶澜（2003）认为教师专业发展必须具备专业理念、专业知识、专业能力、专业态度与动机以及自我发展需要和意识等基本要素。专业知识包括普通文化知识、专业学科知识、一般教学法知识、学科教学法知识和个人实践性知识；专业能力包括一般能力和专业特殊能力。专业特殊能力包括教育教学实践能力和教育科研能力；专业态度和动机，是教师专业活动和行为的动力系统；自我专业发展需要和意识，是教师自我专业发展的内在主观动力，保证教师不断自觉地促进自我专业成长。

傅道春（2003）认为教师专业发展是由职业知识、职业能力、教育理念构成的。职业知识和职业能力只有在教育理念统领下，才能充分地发挥其功效。需要、动机和态度是教师个体成长的内在条件，是教师专业活动和行为的动力系统。

职业知识包括文化科学知识、专业学科知识、条件性知识和教育情境知识；职业能力包括基本认知能力、教育能力和扩展能力；教师教育理念包括教育观、学生观、教育活动观。

幼儿教师专业成长既有社会角色的转变，也有专业技能的储备。顾荣芳（2005）认为，幼儿教师专业成长是指幼儿园教师从非专业人员发展成为专业人员，具有角色转换与专业塑造的特性，是一个不断提升专业品质的过程。王杰（2005）认为，幼儿教师的专业成长是幼儿教师在其专业生涯中，习得幼儿园教学的专门知识与技能、内化幼教专业规范、形成幼教专业精神、表现为专业自主性并实现专业责任的历程。即由"普通人"转化为"幼教工作者"。曹能秀（2008）认为，幼儿教师发展是指幼儿园教师不断接受专业知识，提高专业能力，终身学习与成长，包括职前教育、入职教育和在职教育以及幼儿园教师在职业生涯中提升专业素质的所有活动。

（二）幼儿教师专业发展的相关概念

"专业"从社会学的角度上讲是指具有高度专门知识和技能的职业，

所以也称为专门职业，英文为 profession，是相对于普通职业而言的。

从教师个人发展角度界定，教师专业发展指的是教师个人通过系统的努力来提升自身的专业能力、道德修养以及自身对从业态度的理解，关键是教师的个体专业信念、专业知识、专业技能的提升。

从社会学的角度来界定，教师的专业发展就是指教师整个行业群体符合社会对教师提出的要求，符合教师的专业标准，也即教师的职业化、专业化过程，强调教师的整体化和外在专业性的提升，特别关注教师专业化的发展。

因此，教师专业化发展的核心要素主要由专业理念、专业知识和专业能力构成，是一个经验不断丰富、实践能力和智慧不断提升的过程，需要一定的教学过程来证明，具有相对滞后性。

二、幼儿教师专业发展的研究

20 世纪中期以来，学者卡茨（Katz）、伯顿（Burder）、费斯勒（Fessler）、伯林纳（Berliner）、司德菲（Steffy）等人对教师专业发展的阶段进行了研究。尤其富勒（Fuller）是最早关注教师专业发展的，以著名的《教师关注问卷》开启了教师专业发展阶段理论的研究篇章，同时对后来研究教师专业发展理论起到了引领性作用。

（一）将教师专业发展阶段作为关注对象的研究

卡茨（Katz）利用与学前教育工作者共同工作的切身体会，对学前教师进行访谈、发放问卷开展调查，针对学前教育工作者的发展需求以及工作发展方向与目标，将学前教师的生涯发展分为四个发展阶段，分别是求生期、巩固期、更新期与成熟期。

伯顿（Burden）等人运用较缜密的访谈方式对数量较多的处在不同职业生涯阶段的教师进行访谈，整理访谈，总结出教师发展的阶段是求生存阶段、调整阶段和成熟阶段。

（二）将教师自身作为关注对象的研究

费斯勒（Fessler，1985）从生命自然老化的过程和周期角度将教师自身作为关注对象，开始研究教师专业发展阶段，结合教师生命发展规律并在阅读大量文献的基础之上，运用观察、调查的方法，构建和创新性提出教师发展循环理论。他认为教师生涯发展大致经历了职前、入职、能力建构、热心和成长、生涯挫折、稳定与停滞、低谷与退出八个阶段。

叶澜、白益民（2003）等学者从"自我更新"发展取向，将教师经历职前准备、入职生存、职后发展的过程分为非关注阶段、虚拟关注阶段、生存关注阶段、任务关注阶段、自我更新关注五个发展阶段。

（三）将教师关注的问题作为关注对象的研究

富勒等人揭示教师关注问题的变化规律，认为教师职前的关注主要是体现在四方面，即任教前关注、早期生存关注、关注教学情境和关注学生。在富勒之后，西特尔和拉尼尔（Sitter J. & Lainer P.）更加具化研究对象，对实习教师所关注的问题开展研究，研究结果与富勒的研究基本一致，并且丰富了富勒的研究，认为教师的关注并不是按照富勒所说的按照一定的顺序出现的，而是教师自我关注、生存关注、教学情境关注、学生学习关注和教材关注等方面同时出现，要求实习教师同时解决所关注的问题。西特尔和拉尼尔对实习教师这一特殊对象开展的研究，将教师专业发展的研究进行了有效的延伸，具有积极的意义。

瑞安（Ryan K.）等人对任教第一年的教师所关注的问题进行研究。其研究仍然是通过访谈的方法进行，围绕四个问题展开：其一是关于教师的个人关注，即如何形成教师身份、适应新的团队、与同事建立良好的关系和结婚以及如何能够在满足教学工作的情况下享受生活。其二是关于教师专业关注。任教第一年的教师表现出对学生关系的关注，关注是否在家长和同事面前留下好的印象等。其三是任教教师第一年所经历的变化。对教学工作熟练程度和对学生态度的变化。其四是对教师培训的启示。在此基础上得出任教第一年的教师认为对他们的初始培训应注意学校和课堂的组织与管理，并希望得到支持与帮助。

三、幼儿教师专业发展代表性理论及启示

（一）反思性实践理论及其对幼儿教师专业发展的启示

1. 反思性实践理论概述

美国教育家杜威（John Dewey）在反思的系统论述中提出了反思性实践理论，他在《民主主义与教育》中提到了反思问题，他说："所谓思维

或反思，就是识别我们所尝试的事和所发生的结果之间的关系，没有某种思维的因素便不可能产生有意义的经验"；他在《我们怎样思维》一书中对"反思"这样界定："对于任何信念或假设性的知识，按其所依据的基础和进一步结论而进行的主动的、持续的和周密的思考。"1983 年，美国前麻省理工学院教授唐纳德·舍恩（DonaldSchon）在《反思性实践者——专家如何在行动中思考》（The Reflective Practi-tioner how Professionals think in Action）一书中正式提出了"反思性实践"理论。随后，夏林清将此书翻译为《反映的实践者——专业工作者如何在行动中思考》，他认为，"实践情境是流动性、复杂性、价值冲突性的，在与情境的互动过程中发展解决问题的途径；实践不是理论的应用，而是实践者借助实践性知识和实践情境开展'反思性对话'，寻求问题解决并丰富自己的实践性知识的过程，实践者也不是工具性的问题解决者，而是复杂情境中能动的探究者；专业实践者的典型特征是'行动中反思'（reflection-in-action）和'行动中认知'（know-in-action）。"他指出反思有两种类型：一是对行动的反思，二是在行动中的反思。"对行动的反思"是一种事后的思考，通常借助于词语和符号进行，如教师经常使用的课后反思，教师要能够主动总结教育教学过程中出现的情况，分析原因，寻找解决问题的有效策略。"行动中的反思"发生在行动过程中，解决当时的问题，如教学中对出乎意料情况的反思，"行动中反思"的过程表现为：与情境的反思性对话——重新框定问题——行动中新的发现——新的行动中反思，螺旋式上升，欣赏——行动情境——再欣赏。

随后，反思性实践的研究领域得到了进一步的拓展。布鲁巴赫（Brubacher J. W.）等人认为：反思发生在实践过程的前、中、后，在整个实践过程中都有反思，"反思性实践包括三个方面：一是对实践的反思，即反思发生在实践之后；二是实践中的反思，即反思发生在实践的过程中；三是为了实践的反思，即反思的预期结果，为前两种反思的目的最终形成的超前性反思。"美国学者奥斯特曼（Karen F. Osterman）和科特坎普（Robter B. Kottamp）对反思实践的概念界定与舍恩的研究基础很接近，但又有所发展，他们在《教育者的反思实践——通过专业发展促进学生学习》一书中论述了反思实践与专业发展、反思实践与学校改革、反思实践的基础、工作场所反思实践的开展、教师与学生成为学习过程中的反思实践者、通过反思实践赋予权力等内容。

2. 反思性实践理论对幼儿教师专业发展的启示

（1）注重实践后和实践中的教育反思

在幼儿园保教实践中，反思型教师往往事半功倍，实效性强。幼儿教师可以通过实践反思促进专业知识、能力和技能、意志的发展，培养自身的教学能力、创造力和批判精神。教育反思既是幼儿教师专业发展的不竭动力，也是幼儿教师专业发展的一个重要途径。教师主动将教育教学行为作为观察对象，并对其及所产生的结果予以审视和分析，促使教育教学逐渐趋于完善。

尽管舍恩认为反思应在实践中和实践后进行，而布鲁巴赫认为在实践的前、中、后都要反思，但事实上，大部分幼儿教师总认为只有课后才有必要反思，没有认识到反思应在整个实践过程中进行，其实，过程反思显得更加有针对性与实效性。

因此，作为幼儿教师，若能形成良好的反思习惯和循环系统，既注重实践后的反思，也重视实践前和中间的反思，从而提高幼儿教育教学质量，往往会更有利于幼儿的发展。而且，反思性实践中的教育反思系统化、经常化，可使幼儿教师系统反思自己的教育教学实践，及时调整和完善不足，积极与自身和他人对话，及时把握自己的专业发展状况，在实践中得到持续成长。

（2）反思性实践有效改善教育理论与实践脱节的问题

舍恩、奥斯特曼、科特坎普等关于反思性实践理论经过深层次思考，得出了"思考和行动是不可分割的过程"理论，追求教育理论和实践的"视域融合"，针对职前教育和职后教育中幼儿教师专业发展的教育理论与实践脱节问题，"思考和行动是不可分割的过程"理念重点强调在实践中思考和在思考中实践的专业发展途径，使教育实践日趋完善，将"思"的结果运用于教学实践当中，突出实践中的反思既要有"思"的成分，还要验证、升华反思结果。

幼儿教师的实践智慧与所学的理论知识、实践的紧密相连，是理论和经验的有机结合，是基于个人的经验积累。舍恩的反思性实践理念强调"行"和"思"，两者相互建构并生成意义，即实践智慧与实践活动相互关联，这种实践智慧具有动态生成性、不可言传性和个体性的特征，幼儿园工作中，我们将幼儿教师的经验提升为自身的实践知识，提高实践能力，提升实践智慧，注重对具体实践的关注和反思，以期获得教师专业发展的成长。

（3）"幼儿园专业学习共同体"是创建学习型组织的有效路径

"幼儿园专业学习共同体"是指幼儿园在专业学习中致力于培养教师的合作精神，采用实例分析、专题讨论和活动互动等形式，以良好的、支持性的、民主开放的和真诚信任的氛围，不仅促进教师专业成长，而且也使教师与教师、教师与领导等之间建立融洽的伙伴关系，达到相互激发和启迪，互相交流对话和反思，共同促进新知识和经验的总结与获得，促进实践性知识的获得，形成"共同体"，从而达到整体教师专业发展的目的。

幼儿教师专业发展不仅需要个体反思，也需要团体的智慧与共识来营造反思氛围的不断激励和支持，因为"进行反思实践需要有一个支持性的环境，需要创设一个组织环境来鼓励开放性交流""批判性对话"和"冒险以及合作"才有成长的土壤。幼儿园要创建"专业共同体"学习型组织，就要全体教职员工组成一个学习团队，享有共同的学习愿景，相互支持和共同合作，让个体和实践汇聚成集体智慧，使反思在共同体内部和外部探讨解决教学实践问题，共同探讨有助于每一个儿童身心健康发展的新的更好方法。

（二）终身教育理论及其对幼儿教师专业发展的启示

1. 终身教育理论概述

自 20 世纪 60 年代联合国教科文组织成人教育局局长保罗，郎格朗（Parl Lengrand）提出"终身教育"思想后，国际社会就对此思想进行了广泛提倡、推广和普及。目前，全世界的终身学习理念，充盈着"人人是学习的主人""事事是学习的课题""时时是学习的机会"和"处处是学习的课堂"的氛围，尤以《学会生存——教育世界的今天和明天》一书中提出的"唯有全面的终身教育才能够培养完善的人"的观点最具影响力，其实质就是不断造就人，不断拓展和发展人的知识和潜能，不断培养人所应有的文化判断能力和行为能力，这一理念不仅仅对幼儿教师专业发展产生深远的影响，而且也对教育学和人的发展具有积极的意义。

2. 终身教育理论对幼儿教师专业发展的启示

（1）将终身教育理论思想贯穿幼儿教师职前培养、任职培训和在职进修的整体设计

终身学习的思想对幼儿园教师的专业成长有着积极的作用，终身教育就是幼儿教师的存在状态与发展归属。随着终身教育理念的不断渗透，幼儿教师教育既要考虑幼儿教师专业发展的需求，又要考虑幼儿教师在职业

发展不同阶段中其教育内容的差异性变化。

由于幼儿教师专业发展的过程就是幼儿教师主动学习不断解决问题的过程，是职业理想、职业道德、教育实践能力、教育经验等不断成熟、不断提升的历程，在终身教育理念指导下，幼儿园教师为适应社会发展、学前教育改革与发展以及教师自身专业的发展，实施职前和职后一体化教育，让幼儿教师能受到连贯的、一致的终身教育，综合构想幼儿教师职前培养、任职培训和在职进修的整体设计，逐步形成一个开放交流的适合幼儿教师专业发展的教育体系。

（2）逐步形成对幼儿教师专业发展的保障机制

终身学习既是个人成长的需要，也是专业发展的保障。为有效促进幼儿教师的专业化发展，树立终身学习的意识，在幼儿教师教育质量保证体系中需要加强在制度、经费、实施、评估监督方面的建设，加快终身教育规范化、制度化建设的步伐，逐步形成对幼儿教师专业发展的保障机制和长效机制，主要涉及方面有：幼儿教师教育机构的准入认可制、幼儿教师资格证书制度以及幼儿教师培训制度等。

除此之外，我们还能从人本主义心理学理论、人的全面发展学说、学习型组织理论、多元智能理论、人类发展生态学理论等得出对幼儿教师专业发展的启示，这将有助于我们更加全面、深入地揭示幼儿教师专业发展的本质与规律，更好地处理幼儿教师专业发展的理论联系实践问题。

第五章　幼儿教师专业发展的支持途径

幼儿教师专业发展是一项长远而且艰巨的任务，需要多方面的力量一起协调共同完成。在进行幼儿教师专业发展的过程中，应该以幼儿的教学内容为基础，对幼儿教师的专业理念、专业技能和专业知识以及职业道德等全方位的发展内容进行提高。本章分为国家政府层面、幼儿园层面、幼儿教师层面三部分。主要内容包括：建立健全政策法规、改革学前专业课程体系、强化教育主管部门的责任、完善幼儿教师任职资格制度等方面。

第一节　国家政府层面

一、建立健全政策法规

国家的政策法规直接决定了一项职业的地位、待遇，体现国家、政府对该职业的重视程度。我国目前与幼儿教师相关的政策法规主要有《中华人民共和国教育法》《教师法》《教师资格条例》，它对幼儿教师专业发展的影响主要表现在：一是为教师的专业发展建立相应的保障制度与依据，如《中华人民共和国教育法》明确规定，幼儿园教师与中小学教师享有同等的政治和经济待遇；二是为幼儿教师教育提供规范和监督，如教师的入职标准，教师教育的监督责任。

政策法规是影响幼儿教师专业发展的外在因素之一，政策法规的支持保障着幼儿教师的基本权利，政策法规的变革为新时代幼儿教师的成长补充着新鲜的血液。主要落实在三个层面。

一是法律法规对幼儿教师的基本权利和义务给予支撑，保障高素质幼教队伍的稳定，管理部门依法加强对幼儿教师的培训，出台激励政策提高教师专业发展的积极性。如《中华人民共和国教师法》规定教师的权利和义务、资格和任用、培养和培训、考核、待遇、奖励、法律责任等。

二是对地区师资不均衡的调控，经济发展水平制约着教师经济地位及待遇，从而影响教师专业发展的积极性。各地经济发展的不均衡，也造成了地方教育财政投入上的差距，在一些落后地区，幼儿教师的工资甚至不能保障生存，严重影响了从业的积极性。

因此，立足本国的国情调整政策法规，出台倾斜的就业和培训政策，将有利于我国不同地区进间进行优质幼儿教师资源的合理配置，保障经济发展较差的地区拥有最低限度的优质师资。

三是幼儿教育事业的公益性质决定了政府在幼儿教师专业发展方面的责任，在办学条件的改善和教师工资福利的提高方面适当加大调控力度，给予资金上的投入是政府不可推卸的责任。

二、改革学前专业课程体系

首先是改革幼儿教师教育的课程设置，当前幼儿师范院校的学科和专业设置或是侧重理论性，或是侧重技能性，缺乏有特色的、边缘的和交叉性的学科与专业，这就限制了学生的学科知识面，难以适应现代教师应具有宽厚与综合性的知识结构的要求。

因此，教师教育的学科专业与课程，应该进行具有全程规划性的调整与改革。一方面提高幼儿教师专业理论深度，可以开展相应的专业学习来促进幼儿教师专业成长，如介绍世界先进的幼儿教育理念，让学生参与教育改革和教育思想的讨论等。另一方面调整课程设置、专业结构，拓宽和加深幼师课程，将必修课、选修课、课外活动、社会实践四大板块有机整合，建构多元化的幼师课程。其次是要完善幼儿教师继续教育制度，更新幼儿教师继续教育的观念，尤其强调成功的和有效率的教师倾向于主动和创造性地反思他们的教学生涯中重要的事情。最后是设置的课程着重培养幼儿教师学习能力、科研能力。

三、强化教育主管部门的责任

幼儿教师专业发展无论对于教师还是社会来说都是一项长期而艰巨的任务，在我国，各地区在师资结构、升职培训条件等方面的差距较大，造成了国家在师资培训上进行宏观调控的困难，因此各级教育主管部门必须成为入职幼儿教师的素质监察站，也可以实施本地区幼儿教师的统一录用，对于未经培训的幼儿教师不允许其上岗，对于不合格教师组织再培训。在培训方面教育主管部门负有组织和监督各幼儿园开展教师培训的责任，调配优质的师资到师资力量较弱的园所去，引领和带动该园的教师专业发展。

在具体策略上，可以尝试建立幼教专家型骨干教师培训网络。通过骨干带动全体，以试点带动一般，促进教师间分享和交流。从区县试点—示范性幼儿园到乡镇—学区中心园和示范园，再到基层的各个幼儿园，形成全员覆盖的教研网络，从而保证教师队伍的整体提高。

四、完善幼儿教师任职资格制度

完善幼儿教师的任职资格制度成为良好的评价体系，才能够公正、客观地看待老师，防止只看学历高低的片面做法，为教师专业发展提供有效指导。首先，它对幼儿教师的专业性做出了过程性评判，除了《幼儿园教育指导纲要》指出的专业发展标准之外，对于教师相关的各环节也进行长期、系统、深化的评价，使专业发展具有可持续性；其次，最大限度地吸引幼教系统的他人参与——领导、同事、家长以及幼儿，成为提供专业合作的有利平台；第三，充分发挥了激励和导向的功能，为幼儿教师的专业发展指引了方向，引领每一名幼儿教师实现初任教师—经验型教师—反思型教师的转变，最后形成自己独特的教育风格。

目前我国的幼儿教师任职主要是凭借幼儿教师资格证，因此健全幼儿教师的资格证书制度，有利于实现幼儿教师聘任的标准化，脱离专业的限制，吸引更多适合学前教育的人才。应该由教育部门结合幼儿园的实际，细化教师资格证书制度，积极推进其全面有效的实施。然而一刀切的教师任职资格考核方式对于教师个体来说是不公平的，也不利于为教师的专业发展提供适时的支撑。

凯兹（Lilian Katz）曾阐述过关于幼儿教师专业发展阶段的想法，认为教师本身的专业发展也有阶段性，每个阶段各有独特的需求与要完成的工作，也有独特的训练重点。

②这为幼儿教师的专业资格考核提供了一条思路，可以把教师专业发展的阶段性特征融入教师资格证书的考核制度中，对不同阶段的幼儿教师考核侧重点有所不同。

针对非学前专业的准教师，有必要实行几年制的教师资格证，作为获得终生幼儿教师资格的过渡。对于学前专业的幼儿教师，在完成了相应课程之后，还应通过一定的教育实践，并且在教师资格证制度中明确和细化对于教育实践的考核。

五、完善幼儿教师的在职培训制度

（一）完善与幼儿教师在职培训相关的政策

法国、英国、日本、德国等发达国家十分重视幼儿教师的在职培训，并颁布了与幼儿教师在职培训相关的法规和政策，为本国的幼儿教师在职培训提供法律保障。例如日本的《幼儿教育振兴计划》《关于幼儿教育、保育一体化的综合机构》和《关于适合环境变化的今后的幼儿教育的应有状态—为了幼儿的最佳利益》等文件，都强调要加强和重视幼儿教师在职培训，为幼儿教师在职培训提供了相关法律保障。我国近年来日益重视在职培训来提升本国教师专业发展水平，也出台了相关政策，如2013年教育部颁发的《教育部关于深化中小学教师培训模式改革全面提升培训质量的指导意见》《关于加大财政投入支持学前教育发展的通知》中提出"实施幼儿教师国家级培训计划"等，然而仔细研读相关政策规定，对比国内外相关法律文件，发现我国针对幼儿教师在职培训的相关政策依然比较缺乏，专门针对幼儿教师在职培训的政策较少，且已有政策中有些培训环节的规定不够详细，如培训经费的支出与使用上等。要提升我国幼儿教师师资队伍的质量，必须提高幼儿教师素质，国家必须不断完善幼儿教师在职培训政策，使幼儿教师在职培训工作愈加规范化、制度化。

（二）加大财政投入并落实专项经费保障制度

相对发达国家来说，尽管我国今年发布了《关于加大财政投入支持学前教育发展的通知》中指出对中央资金的管理有专门的"幼师培训类"资金，对教师在职培训的经费加大了投入。但我国财政在教育上总的经费投入占比比较低，且不同地区幼儿教师在职培训经费投入不均衡，尤其是乡镇地区幼儿教师在职培训经费使用制度不完善，导致乡镇幼儿教师在职培训受限。国家应加大对教师培训的财政经费投入，尤其是应加大对幼儿教师师资比较薄弱的乡镇幼儿园教师参加在职培训的财政支持。

教育部、财政部已出台《农村中小学公用经费支出管理暂行办法》，其中规定，教师培训经费必须占年度公共经费预算的百分之五，然而乡镇地区各种条件的受限，虽然师资队伍专业能力薄弱急需参加相关在职培训，但经费少且专项经费落实非常困难。而反观国外发达国家，为了接触幼儿教师培训的后顾之忧，还给予参加培训的幼儿教师额外的财政奖励。因此，我国必须认真落实教师培训专款专用制度，建立幼儿教师培训专项经费并遵照执行，为幼儿教师继续学习提供物质保障。

（三）推行教师自主选学和培训学分管理制度

2009 年教育部《师范教育司 2009 年工作要点》中提出中小学教师培训试行学分制度，2016 年教育部发布了《关于大力推行中小学教师培训学分管理的指导意见》，提出"有条件的地区要推行自主选学，支持教师自主选择培训课程、参训时间、培训机构"等。然而，在实践实施中，推行教师自主选学和培训学分管理制度的地区非常少。极少有幼儿教师有自主选择培训课程的权利，在职培训基本都是教育局文件层层下达，园长指定幼儿教师一层一层申报，幼儿教师自主选择培训内容的权利极其有限。

此外，一些网络上的远程培训为了督促教师能够积极参与培训，培训学时学分与教师自身利益挂钩，但有些培训内容却是针对中小学教师，但迫于压力幼儿教师不得不参与。这大大打击了幼儿教师参与培训的积极性和主动性，于是一些幼儿教师就只能开着培训网页，却做着自己日常的工作，完全忽视培训的内容。

因此，各地区必须根据《意见》，结合本地幼儿教师实际情况，严格落实教师自主选学和培训学分管理制度，把在职培训的选择权、自主权交还给幼儿教师，激发幼儿教师参加培训的内驱力。

六、逐步推进幼儿教师教育的实验研究

幼儿教师教育的质量直接决定着其专业水平。首先是职前职后培养的一体化，促使教师作为专业的个体能够持续发展。长期以来我国幼儿师范教育职前培养与职后培训的分离造成了教师教育的脱节，在课程设置、培训计划、管理监督等方面缺乏一致的计划，不利于教师终身教育体系的建立。其次，反思传统的学历补偿教育，对于有效地提高幼儿教师教育质量，促进其专业水平具有现实意义，但并未考虑到教师的多元化需求和终

身学习的必要性。第三，实现培训方式的创新与推广，更多切合实效的方式被应用于幼儿教师教育，才能多途径满足专业发展的需要。

《纲要》的颁布以及幼儿园课程的不断改革，使得现有的教师教育体系已经不能满足幼儿教师专业发展的需求，需要实践探索，而开展实验研究其优势就在于：①立足本地或本国的现状，探索可操作性强；②实验基于教育情境，常常依托体验式、参与式、研究式的培训方式，说服力强；③形成一系列促进幼儿教师专业发展的原则和策略，容易逐步推广。如上海市曾针对六名幼儿教师开展行动研究，使其学习优秀教师的先进经验，在具体的教学情境中进行学习前后行为的比较，建立操作性强的教育行为体系，为幼儿教师教育提供参照。

全国教育科学"十五"规划课题——"改善在职幼儿教师培训过程与方式的研究"经过近百次的专题培训与现场研修，近千个教育教学案例的实践与分析，初步形成了能有效促进教师专业成长培训与教研活动理论与实践策略。有能力的教育集团还可以为下属幼儿园开设专业的幼儿教师培训机构，成立示范实验点，规范化操作使幼儿教师专业成长更具有针对性。

第二节 幼儿园层面

一、构建以园为本的现场教研

探索以园为本的教研新方式是教育改革不断深化的需要，也是对自上而下的传统教研体制的突破。传统的教研方式是园长制定教研计划，各教研组以此开展讨论，教师被动接受，教研问题既然不能针对教师日常的教学，那么大部分教师在接受培训后仍然无法将所得知识技能运用到日常教学中，教研成了一种形式，极大地削弱了幼儿教师专业发展的热情。以园为本的现场教研强调的是教师的主动参与，针对传统教研方式的改变，该园以园为本的现场教研从以下方面进行探索。

①从评价方式的改变到教研态度的改变，幼儿教师都需要得到专业的引领。邀请科研室老师来园作指导，帮助教师如何把握课题，找出科研管理中的问题、教学中的症结和规律；还邀请教研室专家指导教研组工作与

教师教育教学工作，用她们先进的教育理念规范教师的教育行为，促进幼儿园教师专业水平的整体提升，突破该园新教师多、缺少教育教学经验的瓶颈；

②开展对外交流活动，开展了活动观摩、录像分析、上公开课，进行专题讨论，进一步促进教师专业发展。

③反思，在现场研修的过程中，能否建立起学习研究的共同体是幼儿教师获得成长的关键，需要共同解决的问题任务是起点，一个具体的教育情境能够引起教师集体的共鸣，此时展开讨论，当所有的观念汇集之后，学科带头人进行专业引领，最后进行实践。

二、应用师徒制教师教育模式

师徒制模式是促进新教师成长的培养模式，在我国有着较为广泛的应用。主要是指采用新手教师与资深教师合作的形式，使新教师通过对资深教师教学实践的观察、模仿和资深教师的具体指导，逐渐体悟职业的隐性经验与缄默知识，不断掌握专业技能和智慧的一种新教师培训方式。

针对新教师较多的特点，该园在师徒制教师教育模式上进行探索，总结了几点实践策略。

①适度的距离：过度的亲密关系并不利于新教师的成长，反而会削弱师傅的作用；

②评价的方式：对新教师的评价方式要根据具体的帮带对象而定，有些新老师在师傅在场时会过于紧张，对于这类教师应采用鼓励的方式和口吻，慎用严厉的批评，表现出理解他们的感受；

③对教育问题介入的方式：依靠新教师自己解决为主，尽量不要直接介入；

④建议的方式：提出建议之前需要对问题情境进行分析，使用尝试性的方式提议，而不是命令的方式。

三、探索园本技能培训

调查表明，处在求生存阶段的新手教师和处在求新阶段的幼儿教师对技能培训都有较大的需求，园本技能培训是能充分发挥一所幼儿园教师集体的智慧，园本技能培训是该园自培机制的一部分，进行了以下探索。

利用教职工业余时间进行新教师技能技巧培训、计算机培训、围棋培训、幼儿保育知识培训、后勤专业知识培训等。充分发挥园内教育资源，指派有特长的教师对大家进行以声乐、弹琴、舞蹈、美术、计算机等为重点内容的基本功培训，使每位教师都学有所长；聘请围棋专业老师进行围棋基本知识培训与考核。同时，结合培训项目开展各类比赛活动，通过活动让广大教职工在共同学习、共同研究的氛围中掌握各项技能，在学习中受到启迪，在实践中获得成长。

四、构建家校联系桥梁

中国的儒家文化把个体人格的实现和价值的体现，看作是一个经过社会转化的过程，即个体价值的确立是经由社会的承认。社会对于幼儿教师的认可度主要来源于幼儿家长，家长的宣传对于塑造幼儿教师的社会形象具有不可或缺的作用。

近年来，由于社会变迁、家庭结构的转变、单亲家庭的增加等问题，一些父母对幼儿教养的态度发生了巨大的变化，出现了急于让幼儿涉足知识和学习技能等领域的倾向。于是，家长与教师相互指责，老师抱怨家长必须先提供足够的关爱，他们才能发挥教学的效果，而家长则认为幼儿的学习效果不佳，是因为老师的能力不够。这种指责威胁着家长与教师间的合作友好关系，成了幼儿教师专业发展的阻碍。

首先，了解家长对于幼儿教师尤其是经验尚浅的年轻教师的真实想法是每一位幼儿教师提高自身专业素质的必修课。一项调查表明，家长对于幼儿教师有着不同的偏好，经验、爱心和责任心是家长最看重的因素。因此，将对幼儿的关爱表现出来是取得家长信任的关键。

其次，幼儿教师不仅要重视家长的看法，也要注意塑造自身的专业形象，专业的幼儿教师必须在家长的需求与幼儿发展的需要之间寻求平衡，增加与家长及时沟通的渠道，不断提高与家长沟通的技巧，如一线的幼儿教师高老师在日记中写道，从家长的建议中理解他们的教育观念，定期开展交流活动、采用适当的平台和方式等提出对家长工作的建议，有助于让家长理解幼儿教师的工作。该园在家校合作方面的具体策略是开展亲子活动、半日活动，制定家长参与方案，这样有利于增加家长对幼儿教师的理解，提高幼儿教师的自信。

五、构建教师展示平台

对于成功创造期的教师来说，能够不断地、自觉地促进自身专业化专业成长与提高，是他们专业发展的动力所在。他们的目标就是最终能够圆满地实现专业发展、成功突破创造自我。

对于这个时期的教师来说，专业发展中最大的弊端是，在实际工作中往往对于教师所担负的义务与责任强调的多，教师享有的自主发展权利却被有意无意地忽略。造成的后果是许多成功创造期的教师对自己专业发展的方向无法把握和确定，对于自己制定的专业发展计划无法实施，这样一来，由于幼儿园教学、课程无法满足或者说为他们提供合适的平台，他们只能是被动地执行。久而久之由于需求得不到满足，无法收获成就感，造成他们对于工作产生职业倦怠，影响自身和幼儿园的发展。

因此，要想让这一时期的教师真正的创造出成果，就需要为他们创造平台和条件，尊重他们应该享有的专业自主发展的权利，为他们创造宽松和谐的氛围，鼓励他们制订自我发展的计划，唤醒他们的个体发展意识，激发他们专业发展的自觉性和主观能动性，用量身打造发展的平台帮助他们创造成果。有了成果就有了收获的喜悦感和成功的成就感，这种积极的、向上的情绪体验，可以使人更加自信、内在的向上动力更加充足，激励教师为了更进一步的成果创造而努力，不如良性发展的循环轨道。

例如，幼儿园栗老师教学与科研等专业能力十分突出，对于荣誉感和认同感有着强烈和稳定的追求，形成了她的内在工作动机。她发自内心地热爱幼儿教师这一职业，对自身的职业投入了相当高程度的情感，能够主动地不断向上追求教师这一事业更高层次的价值。同时乐于和幼儿及家长交往，为他们解决各种问题，把他们当成朋友。为了帮助她能够更好地创造出成绩，作者推荐她参与各类评比、评优，并鼓励她参加市级、省级优秀教师的评选。同时在科研上让她主导幼儿园承担的省教科所科研课题的研究工作。为了让她更好地发挥自身特长，幼儿园将她推荐为园教导主任人选并顺利得到上级通过。担任新职位后，栗老师工作更加努力，拥有了更强烈的职业成就感、荣誉感和自豪感。

同时，作为园内的骨干教师和学科带头人，充分发挥她的引领作用，通过新老结对、观摩课等形式，让她对职初新手期教师和成长巩固期教师进行帮助和指导，并以此形成合作与支持的教师同伴共同成长文化，从而让职初新手期教师少走弯路，让成长巩固期教师缩短成长时间、增加突破概率，经她指导的教师先后获得各类评优课优秀奖，她本人也被评为优秀指导教师。

六、授予教师荣誉、给予认同

职末下降期的教师因为年龄偏大即将退休或是由于健康、心理等诸多外因离开一线保教岗位。此时的教师，没有追求，没有干劲，以混日子为生。由于收入地稳定以及对退休生活的焦虑，造成该教师产生了对工作的消极认知和焦虑，职业倦怠感强，对工作产生了厌倦，对于领导布置的工作有消极怠工现象。由于职业和生活基本稳定，在工作上抱着"做一天和尚，撞一天钟"，墨守成规按部就班，做事没有创造性、主动性，只做那些自己非做不可的事，绝不去主动去追求卓越的工作表现，更遑论专业的成长。从生活需求而言，不会再有太大的追求。

对于这个时期的教师，应当唤醒他们的羞耻意识和使命感、责任感，帮助他们摆脱临近退休不求上进、"无为"的心态。这一时期的教师对于自身荣誉的追求却比其他教师更为强烈。根据马斯洛的人格需求理论，他们需要满足的是尊重的需求。让自己的个人能力和多年来对教育事业的奉献得到幼儿园和同事及家长的承认，将是他们最大的满足。

第三节　幼儿教师层面

一、幼儿教师要学会"美"

（一）投身社会美

1. 什么是社会美

社会的一切主观活动都是围绕着人而展开，所以社会美也如此。自然界里的花草争奇斗艳，各呈芳姿，堪称自然的杰作。但是花开百日，终有谢时，于是人们仿照它们的形态和色泽，制成了各种工艺品。这些工艺品就失去了花草原有的自然属性，成为人工的劳动产品，属于社会美的范畴。

人是社会的主体，人之所以区别于动物，是因为人能在思考中发挥最大的主观能动性，所以人类生命的补偿性才能克服自然性的局限性，在生命史上谱写下光辉的篇章，从生命的有限通向生命的无限。生活并非处处都是鲜花，在工作中、在生活中我们也必然会遇到许多不美的因素，让我们迷惘、彷徨、痛苦，甚至要为之付出一定的代价。

正因如此，人类的社会性因素，如仁爱、献身精神、社会责任感、历史使命感、人生价值观等，也既能给他人生存的勇气和力量，还能在社会群体中造成生命力的相互激励和连锁反应。

2. 投身社会美

美的根源在于社会实践，人是实践的主人，人的社会实践构成了整个社会生活的核心。我们的教育生活中充满了人性的色彩，我们为了孩子、为了教育、为了社会而工作，正是抒写了最美的人生乐章。

因此，实践活动的美，实践成果的美，实践主体的美，都是丰富多彩的社会美的具体体现。美和丑其实都是我们生活的一部分，我们只有在正视"丑"的基础上，不断追求社会"美"，我们的人生才会更美好。

（二）做一个爱"美"的老师

1. 心灵美在幼儿教育中的重要性

托尔斯泰说过一句意味深长的话："人并不是因为美丽而可爱，而是因为可爱才美丽。"由此可见，一个人的心灵如果美丽，不但可以掩盖外在的某些缺陷，甚至可以使人更具魅力。孩子们喜欢看教师美的外表，更能感受教师美好的心灵。我们只有塑造好自身的心灵美、人格美，形象美才有所依附，才能持久不败。

有这样一位哲人说过："最柔和的慈爱，最无畏的坚毅，最温柔的情感，对德性最崇高的热爱，所有这一切都成功地使他震颤的心房充满生气和力量。"这句话将幼儿教师所拥有的美的人格恰如其分地表现了出来，比起身材与容貌的外在美，人格的魅力"充满生气和力量"，并且发挥着恒久的作用。那么，怎样去逐步实施美的计划，让自己"美"起来呢？

（1）在教育中不断注重人格培养

一位孩子对她的母亲这样评价她的老师："老师喜欢我，我也喜欢她，她最美！"一句话，惹得母亲无限羡慕这位老师。由此可见，一位好老师，对幼儿的影响有多大，所以我们教师在教育生活中要注重自己完美人格的培养。

幼儿教师要按美的规律塑造自己，具备较高的美育素质，全身心地投入到审美教育中，并按照美的规律去生活、去教育、去创造，将自己培养成为真正意义上"美"的人。幼儿教师是幼儿心中最完美的偶像，我们美的心灵、美的人格让幼儿从中感受到美的内在力量，净化纯洁了他们的审美境界；我们美好的情感、美好的情操丰富了幼儿对美的感受，并使他们乐于接受教育的力量；我们良好健康的审美趣味和正确的审美标准也提高了幼儿的审美能力，丰富了他们的审美体验，正是我们所具有的内在美使美育工作具有了更自觉、更持久、更有魅力的动力。

鲁迅在追忆藤野先生以其无私而严格的师道给自己一生以重要影响时说："他的性格在我的眼里和心里是伟大的，虽然他的姓名并不为许多人所知道。"由此可见，一个人如果有良好的人格对别人有着多么大的影响。

（2）良好的情趣可以提高文化修养情趣

作为一种社会性的美好行为，总是直接或间接地反映着一个人的文化修养，表现着其对生活的态度和追求。

人们说："仁者见仁，智者见智。"每个人都有自己特定的情趣和与众不同的价值观。对多种情趣的追求，是人类热爱生活的表现，也是人们在生活中寻觅美的表现。文学家高尔基在谈到他的爱好时说："对于有文化的人，读书是高尚的享受。我重视读书，它是我的一种宝贵的习惯。"这就为我们提供了一条线索：探究生活情趣，不能不着眼于文化修养。

同时，也是观察一个人精神面貌，衡量其审美能力发展水平的标尺。这不是天生的，而是深深地植根于人的文化修养，并与文化修养同步前进、同步成熟的。幼儿教师要拥有健康、纯正、高尚、全面的审美情趣，具体表现为在生活中培养起自己对美的事物和现象的敏感和喜爱，对一切真善美的关注和倾心。

（3）美学可以提高教师的审美观

一切的审美观都是基于学习的基础之上的，不学习无以谈美。我们首先要学一点美学，因为美学是美育的基础，掌握美学的基本常识是我们实施美育的必要条件。美学是一门古老而又年轻的科学，我们只有掌握了美学常识，才能更好地着手启蒙幼儿初步感受美和表现美的情趣，树立幼儿正确的审美观点，培养幼儿从事艺术活动、进行艺术创造的本领，促进幼儿养成高尚的审美情趣。每天都在谈美、从事美育的幼儿教师要问一问自己：我究竟掌握和了解了多少美学常识和美学知识呢？

2. 外在美可以促进幼儿接受教师

天生丽质固然是美的，但是天生丽质毕竟是少数，而且还有很多"金玉其外，败絮其中"的例子。古语道"女为悦己者容"，现在这一观念已经十分陈旧。独立自主的现代女性更注重"己悦"，现代社会中的女性对自我的形象设计非常看重，为了追求美的形象，美容院、健身房、发型屋成了女性们频频光顾的场所。可以说，女性对自身形象的重视在一定程度上体现了社会的进步。

（1）追求外在美是一种时代的需要

幼儿教师用自己美好的形象、美好的风度和美好的人格在幼儿面前、在社会公众面前塑造了自我的形象美，成为美的化身。作为一名教师，"使各种高尚的道德品质在个人生活与集体生活中光明磊落、心地善良、诚实正直和这些品质的外在表现的美（文雅的风度、灵活的举止等）达到和谐统一，是美育最重要的任务之一"。形象美不仅是一种直观的印象，更是仪表、风度、举止、语言和内心精神世界的综合体现，也是个人修养的标志。

在我们周围，富有魅力的幼儿教师并不像影星、歌星那样光彩夺目，然而她们却用自己的微微一笑、短短一语深深地吸引着幼儿。幼儿天生具有憧憬美好事物的倾向，要吸引孩子，幼儿教师比起其他阶段的教师更要重视自己的形象美化。幼儿在与教师的交往中，较难对教师的内心状态做出直接的判断，而往往可以从观察到的外在形象出发，直觉地以审美的角度，对我们的形象形成自己的判断和推理。如果我们拥有朴实简洁的装束、文明生动的言辞、热烈真实的情感、活泼端庄的举止，幼儿必然会感到我们亲切、慈爱、富有朝气，从而产生欣赏甚至仰慕的情感。我们传达给幼儿具有职业特征的形象美，就能在心中树立一个"美丽、智慧和教养的化身"。

（2）教态美也是外在美

根据科学家研究结果表明：儿童获得信息的总效果是7%的文字，加38%的声调，加55%的面部表情。人们谈话中35%靠的是言语表达，65%则是靠体态语言表达。所以，对于幼儿教师来说，如何运用文字以外的表达是多么重要的一门课程。这一切，对于教师来说是必要的，如果没有这些的技巧，那就不能成为一个好的教师。苏联著名教育家马卡连柯说："师范学校应当用其他方法来培育我们的教师，如怎样坐、怎样站、怎样从桌子旁边的椅子上站起来，怎样提高声调，怎样笑和怎样看等等细枝末……"

由此可见，幼儿教师的教态美可以看作是教育活动中重要的信息载体，对于具体形象性思维的幼儿更是如此。

可以说，美的教态不是一门简单的对美的追求，而是一门科学，更是一门艺术，需要我们不断去探究，去磨炼。幼儿教师始终追求的美的教态应该是对幼儿语言亲切自然、富有情感、和蔼可亲、情绪稳定、精神饱满、表情和动作和谐等。当然，这不是教师靠一天两天就可以做到的，需要我们在日常的教学中，不断领悟，不断体验。

（3）追求适而不过的外在美

幼儿教师是现代女性群体中美丽而独特的组成部分，我们自尊自信、健康活泼、富有朝气，更兼有多才多艺的特点。对于美，我们有着自觉的追求，同时，也应该有着对美与众不同的追求。

①注重容貌美。在人的相互交往中，我们首先会注意到对方仪表容貌，就是我们通常说的第一印象，这在社交中是非常重要和深刻的。千人千面，我们应根据自己的身材、肤色、性格与年龄来综合考虑，突出美的部分，掩饰不够美的部分。

现代幼儿教师的外在仪表装扮，我们既提倡富有个性，跟上时代的步伐，又要注意不要过分地专注于打扮。穿戴一些不适合幼儿园工作、又不适合幼儿教师形象的装饰等。

②注重服饰的选择与搭配。幼儿园教师作为幼儿在成长阶段的启蒙老师，对幼儿的重要性不言而喻。要给幼儿以美感，要提倡幼儿教师的服饰美。托尔斯泰说："朴素是美的必要条件。"作为幼儿教师更应当把这句话作为服饰美的训条，着装应当适合我们兼有体力与脑力劳动特点的职业工作的需要，简洁明快、朴实大方、和谐得体是职业要求的基本服饰走向。

由于幼儿天性活泼，情绪易受环境影响，我们选择的服饰色彩鲜艳一些，样式活泼些，都会引起幼儿愉悦的感受，给幼儿以美的启迪和熏陶。只有我们教师在不断的学习中去实践美，体验美，感受美，必然会从美中感受到职业的乐趣和生活的美好！

二、幼儿教师要有爱心

（一）爱的力量

1. 爱是一个纽带

爱是我们整个社会，人与人之间和谐发展的重要纽带。在我们的教师行业中，师爱是人类复杂情感中高尚的结晶，它既有人类关心幼小、爱护稚弱、促进新生一代发展的自然朴素之情，更有对国家、民族的美好未来憧憬和负责的精神。

孔子主张教师对学生要"仁爱"，要"诲人不倦"。由此可见，幼儿教师的爱，是人的一种伟大感情，是指主体同客体之间诚挚而亲密的感情联系。

幼儿园教师的主要工作是对幼儿进行的。教师对幼儿的热爱，对事业的忠诚，都深刻而具体地聚焦在对幼儿的爱护上。因此，教师对孩子的爱，不是教师个人狭隘的感情需要，而是教师对事业的热爱、负责和追求。许多有成就的教育家和优秀教师都非常重视师生关系，把师爱看做教师的基本美德。著名教育家捷尔任斯基说过："爱，这是一切善良、崇高、力量、温暖、快乐的创造者。"苏霍姆林斯基在《把整个心灵献给孩子》中说："要成为孩子的真正教育者，就要把自己的心奉献给他们。"所以，在整个幼儿园教师道德内容中，热爱幼儿始终处于核心地位，它既是教师崇高品格的自我体现，也是一种强有力的教育力量。

2. 爱是一种需要

爱是一种需要，得到爱就会感到幸福、安全。孩子们更喜欢得到教师的爱，感受老师的温情。具体来讲，幼儿教师的爱有以下几个方面的重要性。

（1）爱是创造良好教学氛围的基础

有时候，家长在评论一个幼儿园的时候，往往会具体到某位老师是否对自己孩子照顾和有爱心，由此可见，爱是创造良好教学氛围的基础。一位教育家曾说："野蛮产生野蛮，仁爱产生仁爱，这就是真理。"因此，教师有责任用自己无私的爱营造一个良好的育人氛围，让每个孩子都学会爱！爱心是培育儿童美好情感的道德力量。

一个人只有得到爱，才能懂得爱，付出爱。在幼儿园里，幼儿除了家长之外，接触最多的要算老师了。爱别人和被别人爱都是一件愉快的事。幼儿的爱心、同情心、羞耻心，虽然一部分出于天性，而另一部分却需要成人的扶植和培养。所以，幼儿对人与人之间关系的感受，很大程度上受师生关系的影响。当孩子进入幼儿园集体生活之后，在与同伴交往的需要得到满足时，在亲切友好的班级中，相互关心的情感也会自然地得到发展。

（2）爱是师生沟通的桥梁

师生沟通的方式有很多，包括语言沟通、手势沟通、心灵沟通等。教育以师生间心灵沟通为前提，而连接师生间心灵的桥梁是彼此间的爱。师生间的心灵交融，是教育活动顺利进行的必要条件。

爱心是教育儿童的情感基础。幼儿的心灵纯洁无瑕，像一张洁白的纸，教师的言谈举止，像五彩的颜料，随时都会在这张白纸上留下难以抹去的线条。这些痕迹，有些是教师着意刻画的，有些却是无意中涂抹的。孩子对教师的举动是十分敏感、非常在乎的。

如果教师的态度冷漠的、粗鲁的，孩子便会产生"老师讨厌我，不喜欢我"的情绪，并由此受到伤害，也许她的心灵之窗从此就关闭了；如果教师的态度是亲切的、温柔的，孩子自然会体验到"老师喜欢我"的愉悦，孩子的心也向你敞开。因此，作为教育的主体，教师必须有一颗热爱幼儿的心，这是调整教师和幼儿之间关系的最基本的教师道德规范。只有热爱幼儿，教师才能设身处地地理解幼儿，才有了解幼儿各方面情况的愿望，热情主动地引导和帮助幼儿，真心诚意地尊重幼儿，从而全身心地投入工作，一心扑在孩子的身上。

（3）爱是幼儿身心健康成长的需要

处在幼儿期的孩子是最需要关爱的。孩子所受到的最大的伤害是在不同程度上被剥夺了享受童年的机会。成人社会种种不良现象和消极情绪也在影响着孩子；新闻媒介所披露的诸多恐怖、悲伤和痛苦的事，填充在孩子天真无邪的头脑中；名目繁多的兴趣班、训练班夹杂着家长们望子成龙的希望给了孩子们沉重的负担。凡此种种，都会给孩子的心灵笼罩上阴影，对孩子造成巨大的精神压力。

有关幼儿与教师之间关系的大量经验与研究表明，幼儿对于教师怀有不同程度上的依恋心理，并且在某种程度上，幼儿对教师的依恋同他们对父母亲的依恋一样，而这种依赖，正是由于幼儿在外界环境中所受到的种种伤害，这就要求教师必须给予孩子这样一种安全感，必须付出更多的爱心。

尽管在幼儿园日常的教学生活中，教师的视线和关爱不可能永远只集中在某一个孩子身上，但是在幼儿的内心深处仍然希望与教师建立起密切的关系，希望被老师喜欢，希望得到他们敏感而细心的照料。并且，这些希望的实现与否，直接关系着幼儿日后独立、自尊、乐观向上的完美人格的塑造。因而，尽管在教师眼里，幼儿寻求关注与安慰的行为非常简单并且充满着稚气，但是对于幼儿自身的发展来说却是极为重要的。

幼儿的身心健康发展离不开每位教师的精心护理和引导，幼儿园教师的爱心则是幼苗生长的土壤，它在保教活动中起着重要的作用。只有用发自内心的爱心去温暖一株株纤柔的幼苗，这些幼苗才能茁壮成长；用爱心去拨动一根根娇嫩的心弦，才能弹出美妙的乐章。

（二）学会尊重孩子

1. 用诚意打动孩子

在教学过程中，全身心与孩子接触等于告诉他们：我和你们在一起很重要，也很快乐。孩子们由此也会得出结论：我很可爱，也很乖，所以老师喜欢我，所以我要更乖，更可爱，老师就会更喜欢我。由此，一个良性循环的教学目的就达到了。不需言语，孩子就会感受到自己受尊重，自己有价值，自信心会逐步形成。

真正的接触，是与孩子在一起时亲密无间，爱护并尊重孩子的个性，使他们感到坦然自若。所以与孩子真正的接触在于老师是否自然、直接、专一地与孩子想到一起，做到一起。

例如在工作中，即使我们的事情再多，也要尽量多的与每一位孩子接触，以平等欣赏的态度聊天、游戏，积极参与孩子们的活动，并与孩子融洽无间，热烈真诚地解答孩子们的提问，只有这样，孩子们才能真正体验到老师深切的爱。

2. 蹲下来和孩子说话

有一位企业家，由于平时在公司是以管理者的身份管理公司，回到家，无法转换身份，就经常在许多事情上不理解自己幼儿园的孩子，有一天，他蹲下身来与孩子交谈，无意中从孩子的视角看去，原来孩子所看到的事物是如此的与成人不同。从此他改变了思维方式，尽量站在孩子的角度思考问题，结果父子关系变得十分融洽。而且他在日常工作中也带着这种角度去思考问题，结果发现原来有些难题竟然如此简单地就可以解决。

真正尊重孩子，热爱孩子，引导孩子，那么孩子心灵的田园就会始终阳光灿烂、鸟语花香，孩子的个性的幼苗才能茁壮成长，直至枝繁叶茂！我们常常忽略了儿童作为一个与我们完全平等的独立个体的尊严，我们也就习惯了高高在上，从而导致我们和孩子之间的隔阂。但愿我们所有的"大人"们都能放下架子，蹲下自己的身躯，尊重他们的喜好和特长，尽量满足他们的合理愿望和要求。

让我们用"心"去理解孩子，用"行"去尊重孩子。只有这样，我们才能真正走进孩子的心灵世界，我们的幼儿园才能真正成为孩子自由成长的乐园。

3. 学会尊重孩子的自尊心

在人类众多的情感中，自尊心是人们希望别人肯定和重视以及自我肯定的一种积极情感，是不断追求、进取向上的动力，是生活的精神支柱。有了自尊心，才能自我评价、自我监督、自我控制及自我教育；才能自严、自爱、自重，做错了事才能自责。

苏联著名教育家苏霍姆林斯基在他的《要相信孩子》中说："在影响学生的内心世界时，不应挫伤他们心头最敏感的一个角落—人的自尊心。"因此，我们教师要体现对孩子理智而深切的爱，就应时刻注意保护孩子的自尊心，多赞扬、鼓励孩子，发展孩子的自尊感和自信心，为幼儿的健康人格打基础。这不仅是教师爱的体现，更是一种爱的艺术。

就如孩子尿裤子在幼儿园是屡见不鲜的事，然而不同的老师却有不同的处理方法，有的老师会耐心地帮孩子换洗，但一定不会忘了教育孩子"下次想小便记得要去卫生间或者告诉老师"；有些老师是看在眼里急在嘴上："这么大的人了还尿裤子，羞不羞啊？"当然，当众责备孩子的老师也不乏其人。但有些老师却以"出汗了"为理由帮助孩子解围。这种处理方法，值得我们每一位教师反思，我们在处理这些问题时，有没有考虑孩子的感受？有没有注意保护孩子的自尊心呢？只有当我们以心相换，站在孩子的角度去想问题，才能真正意义上做到爱护孩子的自尊心。

4. 正确引导孩子做爱做的事

幼儿也是社会的一个个体，所以我们教师要尊重儿童的精神所需，他（她）不仅有受教育的权利，而且享有休息、游戏和娱乐的权利。幼儿的兴趣根源于幼儿的需要，在需要的基础上产生某种意识倾向。随着幼儿年龄的增长，以及自我意识的不断提高，满足自身的兴趣越来越成为其重要的精神需要，满足这些需要也是幼儿应该享有的权利。

（1）要尊重幼儿独特的兴趣

幼儿是一个独立发展的个体，他（她）的兴趣也带有浓厚的个人色彩，有的孩子喜欢音乐，有的孩子喜欢绘画，有的孩子喜欢运动。教师要了解孩子的兴趣，并根据每个幼儿不同的特点，提供适当的空间让幼儿展示自己的兴趣，发展自己的兴趣，而不应强求一律，同步发展。否则，就抹杀了孩子的个性。

（2）要尊重幼儿游戏的兴趣

游戏是幼儿的生活，没有一个孩子不喜欢游戏，因为游戏是这个年龄段孩子的成长需要。但在许多老师的潜意识里，总觉得游戏是可有可无的，而"学习"应该比"玩"重要得多，所以就是现在，在不少地方还存在着"重上课、轻游戏"的现象。殊不知，儿童只有在游戏中，在与周围环境的交互作用中，才会形成能力，幼儿的游戏就是学习，学习就是游戏。我们应该牢记，童年时最需要受到承认和尊重的，就是游戏的权利。只有尊重儿童游戏的愿望，才算是真正意义上的爱孩子。

（三）做快乐的孩子王

1. 保持愉悦的心境

（1）从自身做起，学会保持好状态

一个好的环境，会影响人的一生。今天，我们越来越强调要关注孩子的幸福和快乐。作为一个社会中的人，幼儿教师自身的幸福与快乐也应受到重视。教师的情绪状态、心理调整状况会直接影响工作的效果。教师生活在社会中，面对纷繁复杂的种种情况，难免会有不愉快的时候；幼教工作细致烦琐，没有可以忽视的细节；教育改革的深化，对教师的要求越来越高。试想，一个总是在压力下工作的老师，又怎能有主动性、创造性可言呢？如果我们不努力去营造一份好的心境，恐怕只会感到压力越来越大，甚至有些力不从心。当然，要真正让教师享受职业的幸福与快乐，需要多方面的努力。但就教师而言，首先应从自身做起，学会享受职业的幸福与快乐，学会从工作中获取成功与满足。其实，快乐与幸福就在我们的身边。

（2）把好心境带到教学中去

①孩子需要好心境。一位哲人说道："站在这个角度看生活，是面临万丈深渊；换一种角度去看生活，你的眼前又会充满阳光。"教师要以平

和的心态去理解幼儿、宽容孩子，创造宽松、和谐的精神氛围。幼儿由于自身经验不足，自控能力较差，常常会犯"错误"而搞得老师心烦意乱。在孩子面前少一些烦恼，多一些思考。当你对孩子们绽放一个笑容时，你会发现换回的是几十张灿烂的笑脸，换一种心情带班，我们会感到轻松。孩子的快乐将是教师最好的回报。

②和孩子互换好心境。我们常说，快乐能互相感染。好心境其实也是可以互换的。当教师觉得眼中的孩子都很可爱时，教师爱孩子的情绪也会油然而生；当教师觉得眼中的孩子在不断进步时，教师才会更有自信。长时间和孩子在一起，教师有时会不自觉地以一种居高临下的眼光看孩子。

换句话说，教师常常会把目光盯在孩子的"毛病"上，不是看张三不顺眼，就是看李四的缺点。教师总是用这种眼光看孩子，其结果必定会影响自身的情绪，产生许多烦恼。如果换一种欣赏的眼光看孩子，老师就会获得一份份惊喜。

③与孩子快乐交往。用真诚的友谊来换取孩子的友谊，用一颗童心来理解孩子的心：当孩子快乐时，我们能够分享他们的快乐；当孩子苦恼时，我们能够设身处地地理解他们的苦恼。老师常习惯于带领孩子们做这做那，交往中命令的口气居多。这就使孩子对老师尊敬的同时，也多了几分畏惧，使师生之间的关系变得紧张起来。所以，我们要用自己的好心情去影响孩子，感染孩子，让师生关系变得更加紧密，更加融洽。

以此类推，如果我们换一种方式与孩子交往，相信孩子的能力，以平等的态度和孩子交往，和孩子打成一片，与孩子共同成长，就会发现幸福和快乐就在自己身边。每个老师都将是一个快乐的孩子王。

2. 保持一颗童心

苏霍姆林斯基说："在寻找童年这座神话之宫的人口的时候，我总认为有必要在某种程度上使自己变成一个孩子。只有在这种情况下，孩子们才不会把你看作一个监护这个世界的看守人一个对这个世界发生的事漠不关心的人。"

（1）理解童心的重要性

如果说幼儿的童心是一种天真执着的纯净，那么教师的童心则是一种教育的智慧，一种理性的自觉，一种返璞归真的本性。有了童心，才能和孩子打成一片，成为他们中的一员，才能和他们一起唱，一起跳，一起哭，一起笑；教师有了童心才能使自己变得年轻，变得活泼，使教学充满了童趣；有了童心，才能走进孩子，理解孩子，体谅孩子；有了童心，才能想孩子所想；有童心的老师还要像孩子一样心里装满了问号，眼里充满了好奇。没有孩子似的好奇，就不会有任何发现，就不会有任何爱好，就不会有什么执着的追求。好奇，尽管不意味着成功，但它是一切成功的起点。正如亚里士多德所说：思维是从惊奇开始的。

（2）如何运用童心的力量

著名教育家陈鹤琴先生说过："如果你要了解儿童的个性和兴趣，明了儿童的能力和情感，自己一定要参加到儿童的队伍里去。"由此可见，如何运用教师的童心，也同样是一门重要的课程，也是教师个人素质中需要提高的。幼儿园教师在奉献出一颗赤诚的爱心的同时，还应以不泯的童心去架设通向幼儿心灵的桥梁。

陶行知先生说："一个人不懂得小孩的心理、小孩的问题、小孩的愿望、小孩的脾气，如何解救小孩？如何能知道小孩的力量？而让他们发挥小小的创造力？"所以，教师要提高自己与幼儿交往的能力，就必须下决心做个真正的孩子王，跟孩子们一起玩，一起说悄悄话，怀着一颗童心。

教师怀有一颗童心并善于运用，是与幼儿交往并进行心灵沟通的最好桥梁。时时处处从孩子的角度思考问题，认识问题，亲身体察孩子们的内心世界，达到心灵上的接触，情感上的交流。我们爱幼儿，生活在他们之中，就会融于其间，完全变成一个孩子。做一个真正意义上的孩子王。

三、幼儿教师要具备创新能力

（一）培养幼儿教师的创新意识

"创造"二字并不神秘，关键在于我们如何把自己的创造力解放出来。不断地向自己的智慧、人格、能力发出挑战，成为推动自身学习、思考、探索、创造的不息动力，给自己的生命增添发现、成功的快乐，生命和才智也能在为事业奉献的过程中获得更新和发展。

1. 创造能力的结构分析

"什么是创造能力？我有创造力吗？"常有教师会这样发问。关于创造力的结构，美国心理学家吉尔福特的研究最为著名。根据他的研究，提出了能力结构的三维模式，即操作、内容和结果。其中，操作方式是认知、记忆、发散思维及评价，成果主要是单元、类别、关系、转换及寓意，内容为图形、符号、语意、行为。创造力最常用的操作方式是发散性思维。

吉尔福特还提出了发散性思维的三种特性，即流畅性、变通性和精致性。

流畅性，即产生观念多少的能力，包括考虑许多可能的构想和回答。

变通性，即以不同的分类或方式去思考，从某一思想列车转换到另一思想列车的能力，或者是以一种不同的新方式去看某一个问题。

精致性，即一种补充概念，在原来的构想或基本观念上再加上新观念，增加有趣的细节和组成相关概念群的能力。

而独创力是指反应的独特性，包括想出别人所想不出来东西的能力。

2. 如何发现自己的创造能力

根据科学家研究结果表明：创造力是每个在心理上健康的人都具有的一种普通的心理能力。由此可见，创造能力并不像我们想象中的那么神秘，我们每个人都能表现出一定的创造力。

对我们来说，重要的是把自己的创造力解放出来。长期以来，一提到创造，人们就习惯于将它与了不起的发明创造相等同，将其与"神童""天才"画等号。其实人们在创造力上的差别仅仅在于高低，而不在于"有"或"无"。然而，这种认识导致的直接后果是我们许多人以为自己是凡人，以致抑制了自己创造力的发挥和施展。我们在幼儿园开展创造教育也并不是为了将每一个幼儿都培育成发明家，而是把目标定位在基础性上。所谓"基础性"，就是以培养幼儿的基础创造素质为主，因此首先必须打破神秘感，在师生的头脑中确立这样的观念："人人是创造之人。"

3. 如何提高自己的创造能力

从某种意义上来讲，一个人能否有所创造取决于他是否有创新意识。一位哲人说："一个新的想法是旧的成分的新组合。"比如，所有的音乐都是以未超过12种音调的方式构成的，所有的画都是以三种原色的方式构成的，但其组合方式却千姿百态，最后就有了我们日常生活中所欣赏到的美妙音乐和多彩的画作。可以说，不迷信，不守旧，敢于异想天开，精于新的组合，善于独辟蹊径，这是几乎所有成功人士共同的心理特征和思想品质。这也是"创造"的奥秘。

教师的创新能力主要表现在能积极地学习和钻研教育理论。教师要从平时的教育现象中发现有价值的新问题，能从理论与实际结合的角度确定自己的研究专题，并能持之以恒地与同事们一道合作探索研究，还能运用现代信息技术手段从各种信息渠道获取教育信息等方面。同时能够产生不同寻常的反映，提出各种聪明的主意，产生不同凡响的结果；能够修饰已有观点，改变原来简单的主意或要素，使其更趋完善；延伸事物的外延或自己的看法。

创造型教师应具备创造性素质，既要有多元化、合理的知识结构，如现代教育论、创造力的原理和方法、现代教学技术和手段、科学方法论，以及"博"与"专"相统一的科技知识、文学知识、文体活动知识等，又要有创造性的心理品质。这种心理品质包括流畅性思维、变通性思维，能够提出不同意见，变换类别，富有迂回变化的思路。

（二）创造心理自由的幼儿园环境

1. 创造一个心理自由的客观环境

由于幼儿的游戏活动、创新活动，都是在一定的物质环境中进行的，它是创新型教育的基础和源泉。

幼儿园硬件教育环境是重要的教育资源之一。幼儿园的基本设施、教学空间、活动材料和常规要求等，应符合引发、支持幼儿的游戏和各种探索活动的相互条件，才利于引发、支持幼儿与周围环境之间积极的相互作用。

首先，教师要善于在有限的条件内，尽可能地创设创新教育的物质环境。在创设物质环境中，首先要建立明确的目标体系，根据目标确立相应的区域。第二是提供玩具材料，材料摆放合理，便于幼儿取放、自由操作；活动区设置内容要全面，在空间上分隔要合理，材料提供具有层次性，满足不同水平幼儿的需要，材料的摆放要便于操作。

如果一厢情愿地要求幼儿服从、听话，幼儿只能消极地顺从，被动地接受。久而久之，幼儿就会习惯听从他人，人云亦云，根本无从谈起创造性思维的心态；同时在宽松的环境里，幼儿自由度大，顾忌少，幼儿可以充分地联想、交流和表现，有利于创造性思维心态的形成。禁令和约束不仅会约束孩子的头脑（必要的禁令和约束也是必不可少的），也会束缚孩子的手脚，在这样的环境里，幼儿循规蹈矩，其心态必然是瞻前顾后，小心翼翼。

其次，幼儿园要创设开放的、多元的物质环境。单调的环境，不可能激发幼儿的创造思维；倾向于集中的氛围，也难以使幼儿产生创造思维。创造思维的温床是丰富多彩、富有启发性、具有开放性的环境。这样的环境，才能促使幼儿展开想象的翅膀，无拘无束地动脑、动手、动口，积极地去想、去做。

多元的物质环境能让幼儿了解各种不同的概念、观点和接触各种不同的材料、工具，以帮助幼儿敏锐地感受和理解周围的世界，允许幼儿操作各种玩具、工具，翻阅图书等，让他们在与物体的交往中获得多种信息，孩子头脑中储存的信息多了，就自然会有新的信息创造出来。环境的可变化性对激发幼儿的创造性是十分必要的，因为只有变化才能引起幼儿的注意。

因此，教师要不断改变环境布置、活动材料、活动内容、活动场所、活动方式，活动材料的丰富与多变对激发和促进幼儿创造性的发展尤其重要。变化或许就是创造，因为变化本身孕育着创造。

总之，培养幼儿创新意识是受许多因素影响的，创设良好的物质环境和创新教育的心理环境相结合，才能更好地给幼儿创造一个心理自由的客观环境，从而激发幼儿的创新意识、创新能力，在充满情趣的乐园中，创造出生活的新意境。

2. 创造一个心理安全的教师环境

著名心理学家托兰斯说："我们要促进创造力，就需要提供一个友善的和有奖赏的环境，以便使之在其中繁荣发展。"宽松的氛围，同样易于激发教师的创造力，使教师的生活充满情趣，工作也充满活力。紧张、高压的环境中是少有创造性的，更不可能促发教师的创造冲动。

因此，幼儿园的管理者应该为广大教师创设宽松的环境，使人人有发表看法的机会，人人有参与活动的权利，人人有展示自我的意识。只有为教师提供宽松的氛围和环境，放手让教师在工作中积极探索，才能激发出无穷的创造力。

（1）领导要以身作则，充分发挥教师创造性

作为幼儿园领导要以自己对创造教育的态度和实施教育的行动去带动教师的创造，就必须首先自己成为创造性的领导，这样才有说服力，才有推动力。园领导在教科研活动中，要以身作则，深入教科研的第一线，做出成绩，用自己优秀的教科研成绩作为教师的表率。遇到全园性的重大活动，园领导要与教师们一起构思，策划活动的方案，共同参与活动过程，为教师提供表现创造力的舞台。在日常工作中，园领导也要有正确的教育观，在课程设置、幼儿活动安排上，给教师留有余地，让教师能根据教学活动的实际情况，灵活地组织教学，以利于教师更好地发挥创造力，从而使孩子的创造力也得到发展。

幼儿教师是一个年轻的团队，其中大部分教师都很年轻，很少有保守

思想，容易接受新思想，善于发现新问题，勇于创造新事物。幼儿园虽然是一个不大的单位，但麻雀虽小，五脏俱全，工作十分烦琐。因此，园长可以利用教师的特长，将各项工作分配给每一位教师，同时又对每位教师的工作经常加以关心和鼓励。

例如，有的教师有美术特长，就请他负责幼儿园的宣传工作；有的教师比较细心，就请他做幼儿园的出纳；有的教师擅长与人交往，就请他负责幼儿园的家长工作；有的教师电脑方面比较专长，就请他负责幼儿园的电教工作；有的教师比较负责，就请他负责幼儿园的仓库工作。园长对每一位教师给予信任和鼓励，并放手让教师在各自分管的工作中运用自己的头脑，进行创造性的劳动。

（2）幼儿教师要善于创设创新教育的社会心理环境

幼儿创新意识培养受很多主观和客观因素影响，心理因素是其中的一个主要因素。心理环境作为一种隐性的教育因素，对幼儿影响最大的、最直接的是教师创造的心理氛围。教师的一句话、一个动作、一种表情、一个眼神都会对幼儿产生消极的或积极的暗示作用。

因此，教师要培养幼儿的创新意识，必须注意为幼儿创设良好的心理环境。创新教育是一个实践的过程，创新教育渗透于幼儿一日活动之中，渗透在教师的一言一行之中。创新教育不单是幼儿园、教师的事，也是家长和整个社会的事。

（3）为幼儿创设心理安全和自由的环境

教师对幼儿的评价一定要慎重，要尽可能降低幼儿的焦虑程度。幼儿只有感到自己生活在一个远离伤害、充满温暖的环境，心理上才会产生安全感，知道什么行为是老师所希望的，知道老师是非常爱他们，理解和尊重他们，没有恐惧和不安，进而产生高度的心理自由和轻松愉快感，并在活动中迸发出更多的能量和创造性。可以说，有安全感和自由感的幼儿，才可能成为具有创造性的幼儿。教师要尽量创设机会，引导幼儿发挥想象，参与讨论，作出评价。总之，只有让幼儿大胆表达自己的意见和想法，鼓励他们尽情想象，才能让幼儿做出与众不同的言行，充分发挥其个性特点。

（4）淡化教师的权威意识，尽可能减少对幼儿的直接批评

对幼儿的评价要客观、公正，并以正面激励为主，尽可能避免消极的谴责性的评价，以免使幼儿产生不良情绪，导致不良心理。为此，教师要少对幼儿说"不"。"不"字当头，容易产生消极的环境气氛，处在这种气

氛中的幼儿，心理就会紧张不安，焦虑程度就会提高，活动的积极性、主动性就会受到抑制。

在条件允许的情况下，教师要尽可能地相信幼儿，尊重幼儿，和孩子们做朋友，只有教师对幼儿始终保持积极、鼓励、赞许的态度，才能引导幼儿敢想、敢为，极大地发挥潜能。有时，孩子会突然做一些超越现实想法的事情，教师切不可以成人的标准去衡量而横加指责，而应敏锐地捕捉其创造性思维的"闪光点"，并加以有效的引导，使孩子在宽松的氛围中大胆想象。幼儿想象大胆，好奇心强，在他们充满童真和稚气的想法中，都隐藏着创造性的特质，教师要及时地发现，精心地培育。

在幼儿园中，幼儿教师既是创新活动的导演、演员，也是幼儿创新智慧的培育者、指导者。只有幼儿教师通过努力创设创新的环境，构建高素养教师的精神乐园，才能把幼儿园创造成一个幼儿的乐园，创新的乐园，也是广大幼儿教师的精神乐园。情趣园里可耕田，播种创造的种子，收获快乐的果实。21世纪幼儿园在推进素质教育过程中，将全面提升教师的创新素养，全面发展教师的创新能力。

（三）从兴趣爱好中提高幼儿创新能力

个体中的兴趣和动机是使人们从事创造性活动的内驱力。因此，我们要充分发挥幼儿的这种内驱力来提高其创新能力。

1. 兴趣可以锻炼幼儿的想象力

长期以来，人们常把自己的希望强加给孩子，施加过多的压力，这样反而抹杀了孩子的创造性，以致抑制了孩子创新力的施展，所以我们提倡不一味强求孩子，而要扬长避短。

每个幼儿都有其某一方面的兴趣，教师要抓住孩子的兴趣，充分发挥孩子们的想象力、创新力。不要一味地以成人的眼光来要求孩子达到一定的水准。要充分发挥幼儿的特长，抓住时机进行创新教育，便能收到事半功倍的效果，反之一刀切的教育，只能抹杀幼儿的创造性。

如何充分利用幼儿的这些兴趣，促进幼儿创新能量的释放，是高素养教师教学策略的具体体现。例如，美术活动是让幼儿兴趣盎然的领域，他们喜欢用自己的图式来表现想法。教师在这个领域，应当大胆利用幼儿的个性特长，进行创新尝试。

教师经常会发现，许多幼儿的绘画作品有一种怪现象，同一个孩子在兴趣班和幼儿园、家里会画出水平差异悬殊的画来。经过分析原因，原来是成人的过多干预。每个孩子都有自己的表现力，这不是少数智商高、技能好的幼儿的专利，也不是可以用作品效果这一把尺子来衡量的。成人太看重作品的成果，对作品完美的愿望往往妨碍了幼儿去创造自己的图式，因此，幼儿园可以专门创设美术角，让幼儿用自己的方式来表现对社会和自然的感受。

例如，龚珏小朋友在上幼儿园的路上，发现路上有个下水道的盖子没盖上，还看见周围有护栏围着盖子。于是，回到学校他在美术角画了一张画，画面上有个下水道的盖子，周围闪耀的火星四射光芒，并用颜色区分，这样就不影响行人了。龚珏的画充分发挥了他的创新力。在美术角里，幼儿用自己的方式来表现创新力的作品已屡见不鲜。

2. 游戏可以更好地开阔幼儿思路

从心理学的角度来说，创造指的是一种独特的心理过程，是个体产生一些新颖、奇特的看法或制作出一些全新的产品的过程，它可以是一种想象的活动，也可以是一种思考的综合，但它们绝非无中生有，它必须基于过去的知识、经验，是一种有基础，有目的的活动，并往往借语言、文学、艺术、科学等手段表现出来，幼儿则可借游戏表现出来。

根据上述对创造的认识，我们可以把创造力定义为人所具有的创造思维和创造性劳动的能力。而这种能力并非杰出的大科学家、大发明家才具有，事实上，每个幼儿都有创造力这种资质，问题在于我们要善于发现和培养。因此，幼儿园作为学前教育机构应当采用以游戏为切入口。发展幼儿创造力的教育模式。那么在游戏教学中，教师应该注意哪几个方面呢？

（1）要增加幼儿的动口动脑的机会

游戏教学，要加强课堂组织，增强练习密度，让每个幼儿都有动口、动脑的机会，让他们自由交谈，发表自己的意见，并鼓励幼儿尽可能对每个问题努力寻求最多、最佳的答案。

例如，折纸游戏，一方面可指导幼儿折成不同形状，另一方面可从纸的用途上对幼儿进行发散性思维训练。如学习上，可以用来写字、画画、包书、剪折图形，生活中，可以贴窗户、垫东西、包东西、印字等。在直观教学中多角度、有条理地培养幼儿的思维创造能力和思维方法。

（2）应当突出游戏的层次

新的设想不是凭空得来的，它总是对以前的表象进行选择、加工、改组而成的。教学中必须经常地、有目的地、有计划地组织幼儿进行各种游戏活动，带领他们外出参观、游玩，引导他们观察，帮助储存事物的表象，并要求把看到的、听到的在游戏中加以发挥、创造。

例如，语文游戏中，教师可要求幼儿从黑板上众多的简单字中提炼出我们日常生活中经常说到的话。许多幼儿都利用手工组合和大脑中的表象，顺利地拼出了其他的日常语言。有些幼儿不满足这些，教师应当鼓励他们继续拼字。通过思考、比较、启发，幼儿初步懂得了一些语言间的关系，并对想象和创造发生兴趣。

又如，让幼儿自己当老师，他们就会模仿平时教学中的情景教其他幼儿数数、识字、排队等。在教学过程中，使他们的心理活动处于积极活动状态，幼儿为完成作为"老师"的任务，需要有意记忆、有意识记，需要进行独立思考。这样他们既学到了知识，又发展了智力，同时又受到了良好的品德教育。

幼儿心理发展规律表明，年龄的阶段性影响了思维发展水平的阶段性，游戏教学必须根据这一特点，从游戏的内容、教学方法上要从易到难、从简单到复杂、灵活多样。只有根据幼儿心理的阶段性，突出教学的层次性，才能培养幼儿的思维创造能力，让他们从看中学，从做中学。最后，随年龄的递增使幼儿思维创造能力不断得到发展。

3. 好课题可以开阔孩子的求知欲和思维

对于幼儿来说，其初步的创新教育应该以科技活动为基础，利用各种感官，通过与环境的直接作用来进行学习，积累生活的体验。科学技术是关于人与自然关系的学科体系，科技成果物化成为我们生活水平、生活质量等有形的人类文化系统，我们所有的吃穿住行中都包含着科学技术，我们周围的一切都蕴含着富有教育意义的课题。

桂林一所幼儿园设计的"太阳教育课题"，以孩子们司空见惯、朝夕相处极易疏忽的太阳作为教学的核心内容。在现代都市生活方式下，许多幼儿对日出、日落的壮阔，已经没有深刻的印象，因此有意识地让幼儿通过自身的观察，提出"太阳为什么是个红红的大火球？""太阳有多大？""它离我们有多远？""每天晚上，太阳都到哪里去了？""是太阳大，还是月亮大？"等思考的问题，这是丰富幼儿生活阅历的一个重要途径。那么"太阳课题"的意义有哪些呢？

①通过探索型和创造性的活动，培养幼儿对自然的关怀培养了幼儿的生态意识，建立人与自然的关联，为今后学习大量的以书本为载体的间接经验提供感性基础。这在一个角度上，把幼儿定位为一个个体的人，寻求教育的本意，即培养人的独立生存与发展的能力，特别是自我保护的能

力、观察的能力和初步的应变能力。其次，探索性创造性的科技教育活动，使幼儿模拟了以往人类征服自然的某些过程，"复演"或模拟科学家发明创造的过程，积累生动形象的直接经验。

②积累相关的经验，培植相关生态意识从生态角度看，人和太阳是一对永恒而又古老的自然关系，太阳是人类赖以生存的首要条件。因此，在孩子心目中应该注入相关的信息，积累相关的经验，培植其相关的也是初步的生态意识。这样的课题属于古今幼儿教育基本的课题类型。其效益是明显的，一是激发幼儿的好奇心，培养他们观察思考的能力，特别是发现周围世界许多肉眼可以察觉的奥秘；二是构建事物普遍联系的初步认识，如动植物生长与太阳直接相关，四季更替及有关疾病的防治与太阳周期变化的关联，等等。孩子从地球与太阳、人类与太阳的关系中直接把握了生物物种的许多基本特质，积累了人和自然交流的原始经验。

因此，幼儿教师必须鼓励幼儿积极地接触环境中的物体、材料和人，进行探究性的活动，利用诸如逛商场、游公园等一切具体生活过程对幼儿进行随机教育和情景教育。幼儿的生活是全面的，幼儿的生活经验也是多样化的一个整体，幼儿教师要有意识地予以引导，全方位地拓展教育时空。

四、幼儿教师要加强知识管理

（一）熟悉知识管理工具

信息技术的飞速发展，使信息技术工具成为幼儿教师个人知识管理必不可少的实施工具。信息技术可以说是促进知识管理应用重要手段，无论是对于知识的获取、分享、储存等方面都发挥着重要的作用。但部分教师由于对新的知识管理工具，如博客、网络相关管理工具了解较少，因此仍然在使用落后的知识管理工具。虽然有些教师试着对个人知识进行管理，但由于缺乏知识获取、存储、获取、传播、共享、应用过程中的技能技巧和对信息技术的陌生，因而对知识管理工具的运用知之甚少。个人知识管理工具和技术水平的落后影响着个人知识管理的效率，从而严重限制了幼儿教师的专业发展。因此，幼儿教师必须加强对个人知识管理工具的认识，学习使用先进的个人知识管理工具，不断提高个人的知识管理技术水平。

（二）提高幼儿教师对个人知识管理的认识

1. 明确个人知识管理的含义

知识管理是伴随着知识的存在而产生的，不论人们是否存在知识管理的意识，不论知识管理的能力和效果如何，对知识的管理一直存在，只是人们没有意识到而已。根据对部分幼儿教师的访谈结果来看，大部分幼儿教师对个人知识管理并不了解，有些教师甚至从未听说过个人知识管理这个概念，即使听说过这个概念也对其理念和方法知之甚少，而且很少有教师能够给出明确的定义和解释。

因此，幼儿教师当务之急是深化对个人知识管理相关理念和含义的了解和认识，积极有效地对个人知识进行有效的管理。幼儿教师个人可以从书籍、期刊、学位论文、网络资源中获取有关个人知识管理的资料，深化对知识管理的认识，思考个人知识管理的含义。

2. 认识个人知识管理的价值

虽然以前人们没有意识到个人知识管理的价值和重要性，但知识经济时代和学习型社会的到来，使人们不能再轻视或是忽视个人知识管理的价值了。专业发展需要教师打破以前封闭的旧观念，以开放、批判、发展的新思想来面对。首先，幼儿教师要意识到知识更新速度之快让人应接不暇，若采取封闭的态度不吸取新的知识和新的思想则会处于落后的局面，从而认识到对知识进行有效管理的重要性；其次，教师还应认识到与他人特别是其他教师的合作与交流对教学以及自身专业发展的重要性，而不应故步自封，应该多参加集体教学或教研活动，主动与其他教师交流合作以及知识共享，批判地接受新知识和新思想。

同时，幼儿教师在日常教育教学中，主动接受新的教学理念，主动尝试新的教育方式方法和技能技巧，积极主动地寻求个人专业成长，并在这个过程中营造和谐、进步、合作的专业成长氛围和环境。

（三）熟练运用各种个人知识管理策略

个人知识管理策略的贫乏，使得个人知识管理不能很好地促进幼儿教师专业发展，同时也对幼儿教师自主专业发展的水平和能力产生了影响。因此，幼儿教师必须了解更多的个人知识管理策略，并根据自己的思维方式和习惯选择适合自己的策略对个人知识进行管理。

1. 撰写教学随笔

古语有云"学而不思则罔"，同样，做一个好的幼儿教师最重要的是要有思想，而教学随笔则是挖掘隐性知识和提升思想的最佳方式。随笔是文学体裁中散文的一种，它不拘一格、形式多样、短小活泼。教师随笔也可以说是"教学心得"，只要是写教学中某一点体会最深的心得。

它的主要特点是题目小、篇幅短，层次和结构比较简单，内容单纯，涉及面较小，写作材料便于收集、整理和使用。教学随笔没有时间限制，只要有感而发随时可写；没有特定格式和字数多少的要求；涉及的往往是一些在教学中及与其他教师的接触中即时发生的事件和稍纵即逝的想法，这些需要及时捕捉、记录下来。正因为教学随笔是这样一种倡导教师立足实践、及时整理和记录自身的实践感悟的教育研究方式，有利于教师实践知识的挖掘，因而受到了越来越多教师的青睐。

对于一线幼儿教师而言，虽然不一定每节课都有体会和心得，但每节课都开展不同内容的教学活动，面对不同的情况，只要教师做个有心人，善于发现，教学随笔的素材就有很多。教学随笔的内容可以包括以下几个部分：记录教学活动的成功之处，比如一节教学活动中的精彩的活动设计、新的教学方法的使用、因偶发事件而产生的瞬间灵感，对幼儿合理赞赏的评价；反思探究不足之处，在日常教育教学活动中，总会存在许多不足之处，如教学内容的吸引力不足，游戏过多过于复杂，语言不够生动等。教师课后要将这些不足及时记录并进行深刻的反思和探讨；写听课心得，"以人之长，补己之短"，教师经常会互相听课，不仅要写听课记录，更重要的是写听课心得，深刻分析该次教学活动的精彩之处和不足，通过学习比较取其精华去其糟粕，从而提升自己。

幼儿教师烦琐的工作和压力使其没有多余的时间专门进行个人知识的管理，但是时间就像海绵里的水，挤挤总会有的，很多优秀教师的成长都与教育随笔和反思密不可分。作为幼儿教师的她们工作繁忙，但是她们在烦琐的工作之余努力挤出时间写教育反思或是随笔，哪怕是很少的字也要记录下来，年复一年日复一日，即使每篇几十个字的反思或是随笔也会累积成为几万字或是几十万字的知识财富，更是无形中推动了自身的专业发展。

2. 进行教学反思

著名教授叶澜曾经说过："一个教师写一辈子教案不一定成为名师，如果一个教师坚持写三年反思有可能成为名师。"在教师主动进行反思的过程中，不仅能够发现自身存在的不足，进而找到弥补和完善的方法，同时实现知识系统化、条理化、外显化。因此，进行教学反思对幼儿教师的专业发展有着重要的意义。

反思是新教师成长为优秀成熟教师的基本条件和必要环节，在推动教师专业发展、提高教育质量方面发挥着举足轻重的作用。教学反思不仅有利于幼儿教师实践性知识的获得和隐性知识显性化，而且有利于教师深入开展教学研究，形成自己的教学风格和特色，使自己成长为"研究型"教师，对幼儿教师的专业发展具有极其重要的作用。

教学反思有多种途径，可以是自我的反思或听取他人的意见；可以是文字记录，例如日常教学的所思所得；可以是与他人的日常交流；也可以是对某一节课的思考或对整个学期的总结。

教学反思包含两方面内容，一是学习过程中的反思，它包括两方面，一方面是通过学习新的教育教学理念和知识，去除自己部分陈旧的观念，对自己进行深刻的反思并依据新观点重新审视自己的教学行为。另一方面，他山之石可以攻玉，幼儿教师要走进他人的课堂之中，听同行或专家的课，主动与其他老师沟通，取其精华并为己所用。二是教学实践中的反思。教学实践反思是对整个教育教学活动的反思，包括对确立教育活动目标、寻找教学资源、设计和组织教学活动、师幼间的互动、幼儿的参与和反应等情况的反思。对整个过程进行反思并记录自己行为，可以使教师及时发现教学中每个环节存在的问题，以便完善自己的教学行为，进而改善教学效果，提高教学质量。总之，教学反思就是回想教育教学活动—挖掘优点和不足—提出改进意见—逐步提升的过程。

3. 建构教学知识地图

作为知识型工作者，拥有丰富的专业知识则成为幼儿教师专业发展的基础和前提。因此，一位教师拥有怎样的知识结构至关重要。是否清楚自己的知识结构，是否意识到自己知识结构的长处和缺失直接影响其对知识的管理。因此，幼儿教师应对自己现有的知识结构和知识储备现状有所了解，包括自己欠缺的部分知识和自己努力获取的知识。通过图式或是图谱的方式把以上问题呈现出来，就构成了幼儿教师个人的知识地图。

知识地图作为知识管理工具，能够帮助人们及时找到知识。从形态上看是多种多样的，不仅仅是图形，可以通过图表、图谱、清单等各种信息模式来表示知识分布及其关系，是一种可视的、结构化的知识关系网络图。可以说，只要能够表示知识的内在结构和分布，就能构成知识地图。知识地图拥有以下作用：首先引导幼儿教师了解自己的知识储备状况和知识结构、了解个人知识结构的长处和不足、整理和丰富知识内容，修缮和优化个人知识体系。因此，对幼儿教师而言，建构知识地图是十分必要的。

4. 建立个人教学网站

随着信息技术的快速发展和广泛利用，建立个人教学网站已成为幼儿教师进行个人知识管理的一个十分便捷、有效地策略。它借助教研平台和网络环境，使面向的服务对象更加广泛，其中包括更多的教师和幼儿。建立教师个人教学网站在当今信息化社会的作用是不容忽视的。随着教育教学研究在幼儿园工作中的比重越来越高，拥有研究型教师成为幼儿园进行教研活动的关键，成长为研究型教师成为许多幼儿教师追求的目标。在如今这个信息技术高速发展的时代，网络特别是个人教学网站的应用为我们提供了交流的平台，为幼儿教师成长为研究型教师创造了良好的契机。

因此，幼儿教师可以将个人教学网站作为与其他教师沟通交流的平台，将个人进行的教育教学课题研究相关内容、进展、结论以及总结反思等发布到个人网站，以便于与其他教师的交流和沟通，最终提高自己的教研能力从而促进自身的专业发展。

建立个人教学网站应该包括以下几个方面的内容：分类整理日常遇到的有利的素材和教学资源，并上传至网站，以便于日后的使用和提取；设立论坛板块，通过网络与其他教师进行交流沟通，定时总结论坛中其他教师的优秀言论和各项评论，并将其内化为自己的知识；开设教学日志板块，撰写教学日志，全面、深入的思考和总结自己的教学实践活动，从而进入更优化的教学状态，从总结中得到知识，得到进步。同时，教师建立好个人网站之后要定时更新网站内容，不断扩充资源库，提高网站的应用价值和教师管理个人知识的能力。

5. 组建教师个人知识库

教师作为一名知识工作者，在日常教学中必然会运用大量的知识，如果无法对这些知识实施有效管理必然会降低教育教学的质量和效率。而组建教师个人知识库，可以有效地缓解这一问题，主要表现在以下几个方面。

首先，组建教师个人知识库，就可以将显性知识系统化从而整合自己的知识资源，提升显性知识的价值，帮助教师更加便捷、有效地管理个人知识，促进自身的专业发展。

其次，组建教师个人知识库，可以加快和提升幼儿教师个人知识管理的速度和质量，节约时间，使教师真正将自己当作知识建构者，形成良好的专业意识，在工作上得心应手，真正实现自身的教学成就感和效能感。

最后，教师个人知识库的组建，是个人知识重新整理和记忆的过程，它使个人知识更加清晰的保存在教师的头脑中，并在合适的时候提取利用。教师可以通过文字、图像等方式将个人头脑中的教育知识理论和个人教学经验显示出来，然后将其进行整理、汇总，从而建构自己的教学知识库。

组建教师个人知识库主要包括以下三个程序。

第一，获取知识。拥有较多的知识是进行个人知识管理前提条件，因此获取知识是建立个人知识库的第一步。幼儿教师通常都是通过自己的教学实践、对其他教师教学的观摩、参加团体学习及教师培训等各种途径获取知识。

第二，知识的整理和存储。获取知识是建立知识库的第一步，对这些知识进行整理和存储才是最重要的。这一阶段的关键是建立自己的知识管理框架，知识的存储和未来快速的提取使用离不开一个有系统的知识管理框架。

第三，是知识的利用和分享。整理知识的过程使幼儿教师将个人知识系统化，使其更加了解自己的知识构成和分类。在这一基础上，幼儿教师能够根据不同的情况将自己的知识在教学活动中灵活运用，做到游刃有余。同时，将建构好的个人知识库与其他教师进行分享也是个人知识管理的一部分，教师个人知识只有在分享中才能够得到进一步的条理化和系统化。

五、幼儿教师要加强反思实践

（一）通过行动研究进行反思实践

所谓行动研究，是指在自然、真实的教育环境中，实际教育工作者按照一定的操作程序，综合运用多种研究方法与技术，以解决教育实际问题为首要目标的一种研究模式。行动研究模式是：计划——行动——观察——反思。在此模式下，"计划"是第一个环节。教师应当通过实地观察或查阅资料，以大量事实和客观研究为基础，以解决实际问题为出发点，在反思并总结自己或他人经验及教训的基础上，提出自己所要研究的问题，然后，继续收集有关资料，看前人是如何解决这个问题的，或者看前人对于这个问题研究到了什么程度，然后，在此基础上提出合理假设，并据此做出详细的实施计划。

"行动"即实施第一环节的计划。实施计划时必须要灵活，不能一味地完全按照计划执行，应当在执行计划的过程中及时处理并分析各种信息的反馈，根据行动中出现的计划外的变化及时对已制定的计划做出调整，以使其更加符合研究的实际需要。在整个的过程中，先前制定的计划一直处于不断调整和变动之中。

"观察"主要指教师运用一定的工具、方法对整个行动中事件的起因、经过、结果及其细节、事件的背景以及事件中相关人物的特点进行实时实地的考察及记录。由于教学实践中存在多种事先无法确定或者预测的影响因素，教师也无法全部控制这些不确定因素，因此，在进行观察时，教师可以采用各种有效的技术手段来使自己的观察更加全面、系统、客观，如拍照、录像、观察笔记等。没有观察这一环节，反思、调整计划以及确定下一步该如何进行都无从谈起。

"反思"即教师对教育实践的整个过程和结果做出总结和评价，它兼有两项作用——既是首个周期的结束，也是开启下一周期的必经环节。这一环节主要包括三个部分：描述客观事实、分析评价解释、撰写研究报告。按照以上四个步骤，循环往复，就形成了行动研究法模式。教师一旦熟练掌握了这种模式，其教学实践也就成了反思型教学。

（二）通过记录日志进行反思实践

反思日志是教育者对自己教育、教学工作的回顾、总结与分析，应该覆盖整个教育活动的所有主要方面，它应当包含活动过程中的人、时、地、事，可以有自己当时的切身感受，也可以深入分析教育中出现的各种问题，并积极找出或提出解决问题的方法对策，甚至可以是对教育理念的深入探讨，这些是反思者每次记录反思日志时都要涉及的方面。

　　教师要养成撰写反思日志的良好习惯，并将这一习惯贯穿于自己的整个教育生涯，这不单可以帮助教师定期回顾和反思日常的教育教学情境，提炼经验教训，为以后的教育教学提供指导，从而使自己成长为一个经验丰富的反思型教师，而且，这一习惯也能培养教师敏锐的反思意识。

　　此外，记录反思日志能促使教师不断地探索教学中存在的问题，主动学习，寻求改善教学实践的方法。为解决问题，教师会自觉与同事交流探讨或者主动从书籍文献中查找相关理论或案例来进行分析比较研究，这会增强教师的研究能力；反思日志中提出的问题也会引导教师去挖掘和思考教学行为中隐藏的教育理念，并不断学习这些理念；由于反思的出发点在于解决实践问题，因此，课堂教学的改善和自己的教学水平的提高也是必然的。

参考文献

［1］ 高一敏,宣艳.幼儿园教师成长的摇篮:运用"典型活动"引领幼儿教师专业发展的实践研究［M］.上海:上海教育出版社,2010.

［2］ 孙向阳.追求卓越:幼儿教师的专业发展［M］.北京:北京少年儿童出版社,2011.

［3］ 顾荣芳等著.竹节的力量:关键事件与幼儿教师专业成长研究［M］.南京:南京师范大学出版社,2011.

［4］ 张振平.幼儿教师专业化成长指南［M］.保定:河北大学出版社,2012.

［5］ 李聪睿,陈彩玲.幼儿教师的专业化成长［M］.天津:天津教育出版社,2012.

［6］ 陈姝娟.幼儿教师专业发展:专题与案例［M］.广州:广东高等教育出版社,2014.

［7］ 吴荷芬.幼儿园教师的五项修炼:基于园本课程的教师专业发展［M］.北京:人民教育出版社,2014.

［8］ 么娜,李艳利.幼儿园教师专业发展及职前、职后教育研究［M］.北京:中国原子能出版社,2015.

［9］ 刘启艳,瓦韵青.幼儿教师专业能力发展策论［M］.北京:中国财富出版社,2016.

［10］ 蔡军.西部农村幼儿园转岗教师生存状态与专业发展研究［M］.北京:教育科学出版社,2016.

［11］ 田燕.德性课程管理论:基于教师专业发展的幼儿园课程管理研究［M］ 广州:中山大学出版社,2016.

［12］ 黄娟娟.提升幼儿园教师的专业自觉:我们在行动［M］.上海:上海教育出版社,2017.

［13］ 尹坚勤.从新手到骨干:幼儿教师专业成长故事［M］.北京:中国轻工业出版社,2017.

［14］ 田兴江,丘静.幼儿园名师工作室引领教师专业发展研究［M］.北京:

中国社会出版社,2018.

[15] 高洁,朱彦荣.学前教育专业研究生的幼儿教师职业认同研究[M].西安:陕西师范大学出版总社,2020.

[16] 张文静,郑娅娜.区域推进幼儿教师专业素养提升的实践研究[J].早期教育,2020(10):22-23.

[17] 谢芳.提升幼儿教师专业成长与发展的策略分析[J].家教世界,2020(27):61-62.

[18] 范志芳.新形势下幼儿园教师专业发展的探索与实践[J].启迪与智慧(中),2020(9):97.

[19] 蔡苗,刘子萌.意义世界视野下幼儿教师专业发展的困境和路径[J].智力,2020(20):189-190.

[20] 杨彦娥.幼儿园教师专业发展评价探究[J].考试周刊,2020(61):161-162.

[21] 李巧玲.浅谈"互联网+"背景下幼儿教师专业发展的途径与对策[J].家教世界,2020(33):52-53.

[22] 于孟秋.新时代幼儿教师的专业发展摭谈[J].科幻画报,2020(10):126.

[23] 单欣欣,张争争.幼儿教师专业发展的区域培训模式——以深圳市龙岗区为例[J].中国教师,2020(6):84-87.

[24] 张慧.共同体视域下农村幼儿教师专业发展路径研究[J].教育导刊(下半月),2020(4):52-57.

[25] 董馨锴.幼儿教师专业自主发展的促进研究[J].家教世界,2020(9):6-7.